現代吉他系統教程 Modern Guitar Method

LEVEL 4

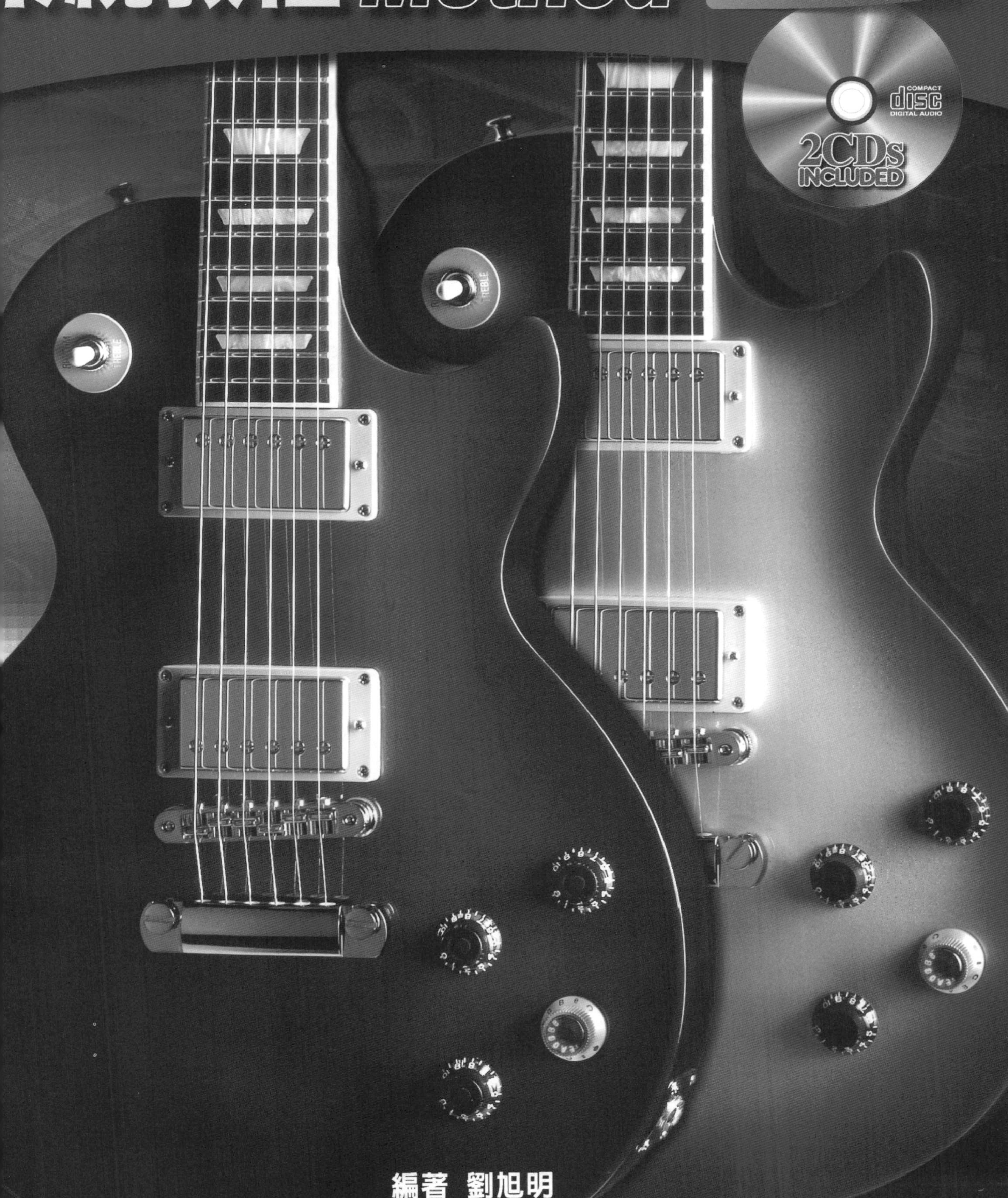

編著 劉旭明

目錄 CONTENTS

第 1 週課程

旋律小調音階（Melodic Minor Scale）

旋律小調音階的指型

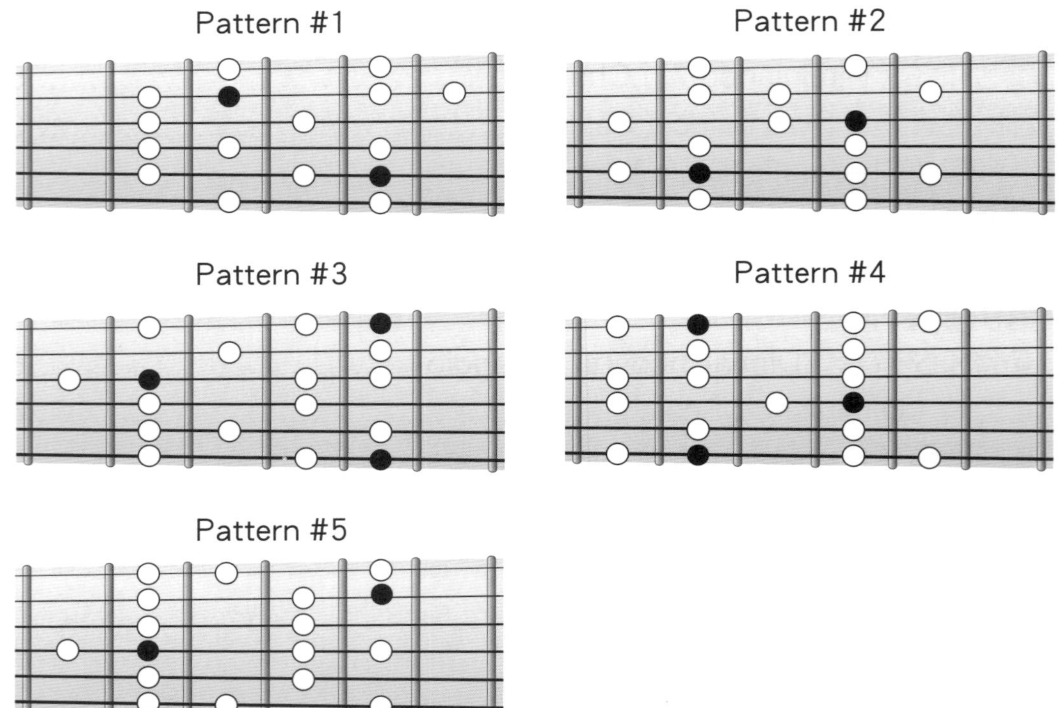

旋律小調音階的練習

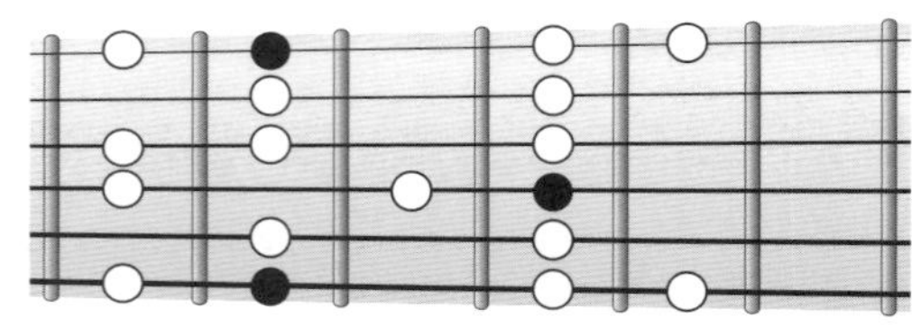

下列練習以A旋律小調音階Pattern #4為例：

1 練習 Practice　8分音符音階上下行，Picking正向

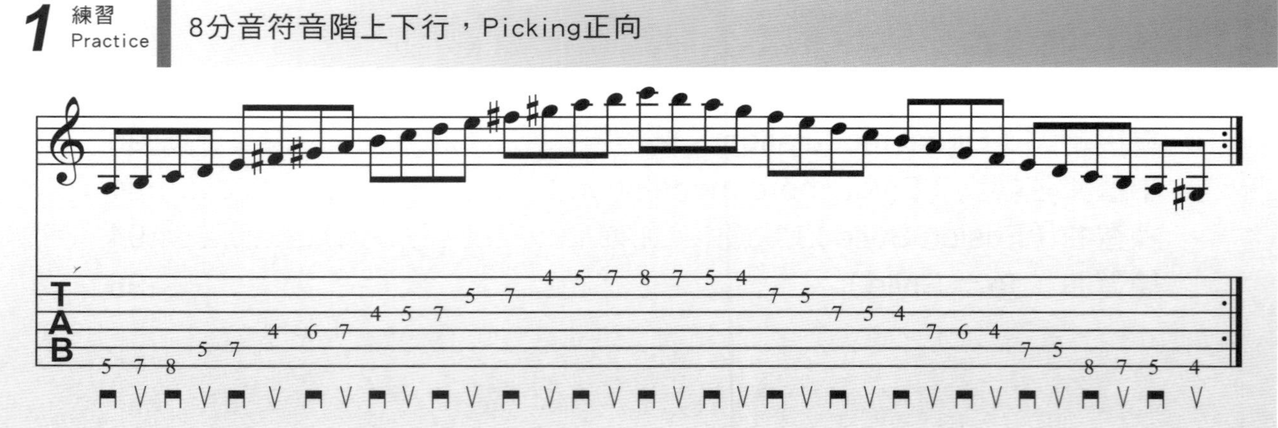

2 練習 Practice　16分音符音階上下行，Picking正向

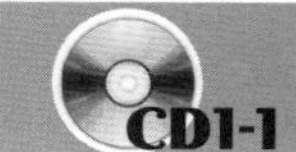

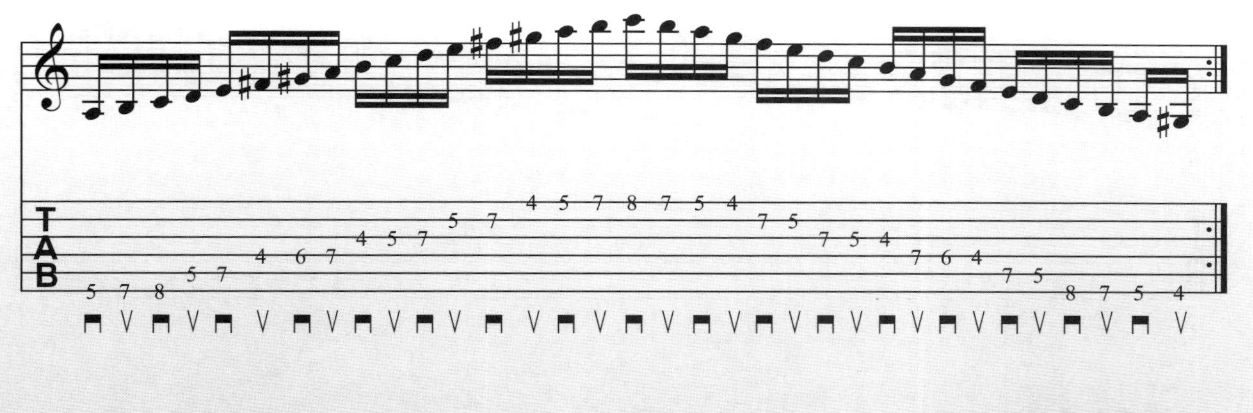

3 練習 Practice　8分音符音階上下行，Picking反向

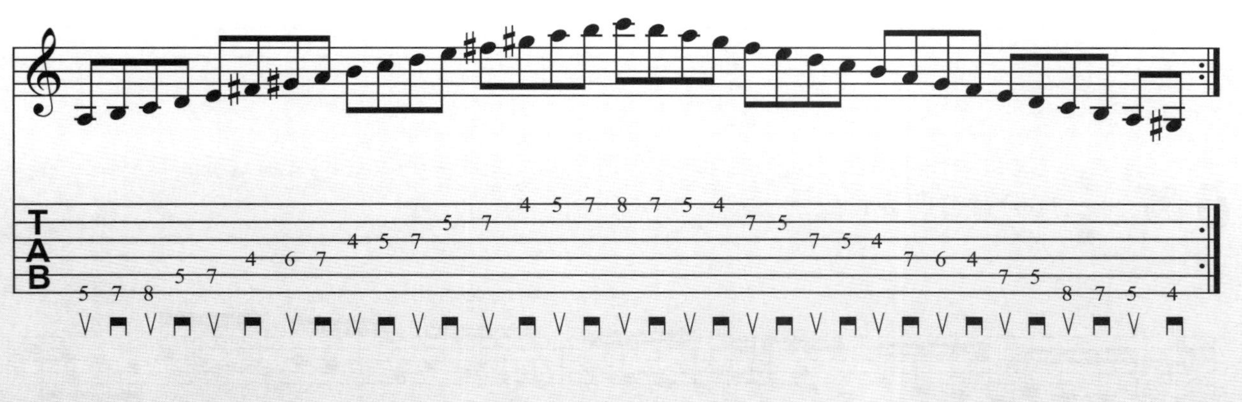

4 練習 Practice　16分音符音階上下行，Picking反向

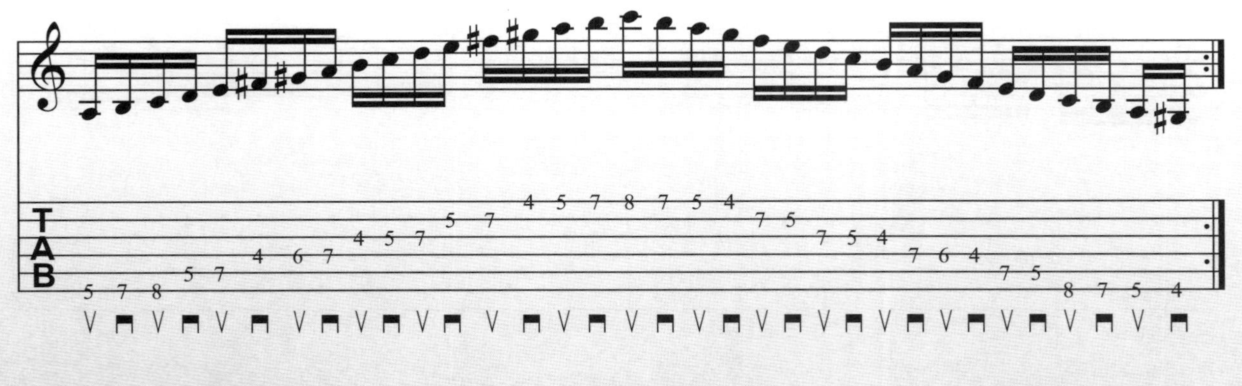

5 練習 Practice 三連音模進

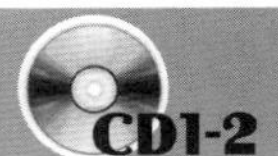

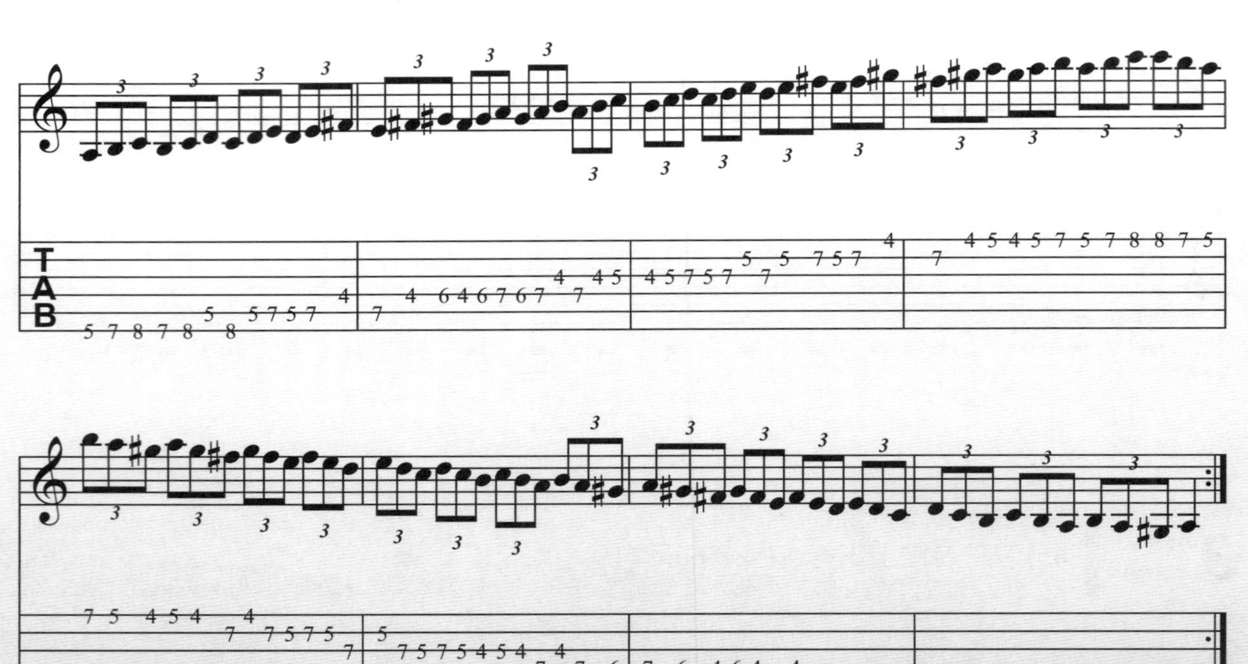

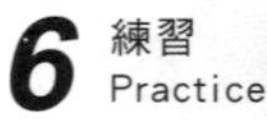

6 練習 Practice 16分音符四連音模進

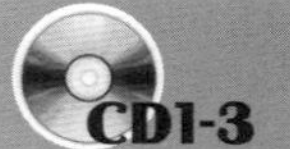

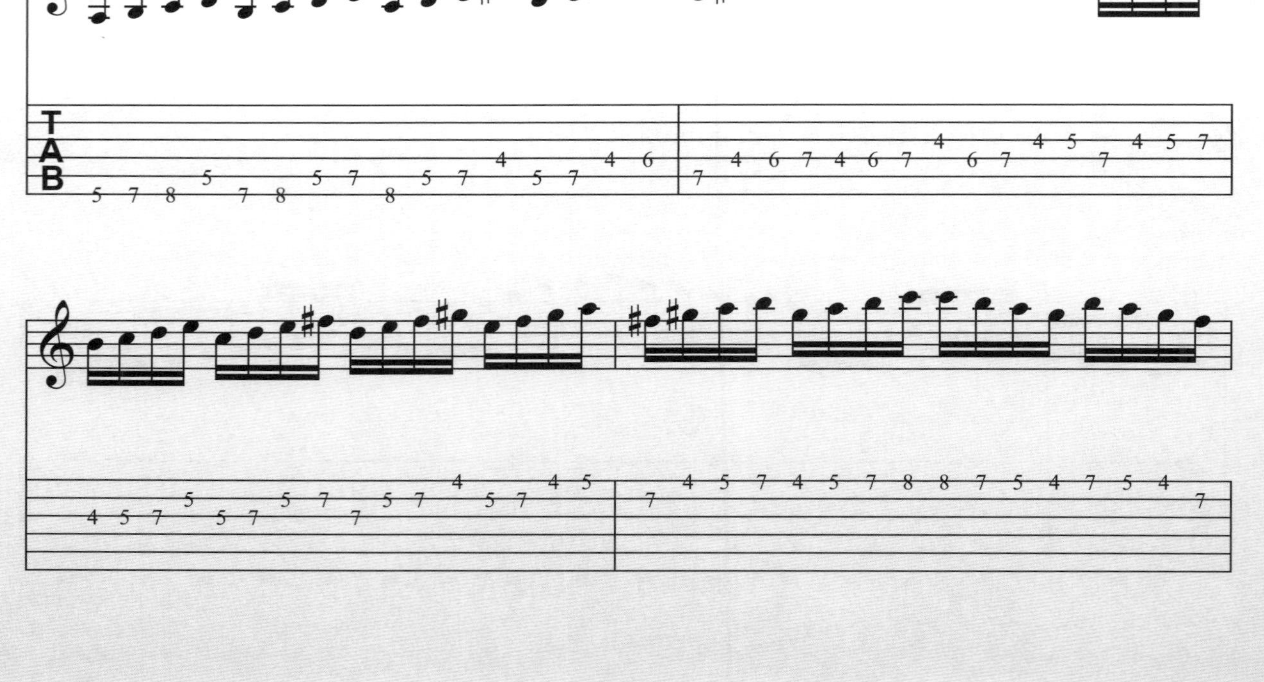

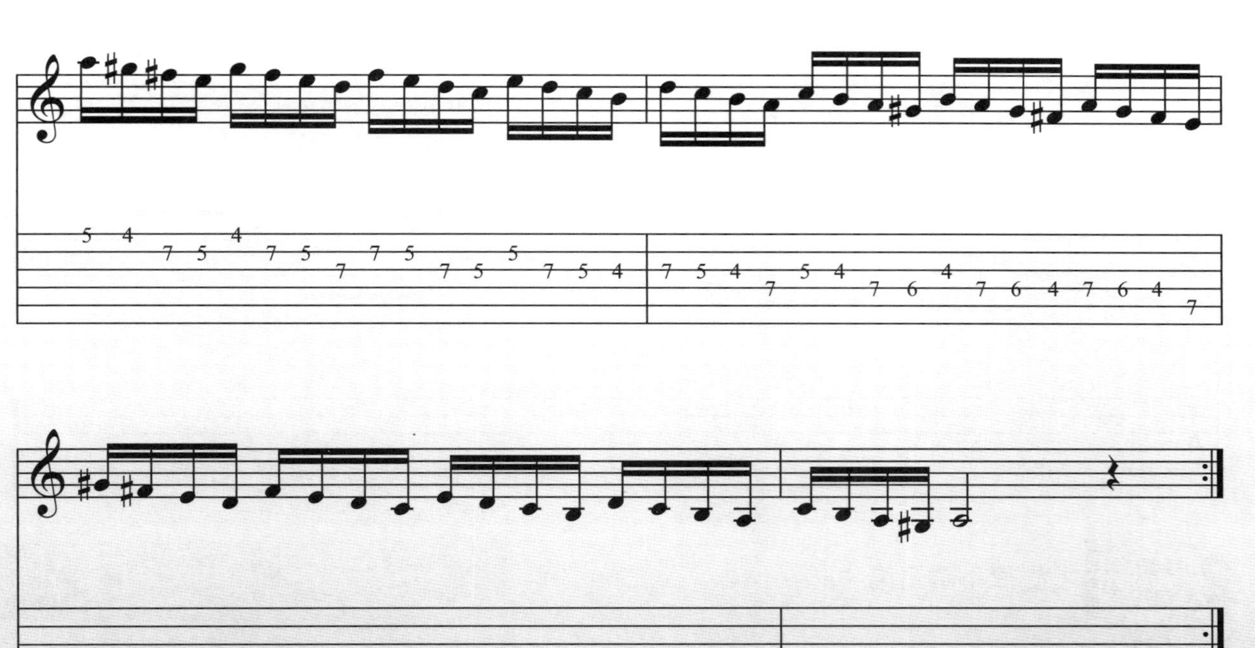

7 練習 Practice 16分音符三度音模進

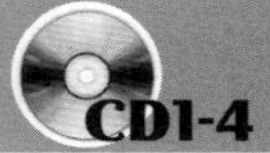

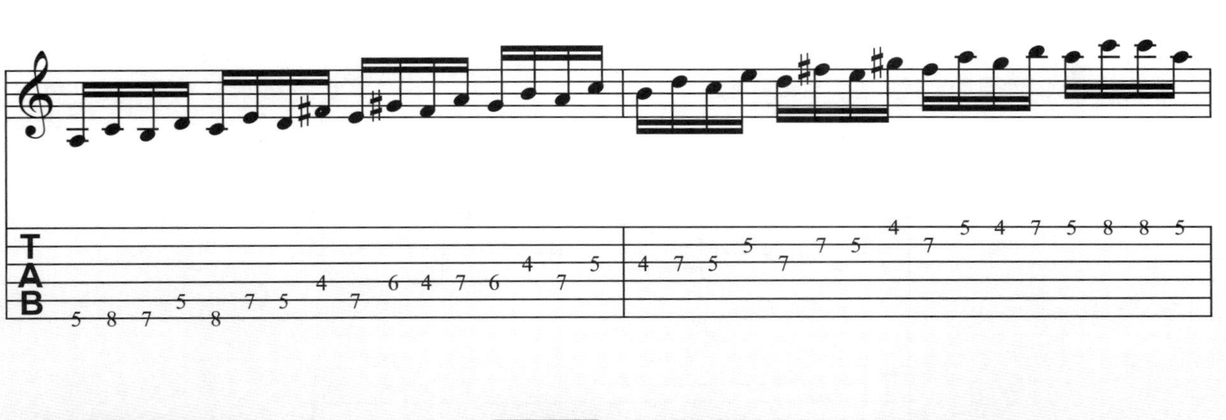

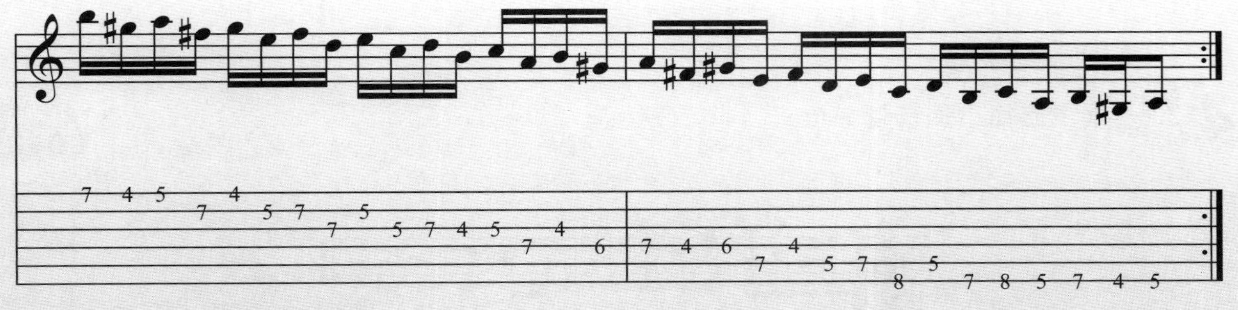

8 練習 Practice 將上述練習流程套用於其他Pattern

旋律小調音階的樂句

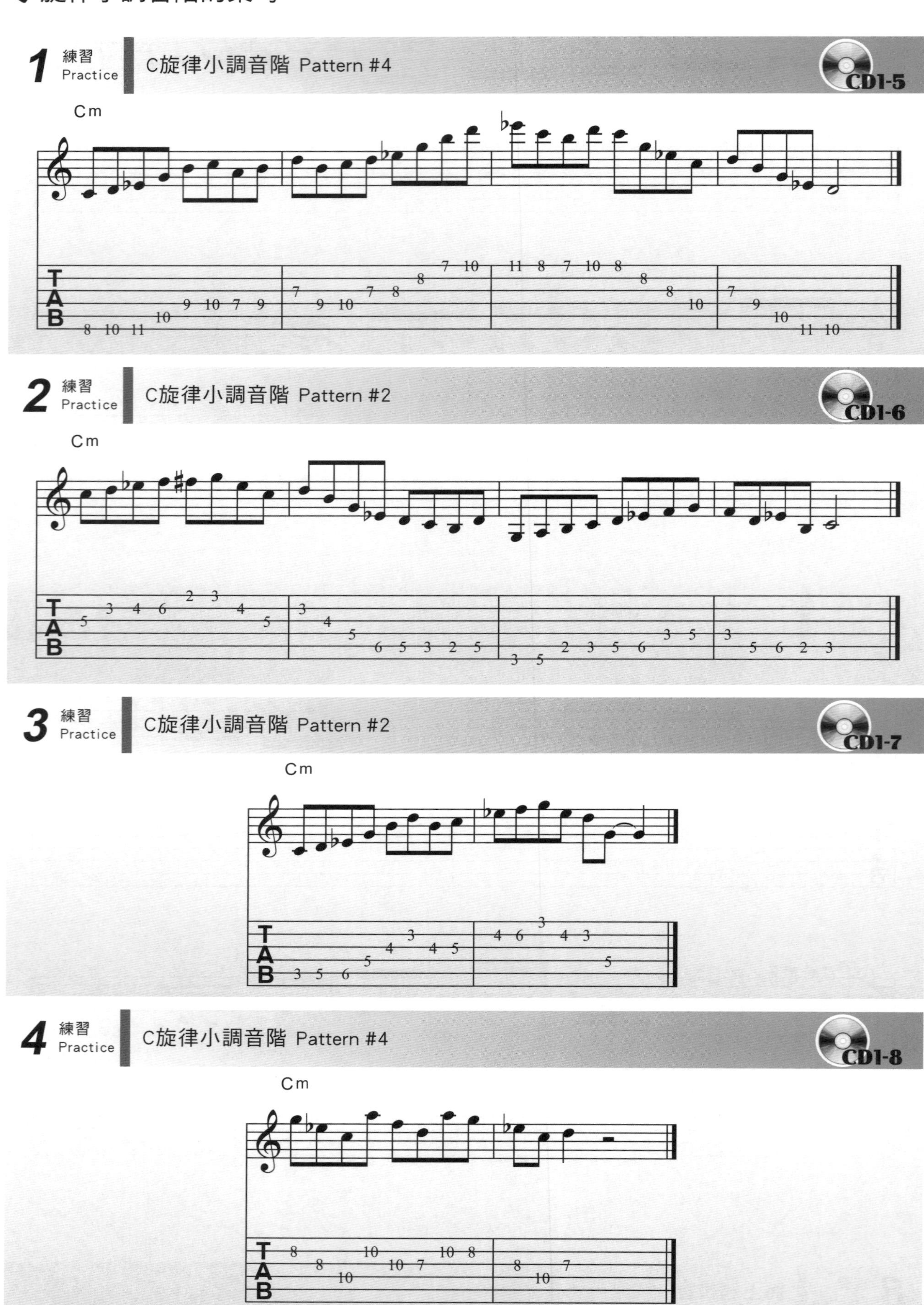
1 練習 Practice
C旋律小調音階 Pattern #4
CD1-5
Cm
TAB
2 練習 Practice
C旋律小調音階 Pattern #2
CD1-6
Cm
TAB
3 練習 Practice
C旋律小調音階 Pattern #2
CD1-7
Cm
TAB
4 練習 Practice
C旋律小調音階 Pattern #4
CD1-8
Cm
TAB

旋律小調音階分析

旋律小調音階公式：1－2－♭3－4－5－6－7

旋律小調音階順階和弦：

	Im/maj7	IIm7	♭IIImaj7(♯5)	IV7	V7	VIm7(♭5)	VIIm7(♭5)
7th	7	1	2	♭3	4	5	6
5th	5	6	7	1	2	♭3	4
3rd	♭3	4	5	6	7	1	2
根音	1	2	♭3	4	5	6	7

自然小調順階和弦與旋律小調音階順階和弦之比較：

自然小調	Im7	IIm7(♭5)	♭IIImaj7	IVm7	Vm7	♭VImaj7	♭VII7
旋律小調	Im/maj7	IIm7	♭IIImaj7(♯5)	IV7	V7	VIm7(♭5)	VIIm7(♭5)

※「旋律小調」順階和弦第II、IV、VI級與「Dorian」順階和弦相同

※「旋律小調」順階和弦第I、♭III、V級與「和聲小調」順階和弦相同

「Dorian」II、IV、VI	＝	「旋律小調」II、IV、VI
「旋律小調」I、♭III、V	＝	「和聲小調」I、♭III、V
「和聲小調」II、IV、VI	＝	「自然小調」II、IV、VI
「自然小調」I、♭III、V	＝	「Dorian」I、♭III、V

不同角度來看旋律小調音階

1、旋律小調音階＝大調音階第三音降半音。

2、旋律小調音階＝和聲小調音階第六音升半音。

3、旋律小調音階＝Dorian第七音升半音。

4、在一個小調調性下，旋律小調音階可視為結合和聲小調音階與Dorian特徵音的音階。

在下列和弦進行即興演奏

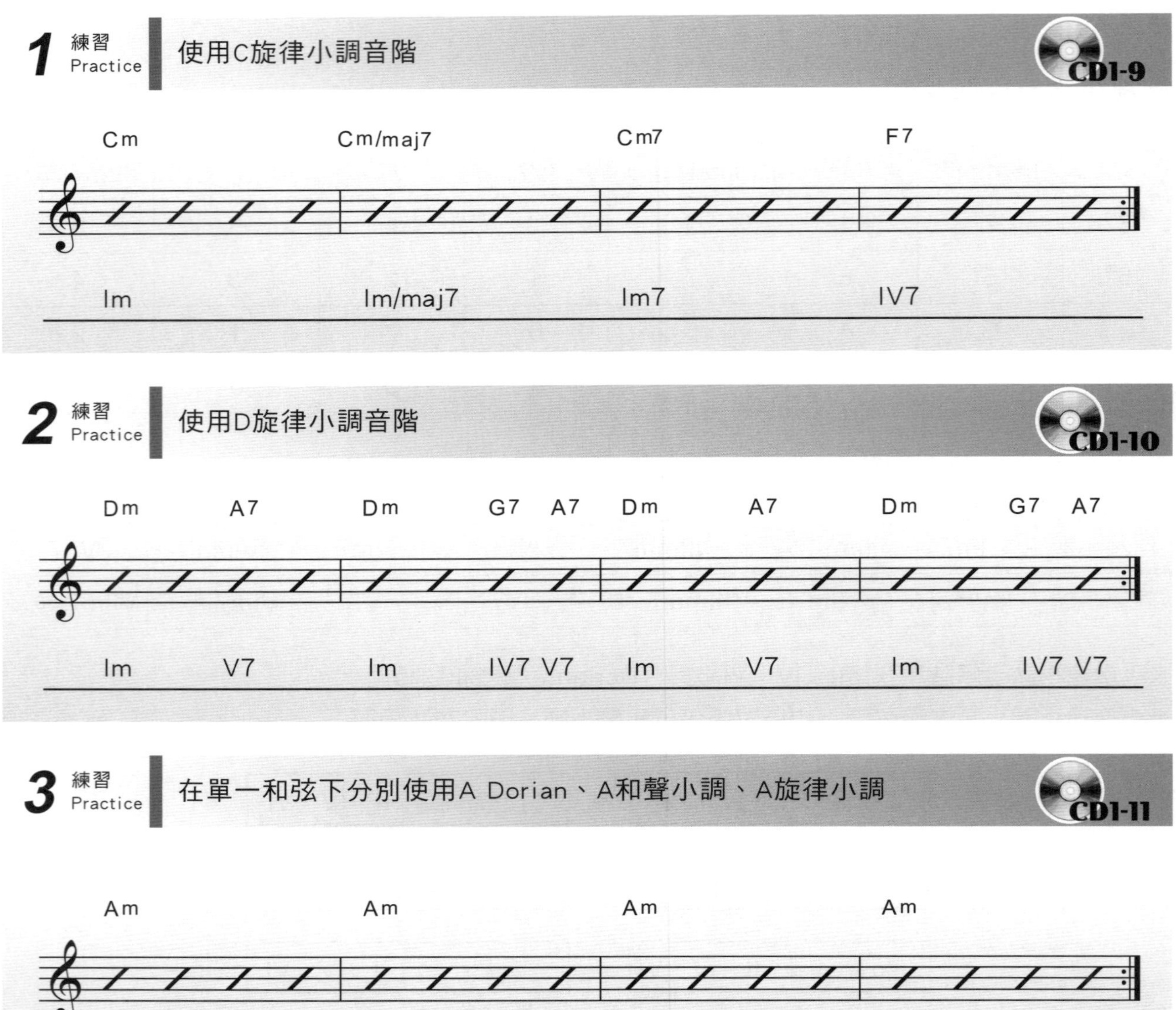

※在【練習3】單一Am系列和弦下，可以使用的SOLO工具：

1、Am Arpeggio

2、Am7 Arpeggio

3、Cmaj7 Arpeggio（♭IIImaj7 Arpeggio，Am9的聲響效果）

4、Em7 Arpeggio（Vm7 Arpeggio，Am11的聲響效果）

5、A小調五聲音階

6、A Blues

7、A Dorian

8、A和聲小調

9、A旋律小調

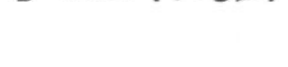

小調家族的整理

小三和弦

Pattern #1

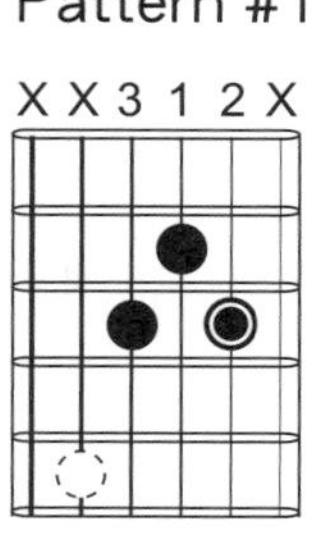

Pattern #2

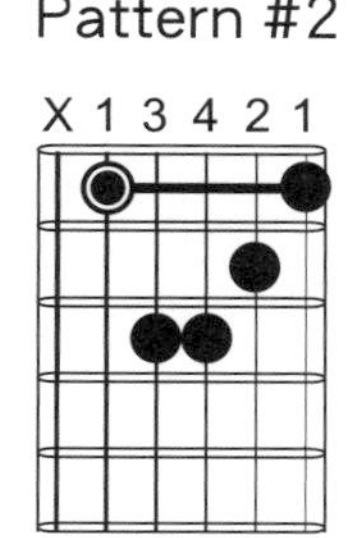

Pattern #3

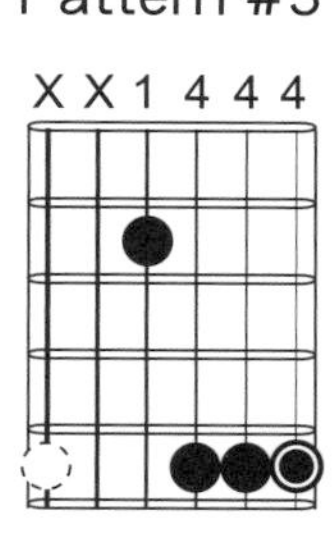

Pattern #4

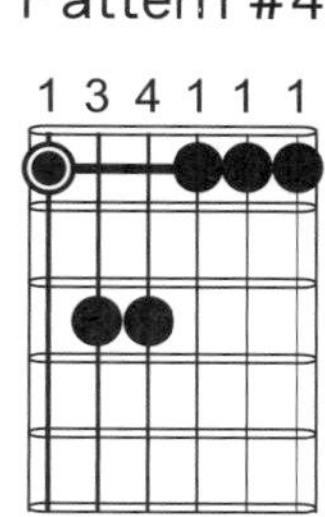

Pattern #5

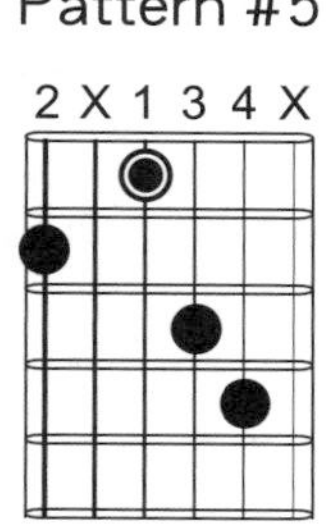

小三和弦琶音

Pattern #1

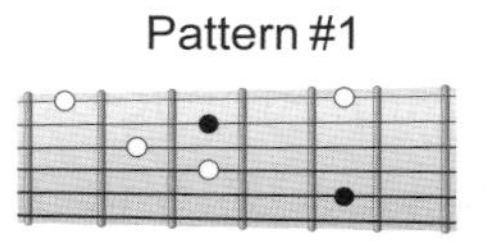

Pattern #2

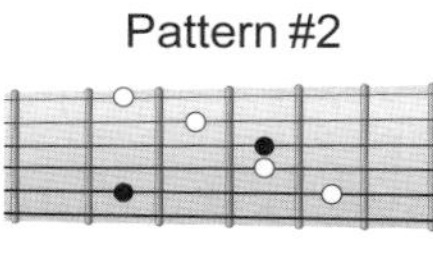

Pattern #3

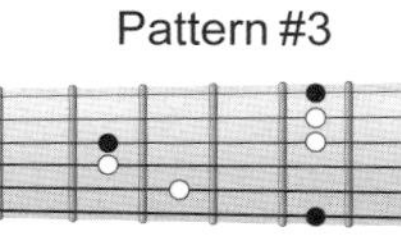

Pattern #4

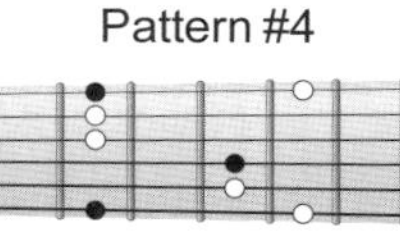

Pattern #5

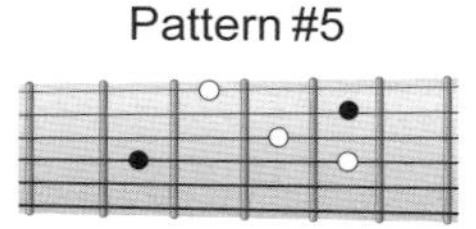

小調五聲音階

Pattern #1

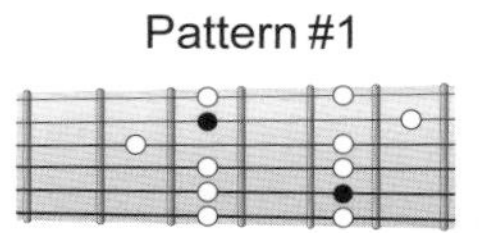

Pattern #2

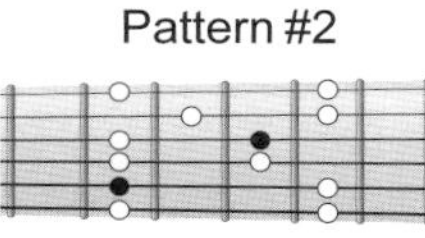

Pattern #3

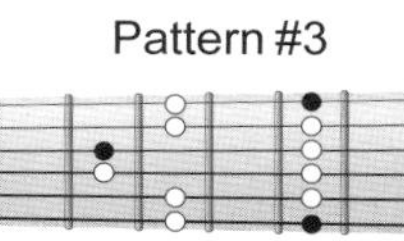

Pattern #4

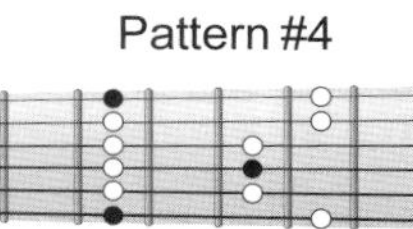

Pattern #5

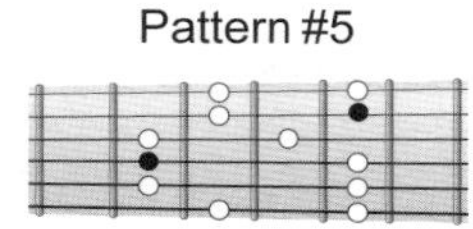

自然小調音階

Pattern #1

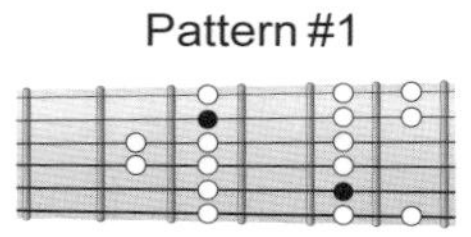

Pattern #2

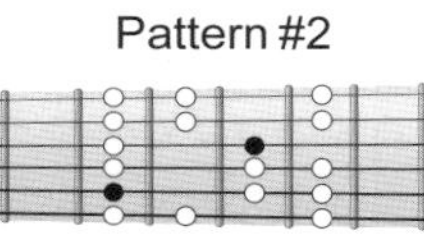

Pattern #3

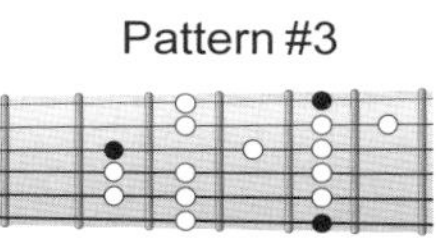

Pattern #4

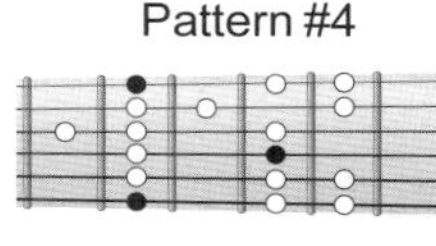

Pattern #5

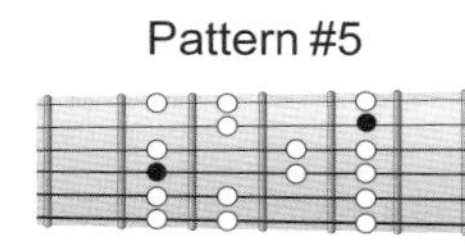

和聲小調音階

Pattern #1

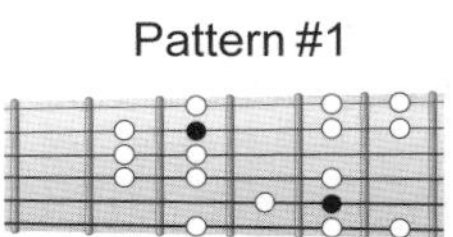

Pattern #2

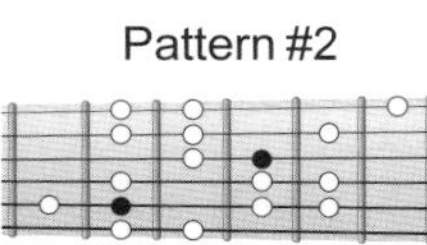

Pattern #3

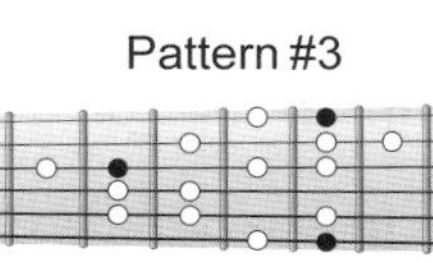

Pattern #4

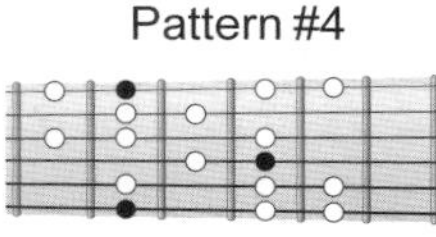

Pattern #5

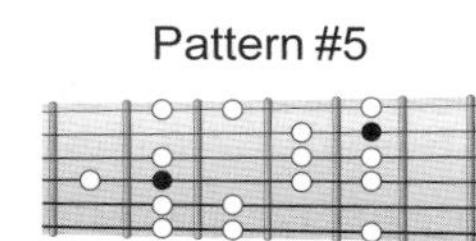

Dorian調式音階

Pattern #1

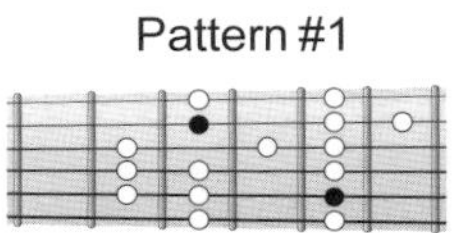

Pattern #2

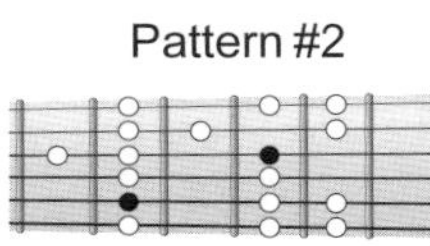

Pattern #3

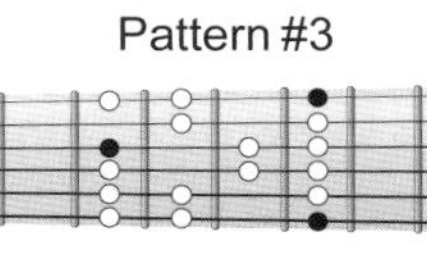

Pattern #4

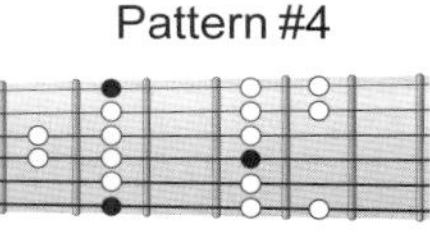

Pattern #5

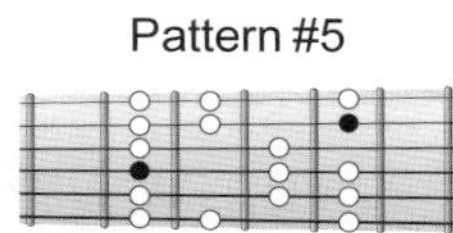

旋律小調音階

Pattern #1

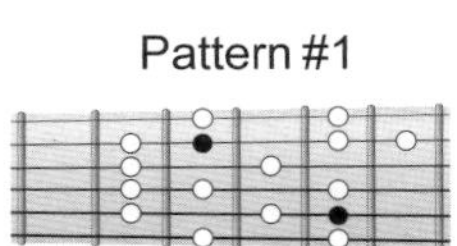

Pattern #2

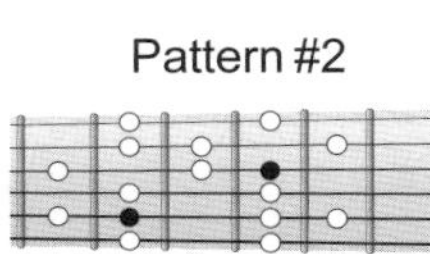

Pattern #3

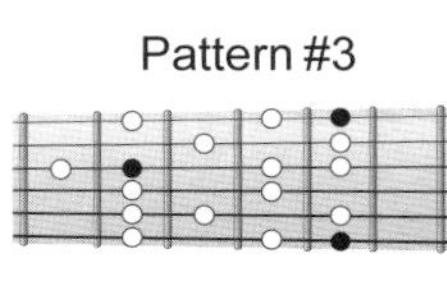

Pattern #4

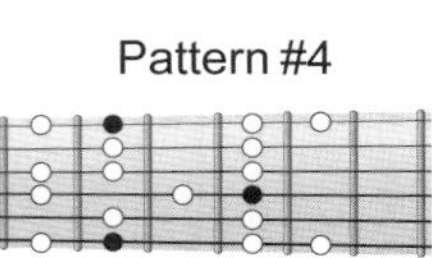

Pattern #5

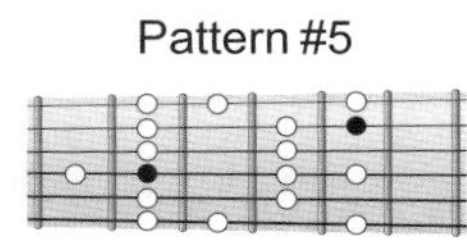

第 2 週課程

弗里吉安調式音階（Phrygian Mode）

Phrygian公式：1－♭2－♭3－4－5－♭6－♭7

※複習：
Aeolian公式：1－2－♭3－4－5－♭6－♭7（自然小調音階）
Dorian公式：1－2－♭3－4－5－6－♭7

Phrygian和Dorian與Aeolian（自然小調音階）都可以視作處理單一小三或小七和弦聲音（1-♭3-5-♭7）的音階，因為這三種音階結構都具備1、♭3、5、♭7音，也可以說Xm7 Arpeggio是這三種音階共同的主結構。然而三種音階中還有一個共同的音，四度音，加上主結構Xm7 Arpeggio總共有五個音符是三種音階共同使用的，這五個音也就是「小調五聲音階」（1-♭3-4-5-♭7），所以在旋律的彈奏上這三個調式音階與小調五聲音階的關係就變得密不可分。

Phrygian順階和弦：

	Im7	♭IImaj7	♭III7	IVm7	Vm7(♭5)	♭VImaj7	♭VIIm7
7th	♭7	1	♭2	♭3	4	5	♭6
5th	5	♭6	♭7	1	♭2	♭3	4
3rd	♭3	4	5	♭6	♭7	1	♭2
根音	1	♭2	♭3	4	5	♭6	♭7

自然小調順階和弦與Phrygian順階和弦之比較：

自然小調	Im7	IIm7(♭5)	♭IIImaj7	IVm7	Vm7	♭VImaj7	♭VII7
Phrygian	Im7	♭IImaj7	♭III7	IVm7	Vm7(♭5)	♭VImaj7	♭VIIm7

Phrygian的使用時機

1、在單一Xm系列的和弦。
例如：Xm、Xm7、Xm11、Xm7(♯5)等。
2、一般小調的二級和弦出現♭IImaj7或♭IImaj7(♯11)時。
例如：A小調裡出現B♭maj7，在B♭maj7使用A Phrygian。
3、一般小調的三級和弦出現♭III7時。
例如：A小調裡出現C7，在C7使用A Phrygian。
4、一般小調的七級和弦出現♭VIIm7時。
例如：A小調裡出現Gm7，在Gm7使用A Phrygian。

Phrygian的指型

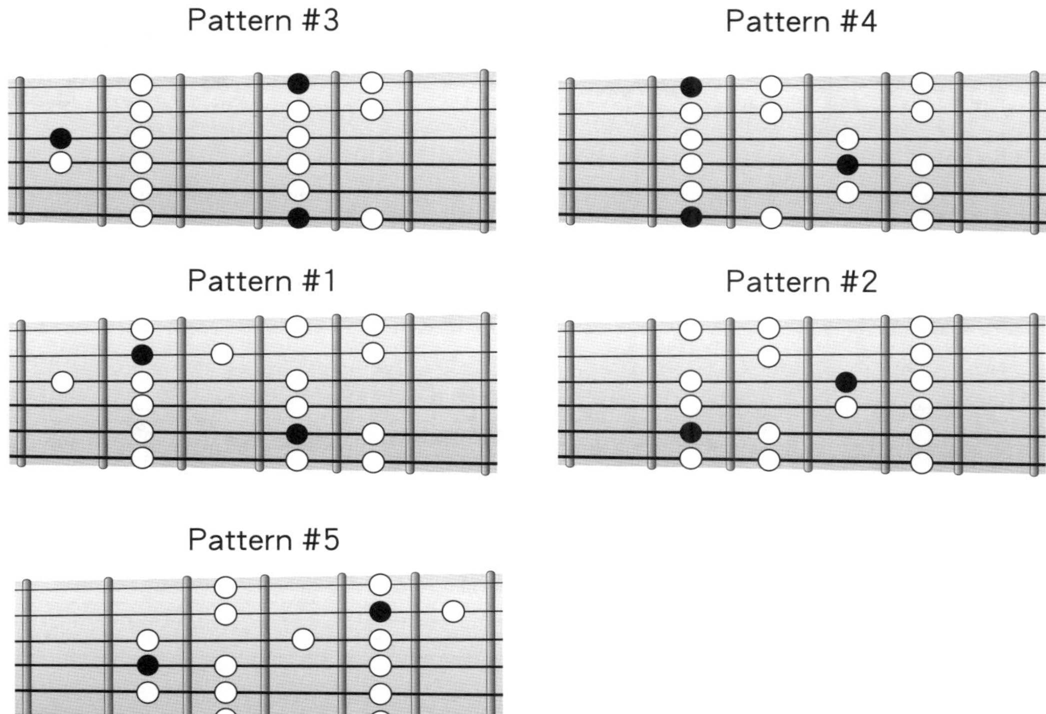

Phrygian與小調五聲音階

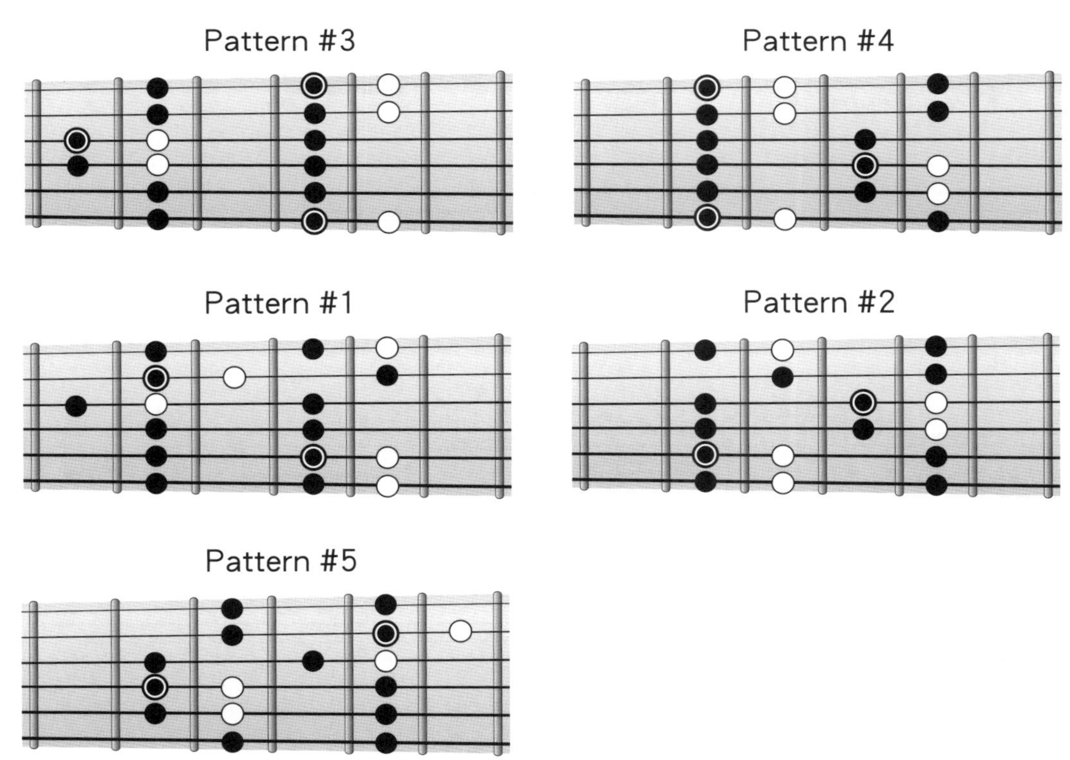

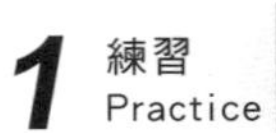

1 練習 Practice　C Phrygian＋C小調五聲音階 Pattern #4

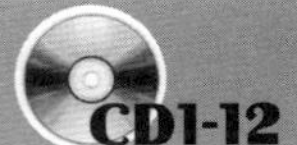

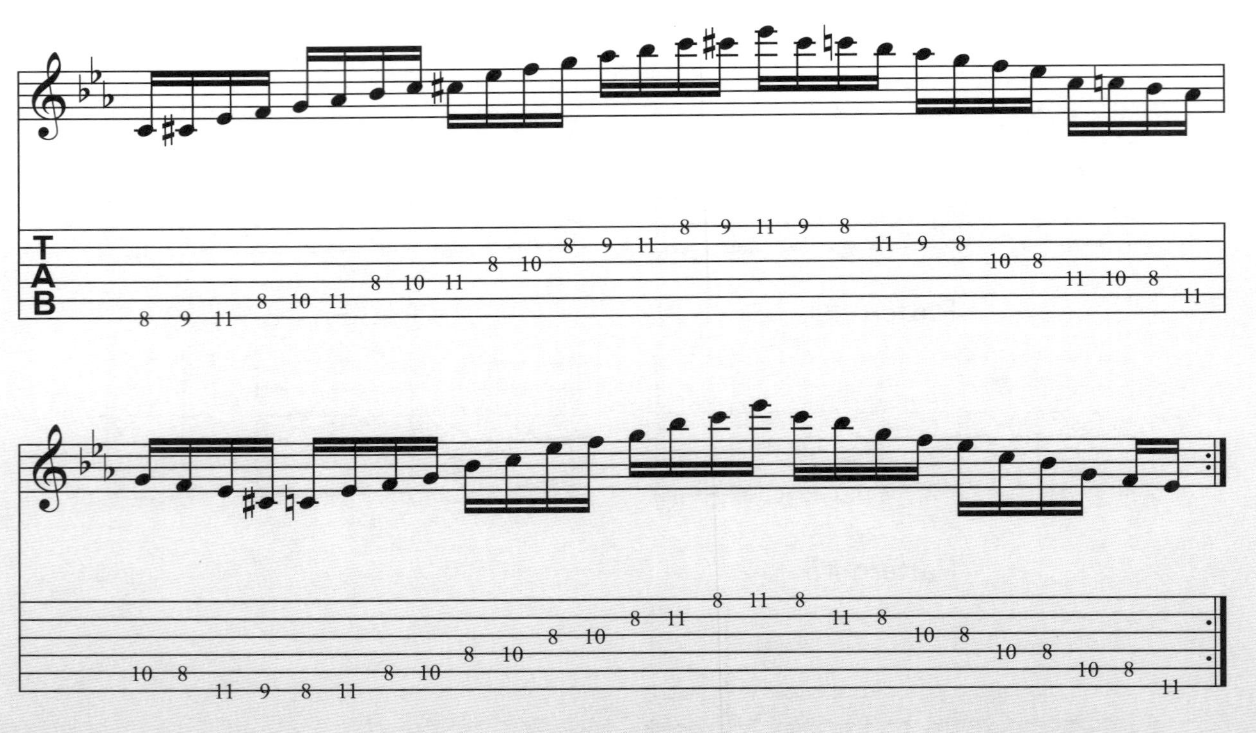

2 練習 Practice　C Phrygian＋C小調五聲音階 Pattern #2

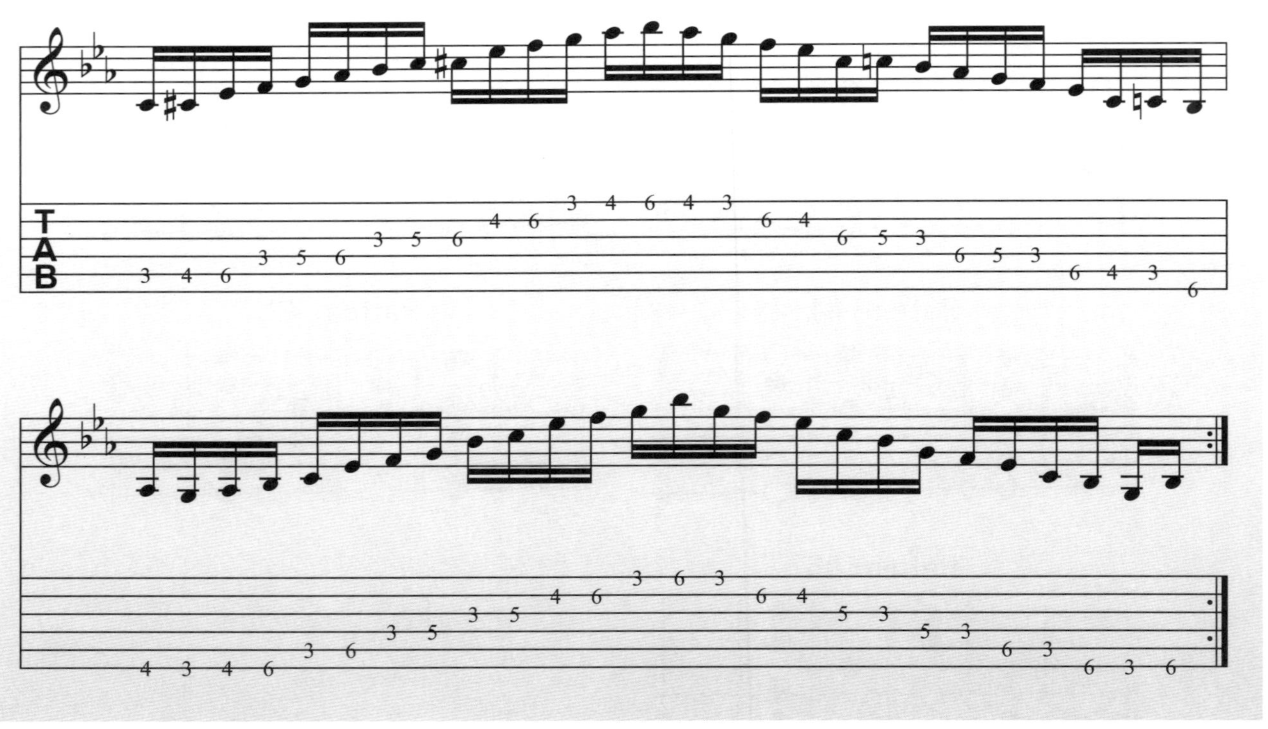

3 練習 Practice　將上述練習套用於其他的指型

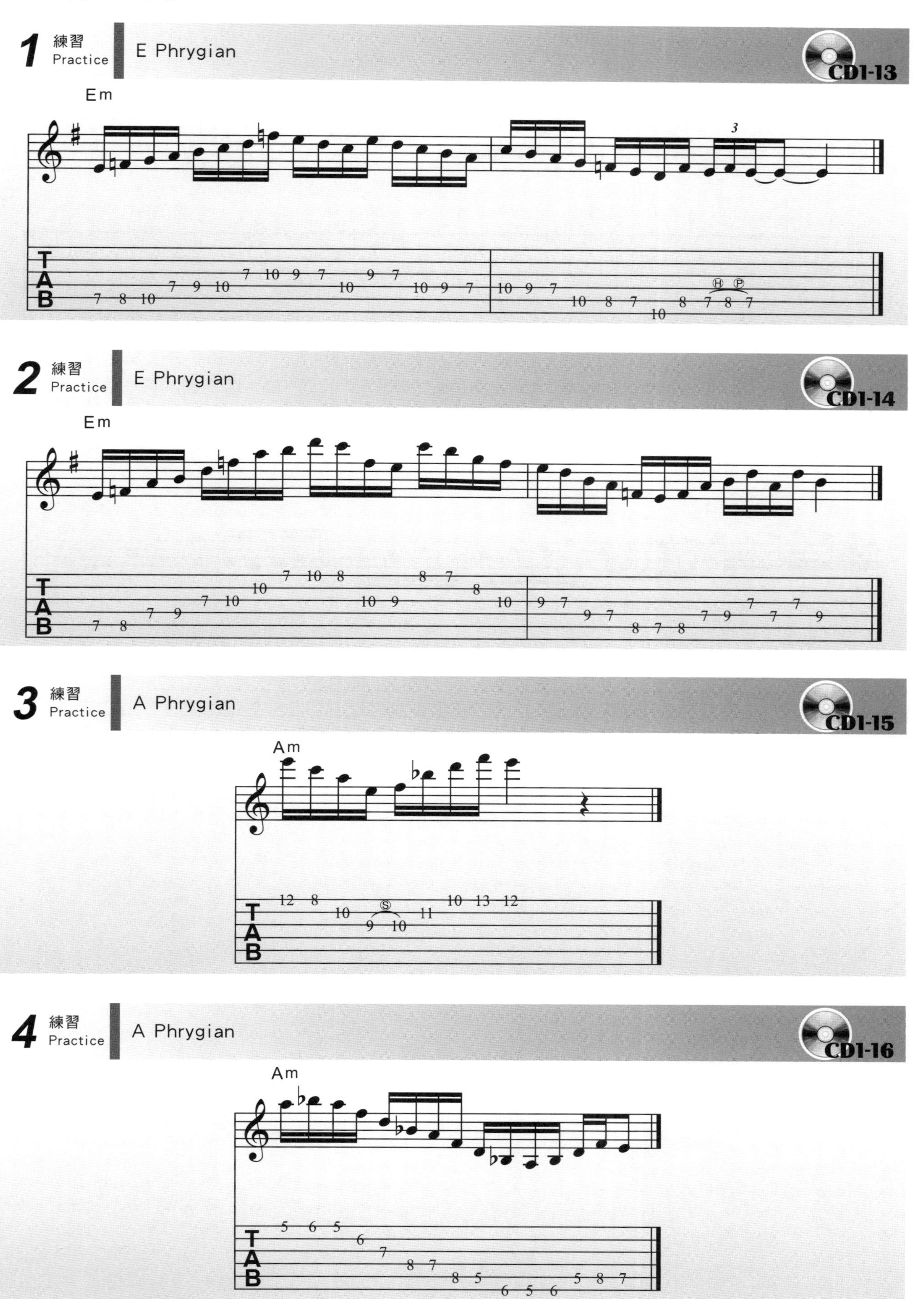
Phrygian樂句
1 練習 Practice
E Phrygian
CD1-13
Em
2 練習 Practice
E Phrygian
CD1-14
Em
3 練習 Practice
A Phrygian
CD1-15
Am
4 練習 Practice
A Phrygian
CD1-16
Am

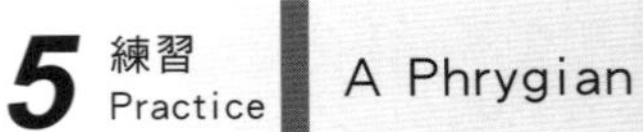

5 練習 Practice　A Phrygian

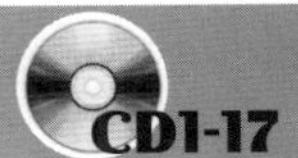

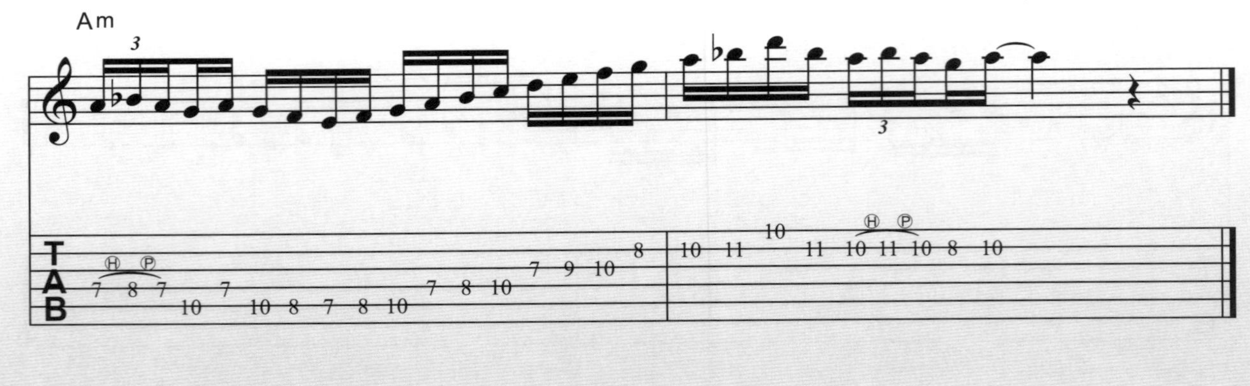

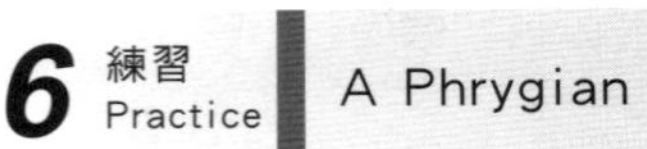

6 練習 Practice　A Phrygian

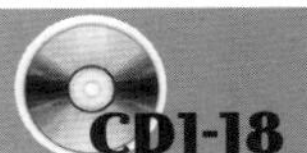

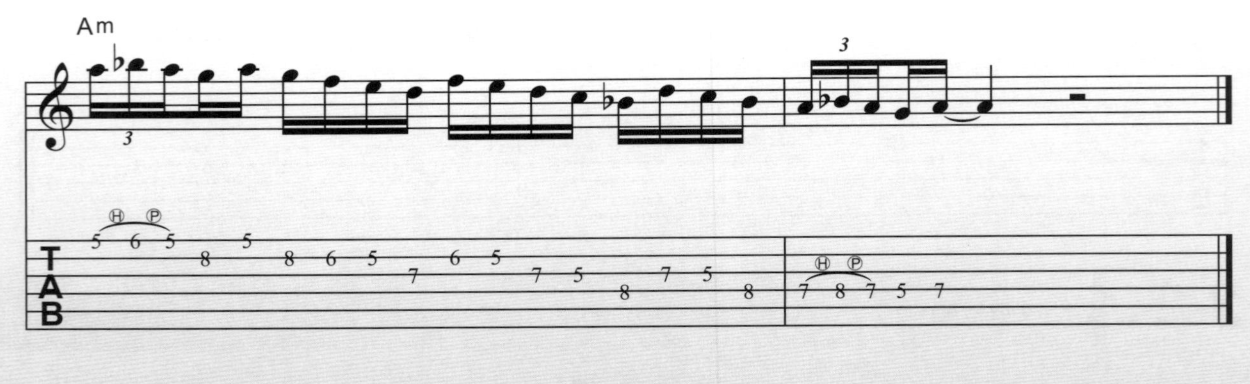

Phrygian的和弦進行

範例：Steve Vai - For The Love Of God

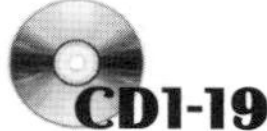

Emadd9 Fmaj7(♯11)

Emadd9 Amadd9

Emadd9 Cmaj7

Fmaj7♯11 Emadd9

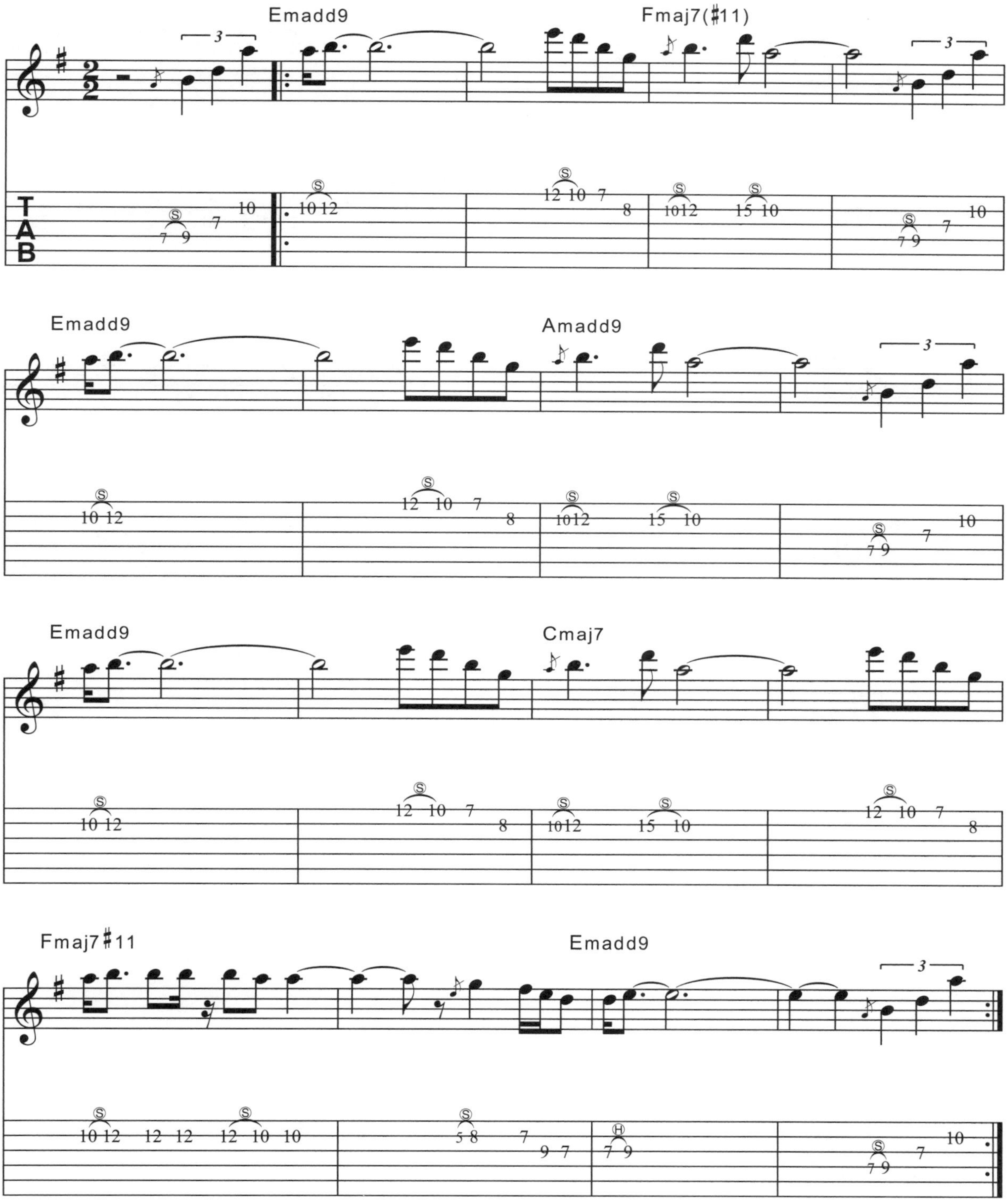

1 練習 Practice

在指定的和弦進行使用E Phrygian即興演奏

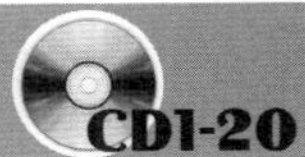

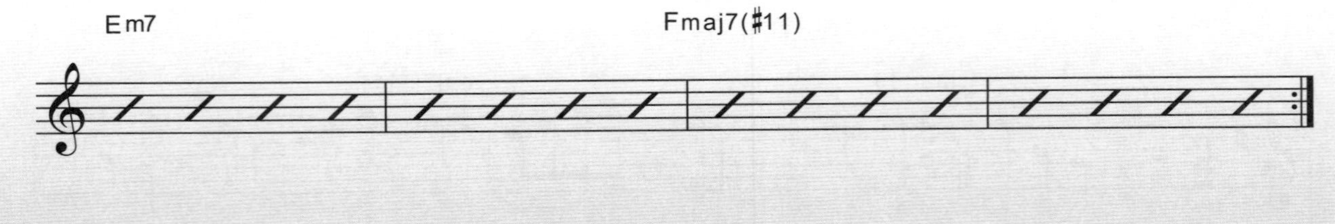

2 練習 Practice

在指定的和弦進行使用C Phrygian即興演奏

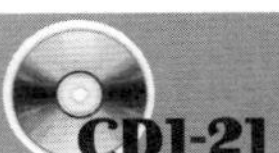

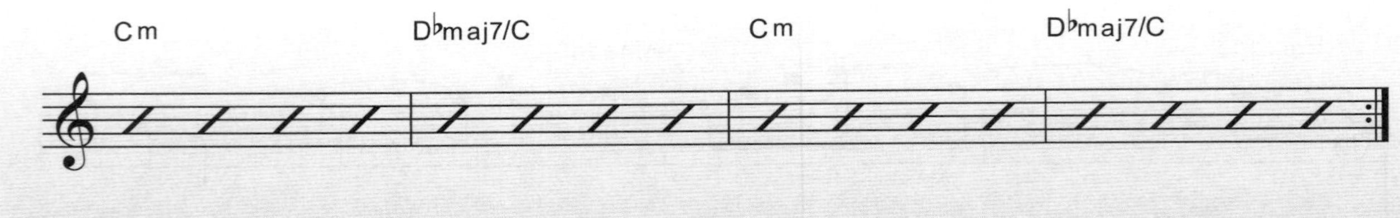

3 練習 Practice

在指定的的和弦進行使用A Phrygian即興演奏

Am7 | C7 | Gm7 | Dm7

第 3 週課程

弗里吉安屬調音階（Phrygian Dominant Scale）

Phrygian Dominant公式：1－♭2－3－4－5－♭6－♭7

此音階因為是將Phrygian的小三度改為大三度，所以也稱作「Phrygian Major」。因為具有屬七和弦的聲響結構（1-3-5-♭7），適合在屬七系列和弦使用，再加上音階有個特別明顯的特徵，小二度（降九度），所以尤其適合使用於X7（♭9）和弦。

另外西班牙佛朗明哥風格的樂風常將此音階與小調和弦搭配使用，所以這個音階又稱為「西班牙佛朗明哥（Spanish-Flamenco）」或「西班牙弗里吉安（Spanish-Phrygian）」音階；除了佛朗明哥風味外，這個音階在一些受回教影響的國家中也常聽得到，所以這個音階也可以用來營造「中東風味」的音樂。

Phrygian Dominant的指型

Phrygian Dominant也可以視為和聲小調音階（Harmonic Minor）的V級調式。也就是說，C Phrygian Dominant＝F Harmonic Minor

Pattern #3

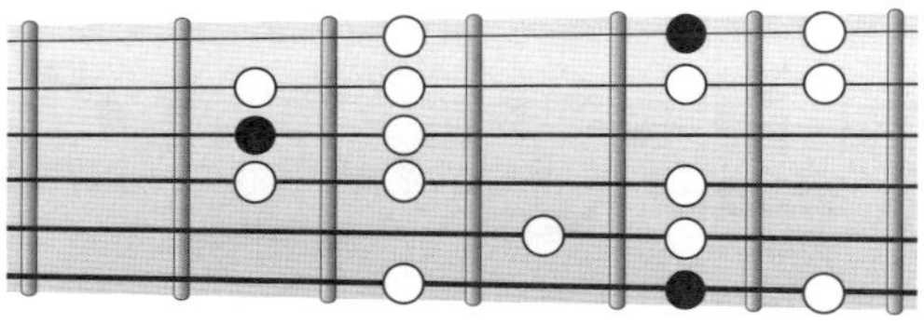

Pattern #4

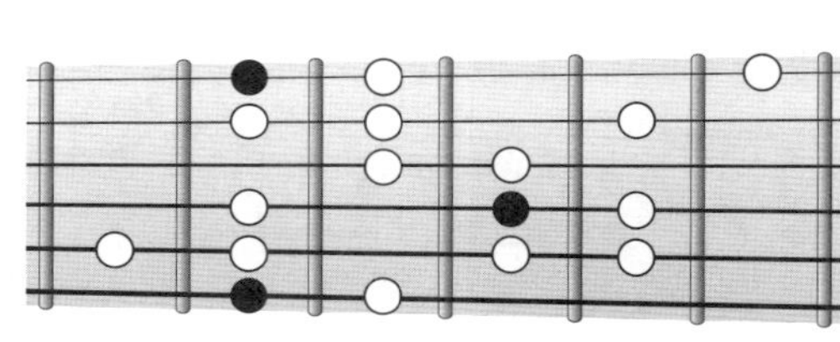

Pattern #1

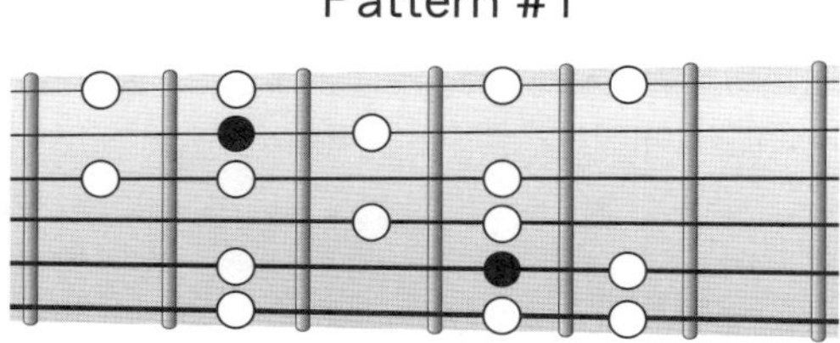

Pattern #2

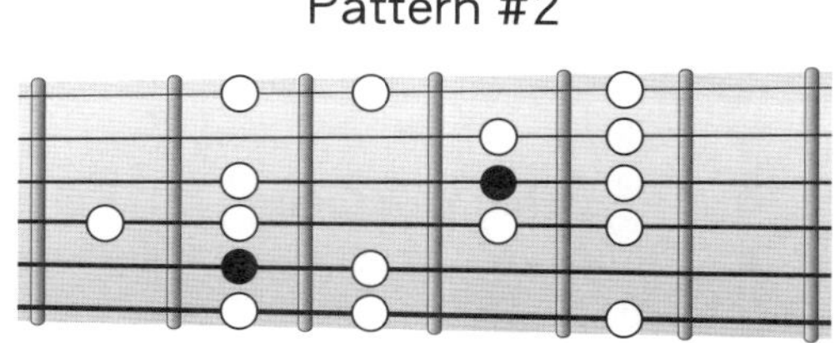

Pattern #5

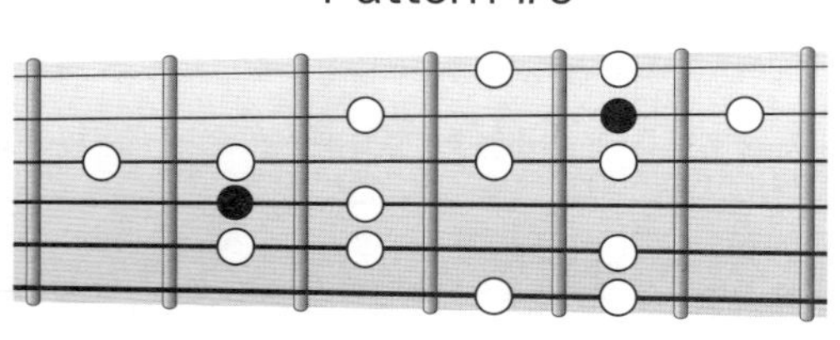

Phrygian Dominant樂句

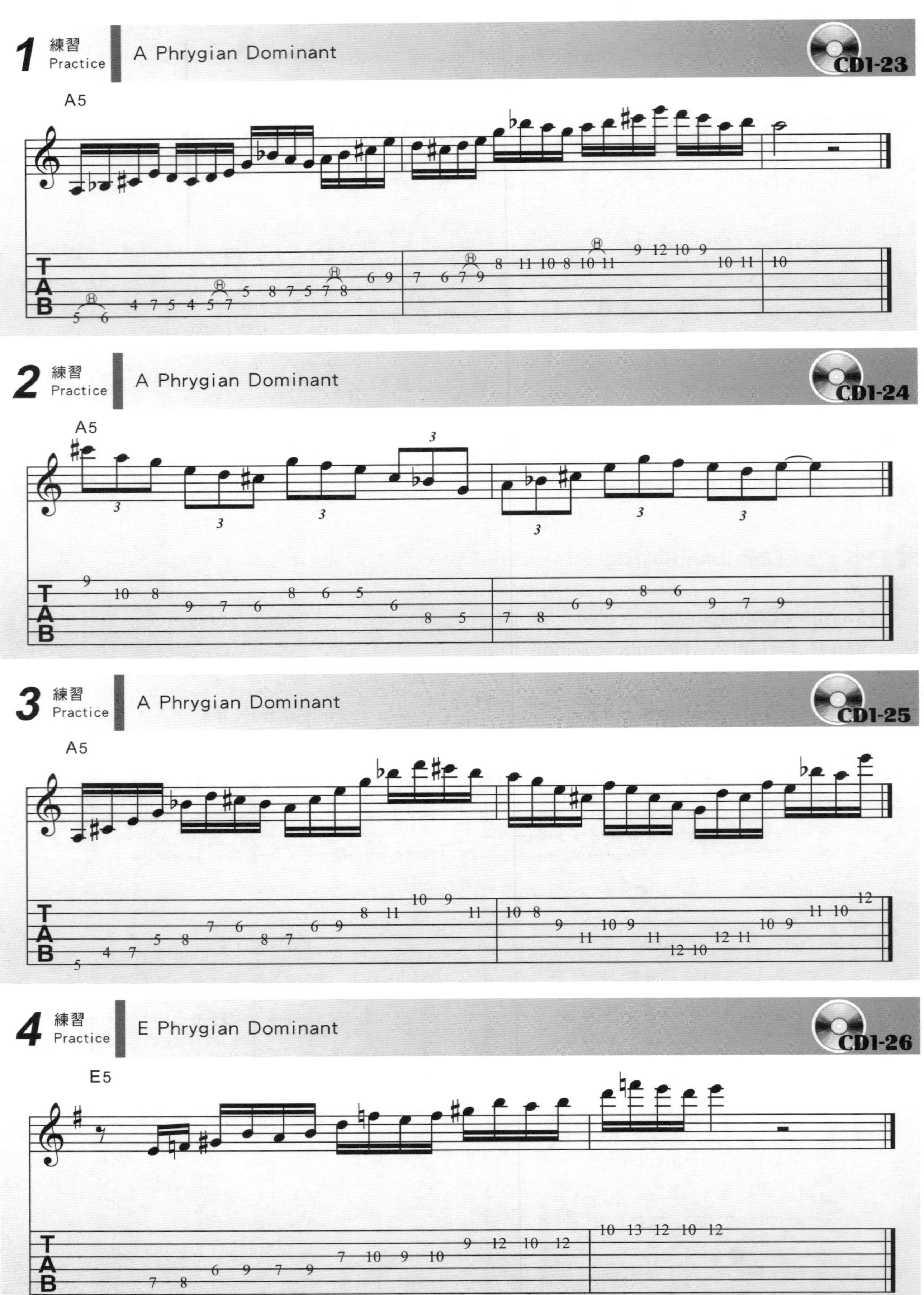

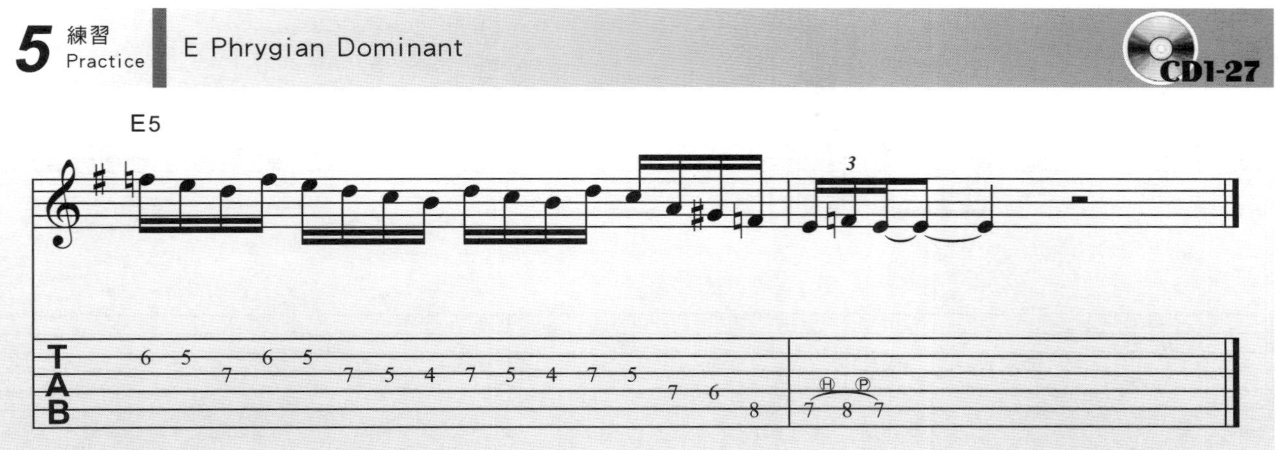

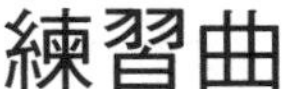

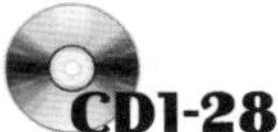

A Intro

E5

1.

2. *Fine*

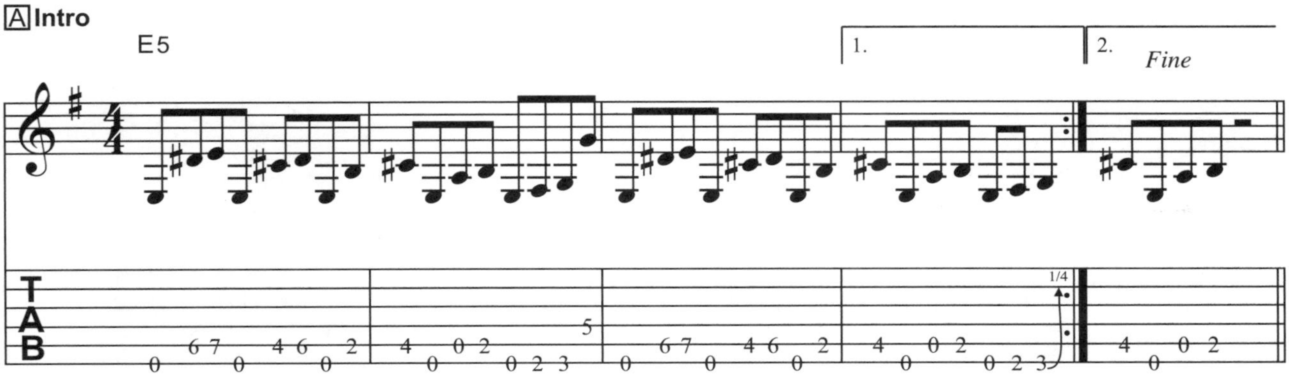

B Verse

Em

D

A

Full

1/2

Full

Em

D

A

Full

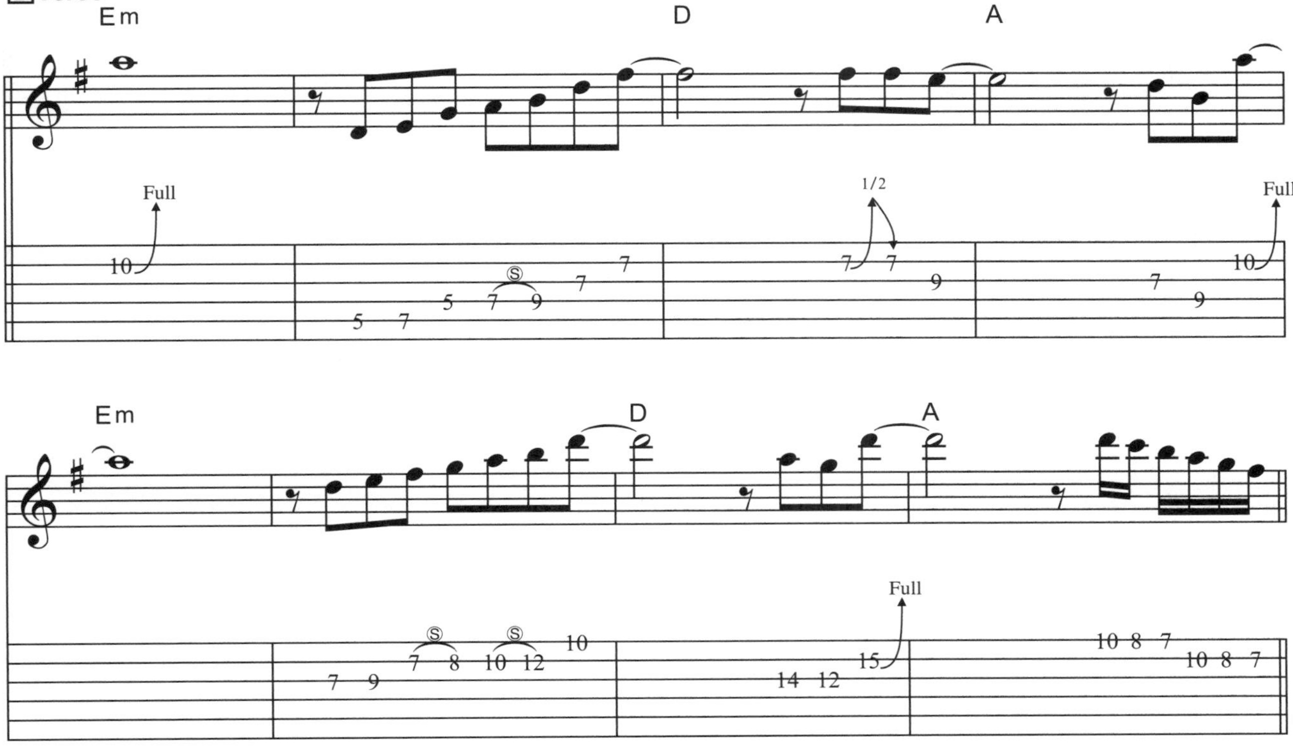

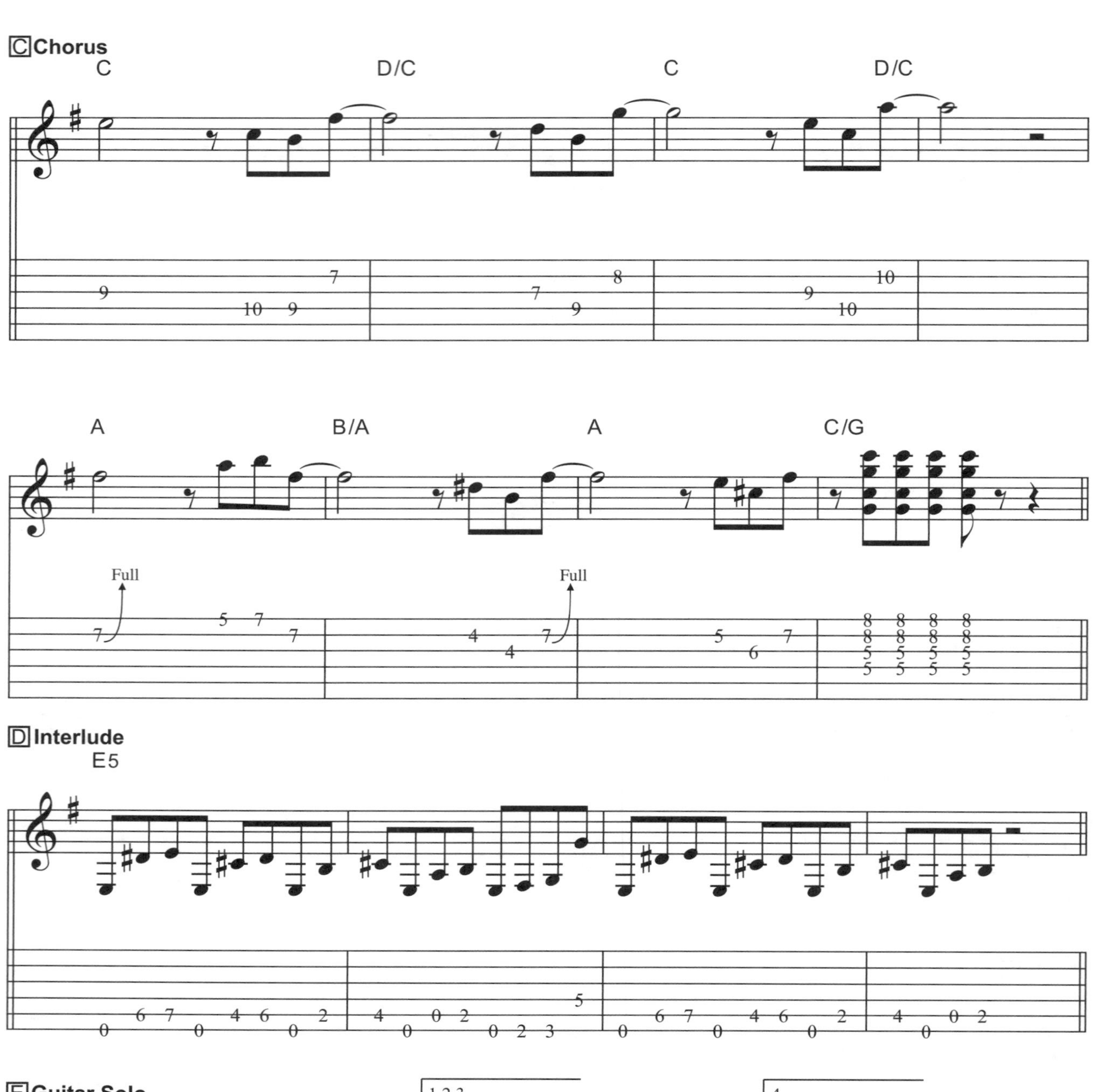
C Chorus
C
D/C
C
D/C
A
B/A
A
C/G
Full
Full
D Interlude
E5
E Guitar Solo
C
1.2.3.
Em
4.
B
D.C. al Fine

洛克里安調式音階（Locrian Mode）

Locrian的音階結構也是可以視為自然小調音階的變形，也就是將自然小調音階的二度音與五度音降半音。

自然小調音階公式：1－2－♭3－4－5－♭6－♭7
Locrian公式：1－♭2－♭3－4－♭5－♭6－♭7

因為有一個「減五度」音程，使得這個音階具有不合諧、不穩定的特質，因為如此，Locrian並不是能夠被廣泛運用，它通常可以針對單一Xm7(♭5)和弦或屬七變化和弦使用。以下列出Locrian的五個指型供參考。

Locrian的指型

Pattern #3

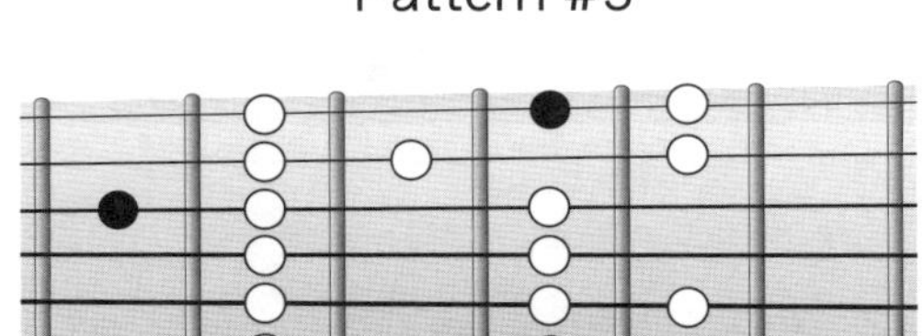

Pattern #4

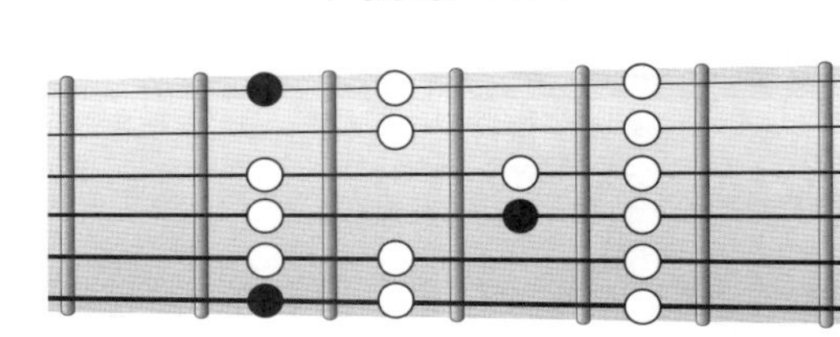

Pattern #1

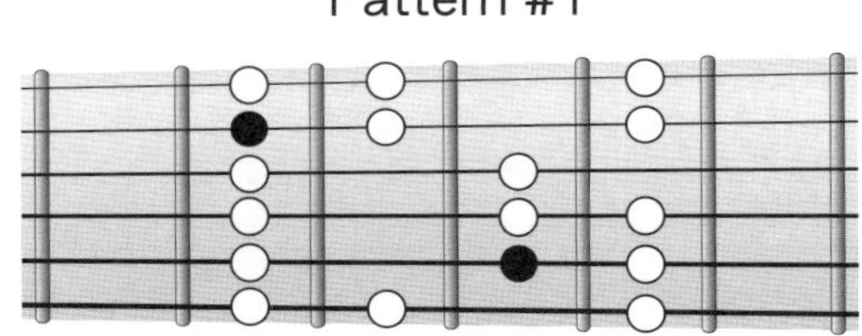

Pattern #2

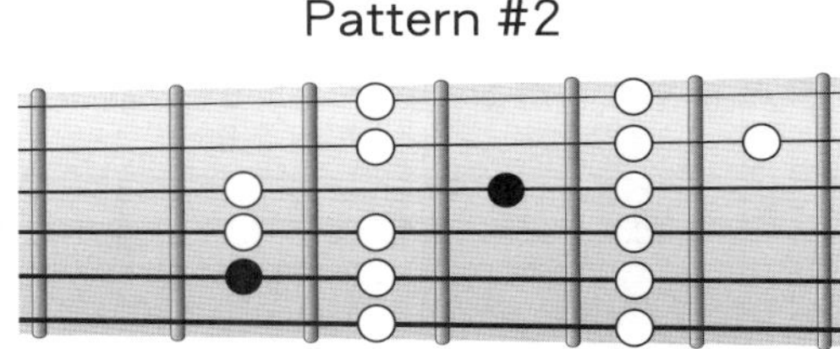

Pattern #5

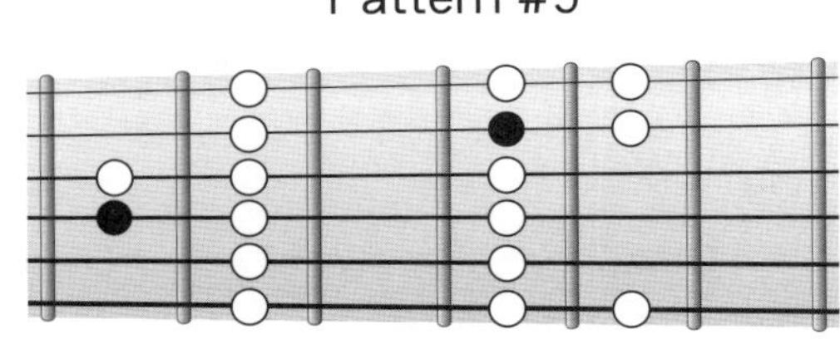

旋律視奏

這是一首爵士名曲，由教師彈奏和弦進行，學生彈奏旋律，本曲視奏宜不斷反覆練習。

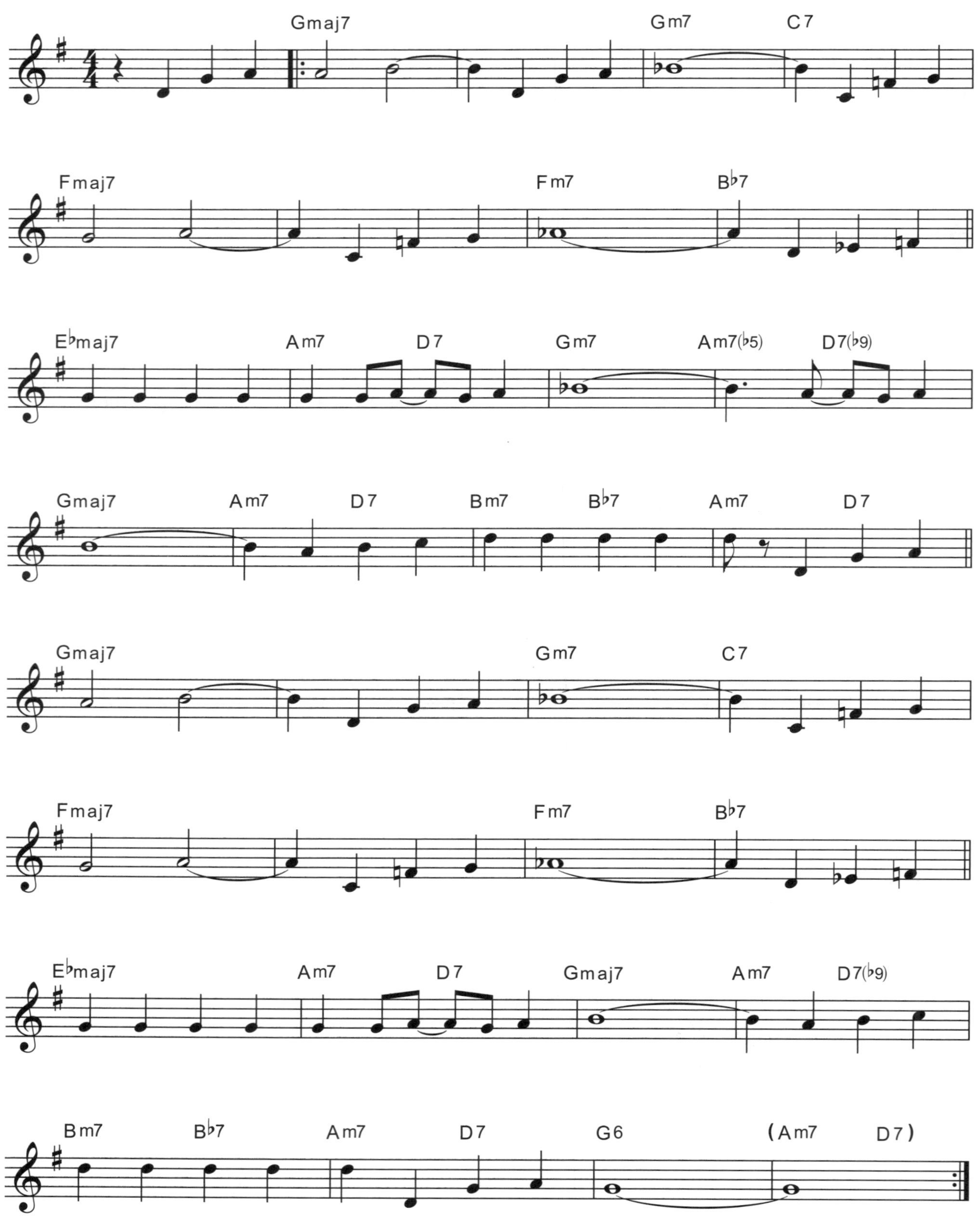

第 4 週課程

利地安調式音階（Lydian Mode）

Lydian公式：1－2－3－#4－5－6－7

Lydian與Ionian（大調音階1－2－3－4－5－6－7）都是在大七和弦（1、3、5、7）聲響下可使用的音階，而Lydian因有一個增四度的關係，特別適合使用於Xmaj7(#11）或II/I形式的和弦。

Lydian調式音階的指型

Pattern #3

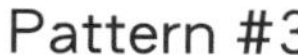

Pattern #4

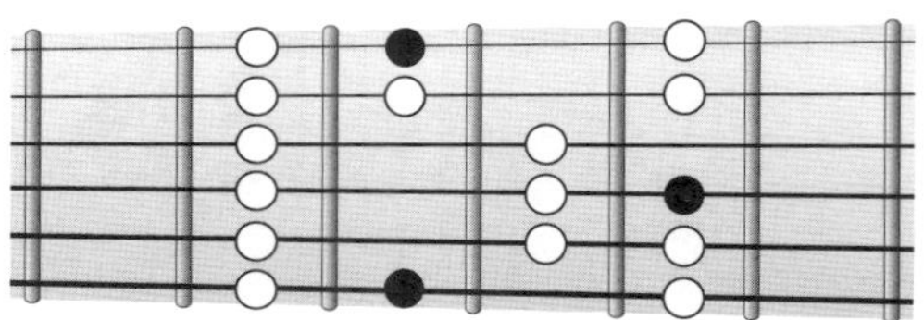

Pattern #1

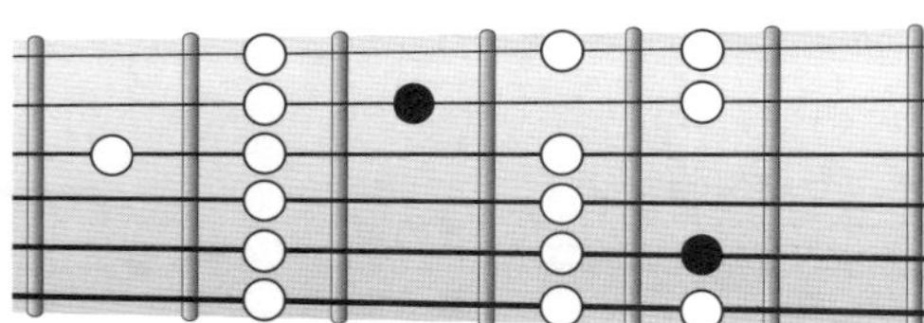

Pattern #2

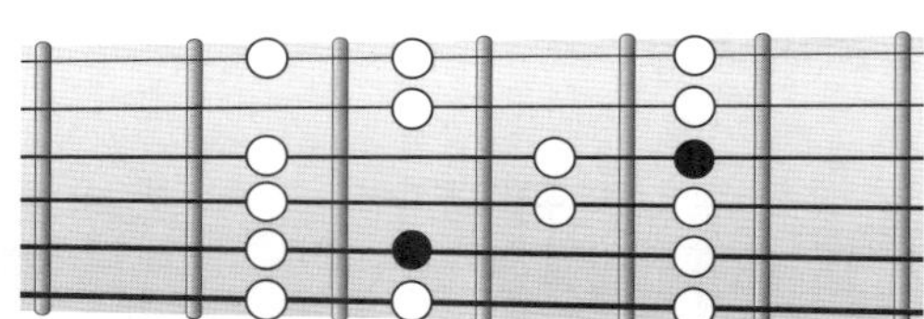

Pattern #5

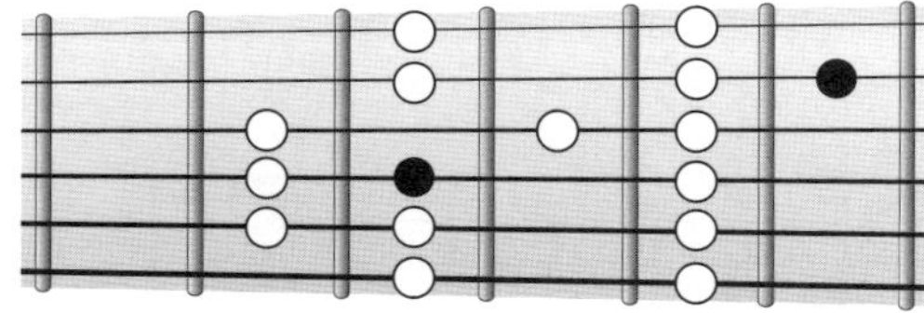

Lydian調式音階與Xmaj7 Arpeggio的指型

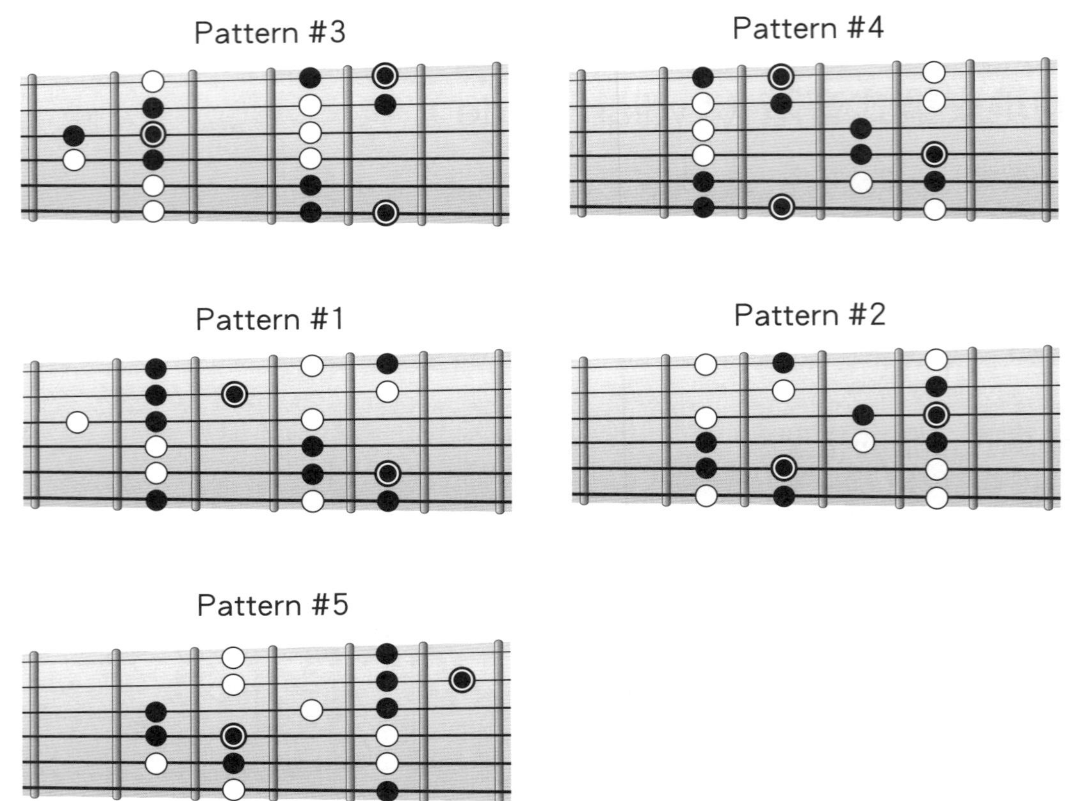

1 練習 Practice | C Lydian＋Cmaj7 Arpeggio Pattern #4 | CD1-29

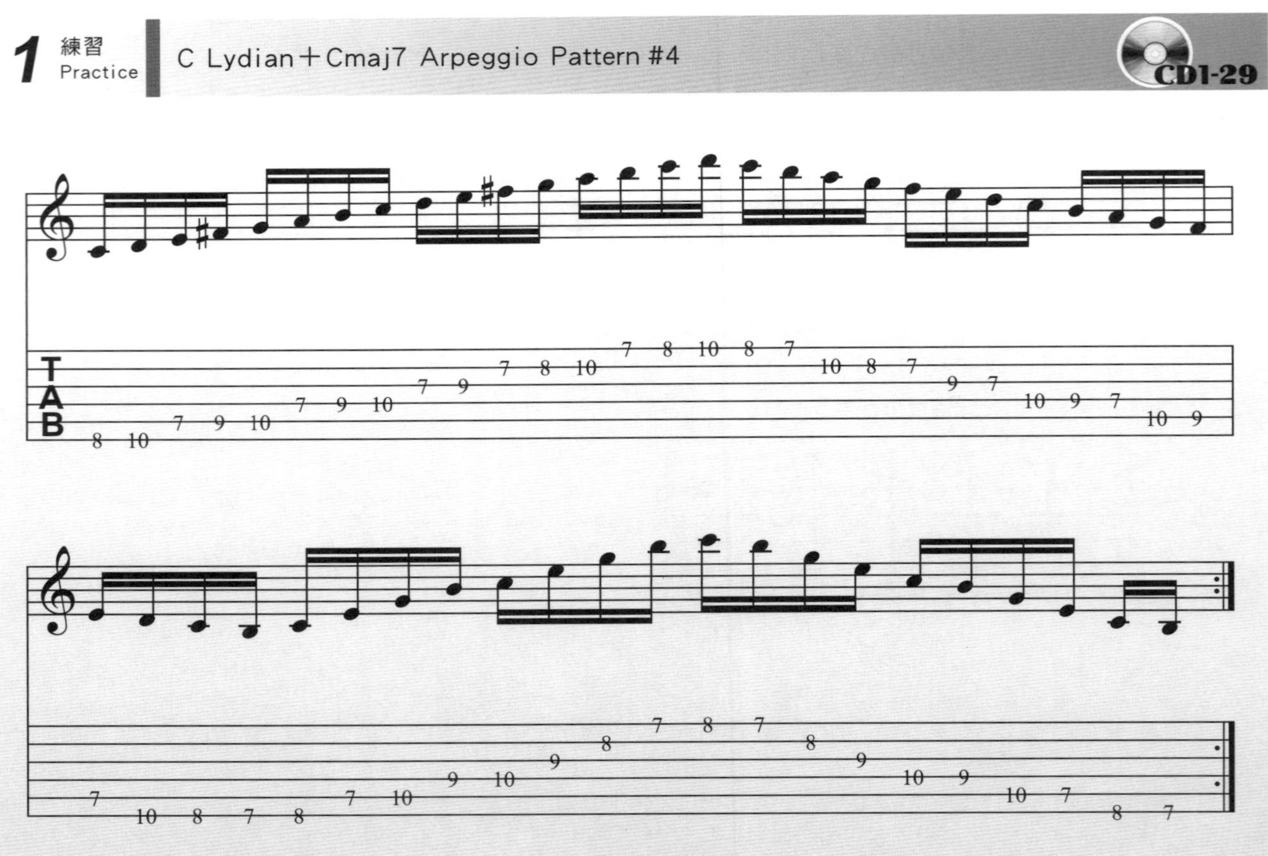

2 練習 Practice　C Lydian＋Cmaj7 Arpeggio Pattern #2

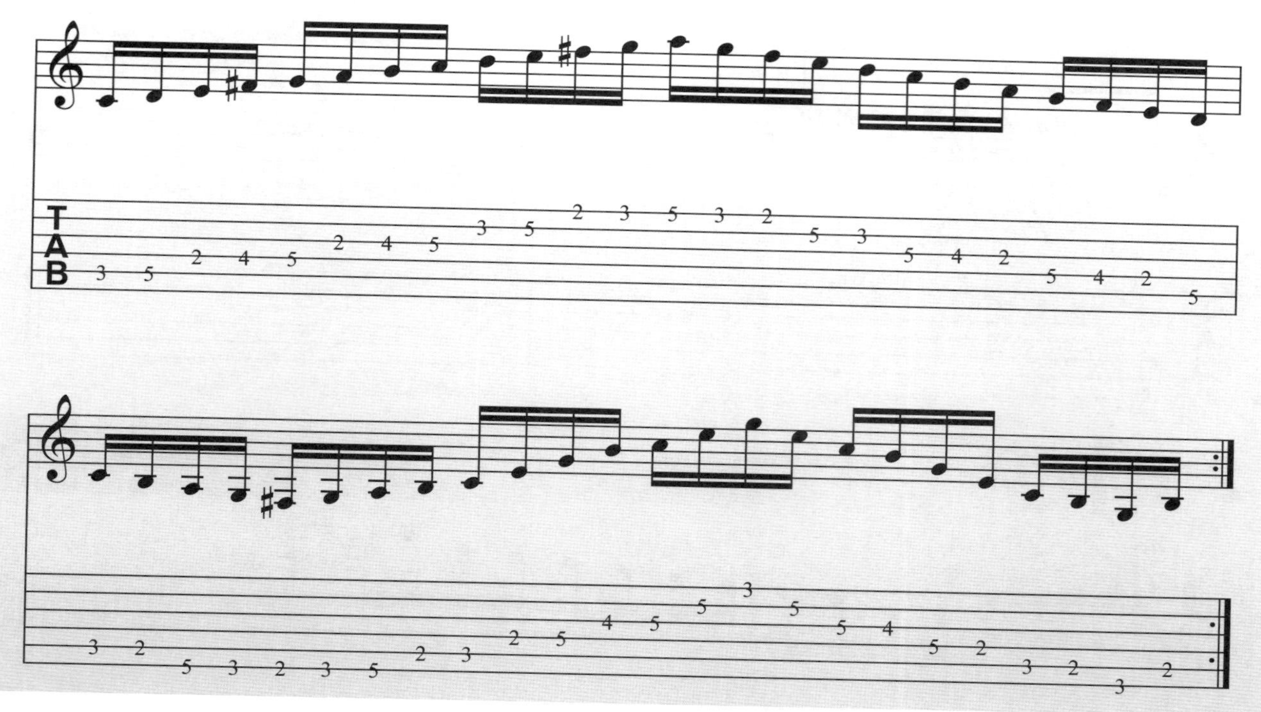

3 練習 Practice　將上述練習套用於其他的指型

Lydian順階和弦：

	Imaj7	II7	IIIm7	#IVm7(♭5)	Vmaj7	VIm7	VIIm7
7th	7	1	2	3	#4	5	6
5th	5	6	7	1	2	3	#4
3rd	3	#4	5	6	7	1	2
根音	1	2	3	#4	5	6	7

自然大調順階和弦與Lydian順階和弦之比較：

自然大調	Imaj7	IIm7	IIIm7	IVmaj7	V7	VIm7	VIIm7(♭5)
Lydian	Imaj7	II7	IIIm7	#IVm7(♭5)	Vmaj7	VIm7	VIIm7

Lydian的使用時機

1、在單一Xmaj系列的和弦。 例如：X、Xmaj7、Xmaj7(#11)等。
2、一般大調的二級和弦出現II7時。 例如：C大調裡出現D7，在D7使用C Lydian。
3、一般大調的七級和弦出現VIIm7時。 例如：C大調裡出現Bm7，在Bm7使用C Lydian。
4、在單一II/I型態的Slash chord。 例如：D/C（接近Cmaj69(#11)），使用C Lydian。

Lydian樂句

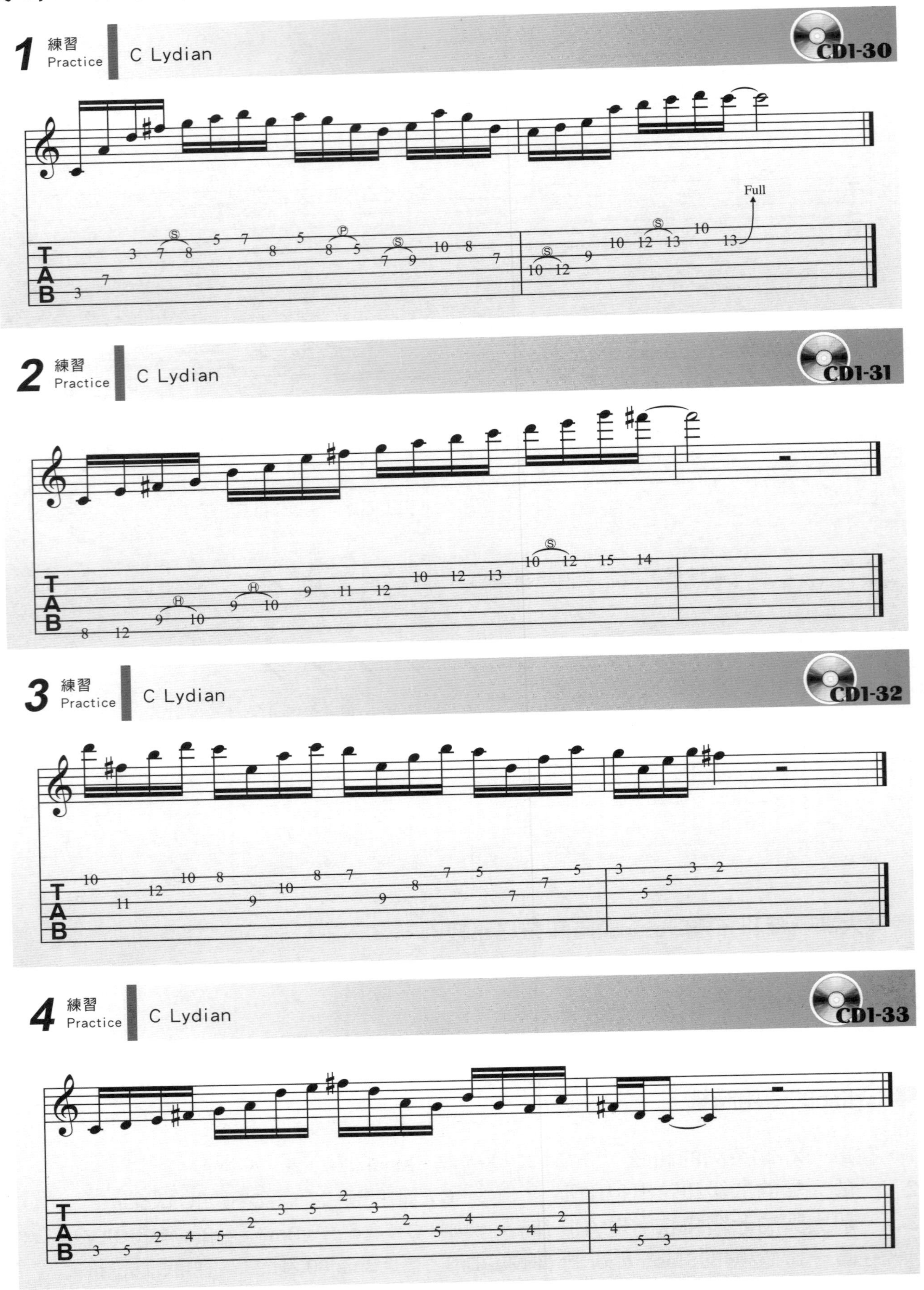
1 練習 Practice
C Lydian
CD1-30
Full
2 練習 Practice
C Lydian
CD1-31
3 練習 Practice
C Lydian
CD1-32
4 練習 Practice
C Lydian
CD1-33

5 練習 Practice | C Lydian | CD1-34

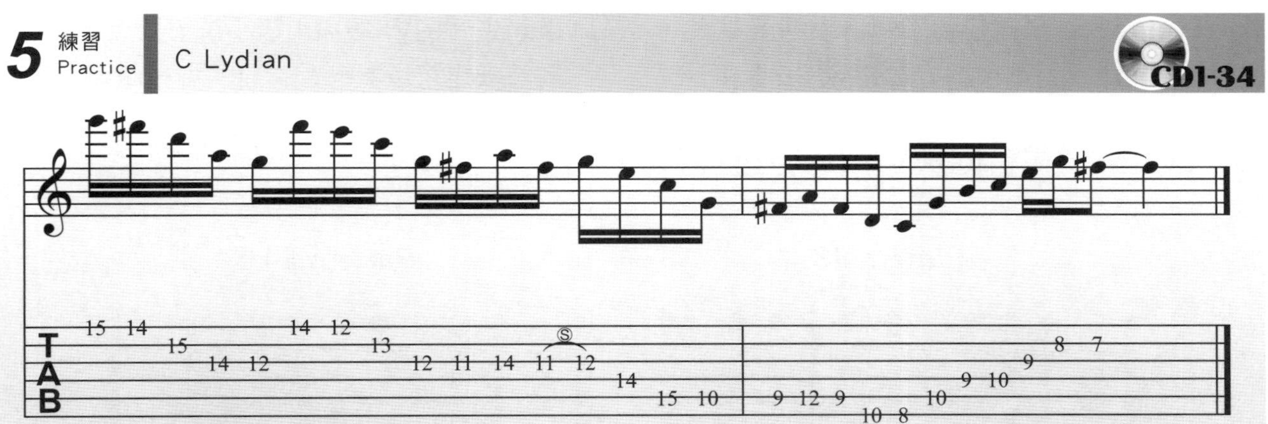

Lydian即興演奏

1 練習 Practice | 在指定的和弦進行使用A Lydian即興演奏 | CD1-35

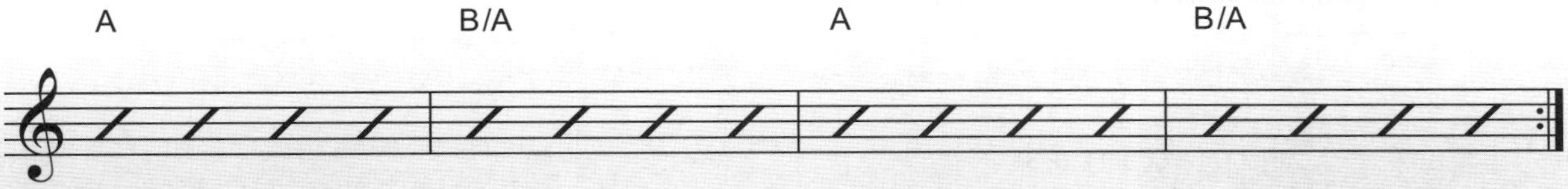

A　B/A　A　B/A

2 練習 Practice | 在指定的和弦進行使用C Lydian即興演奏 | CD1-36

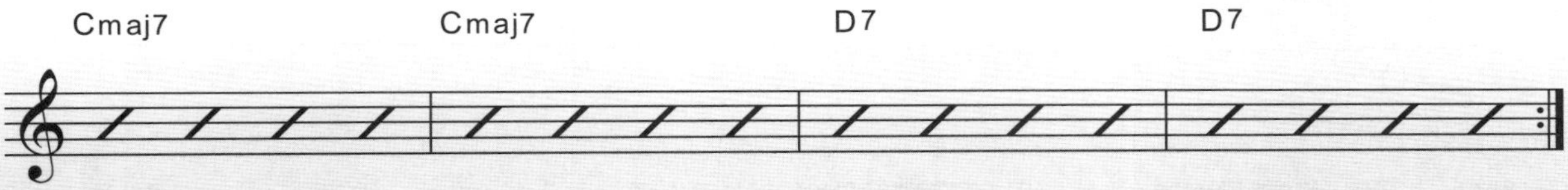

Cmaj7　Cmaj7　D7　D7

3 練習 Practice | 在指定的和弦進行使用C Lydian即興演奏 | CD1-37

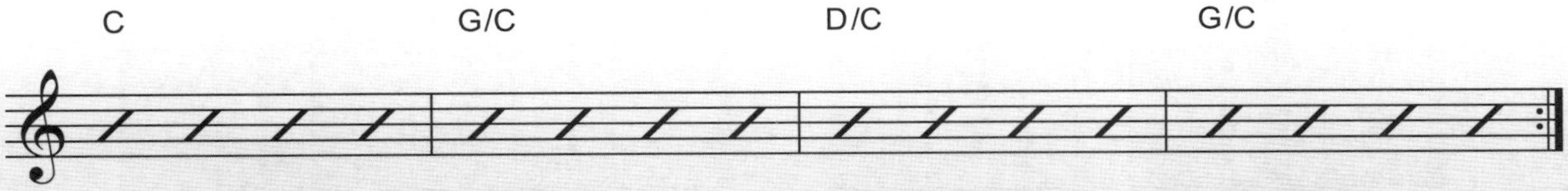

C　G/C　D/C　G/C

4 練習 Practice | Amaj7可用A大調音階；Cmaj7可用A小調音階或C Lydian | CD1-38

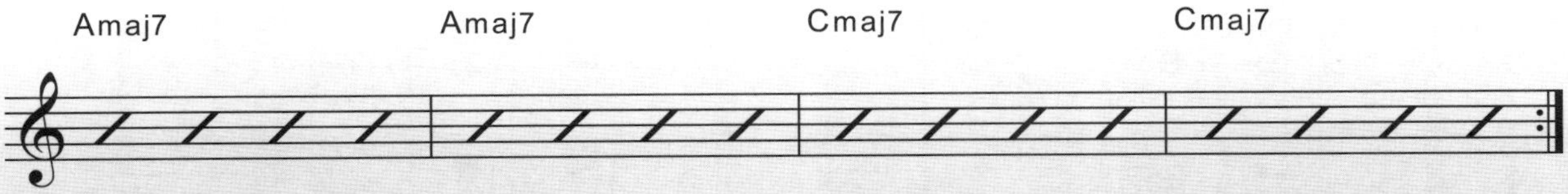

Amaj7　Amaj7　Cmaj7　Cmaj7

5 練習 Practice | 可從頭到尾用G大調音階，也可以在前2小節用C Lydian；後2小節用B小調五聲音階 | CD1-39

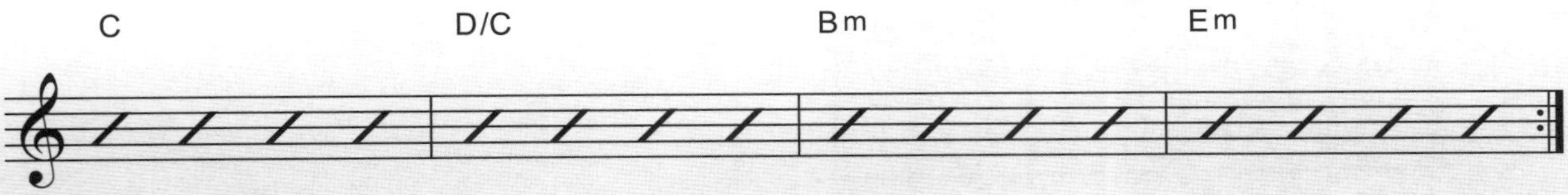

C　D/C　Bm　Em

Lydian的結構裡包含了兩種小調五聲音階，該Lydian主音的VII級與III級小調五聲音階，也就是C Lydian包含了B小調五聲音階與E小調五聲音階，有時候也可以參考創造新的旋律線。

I Lydian調式音階與VII小調五聲音階的指型

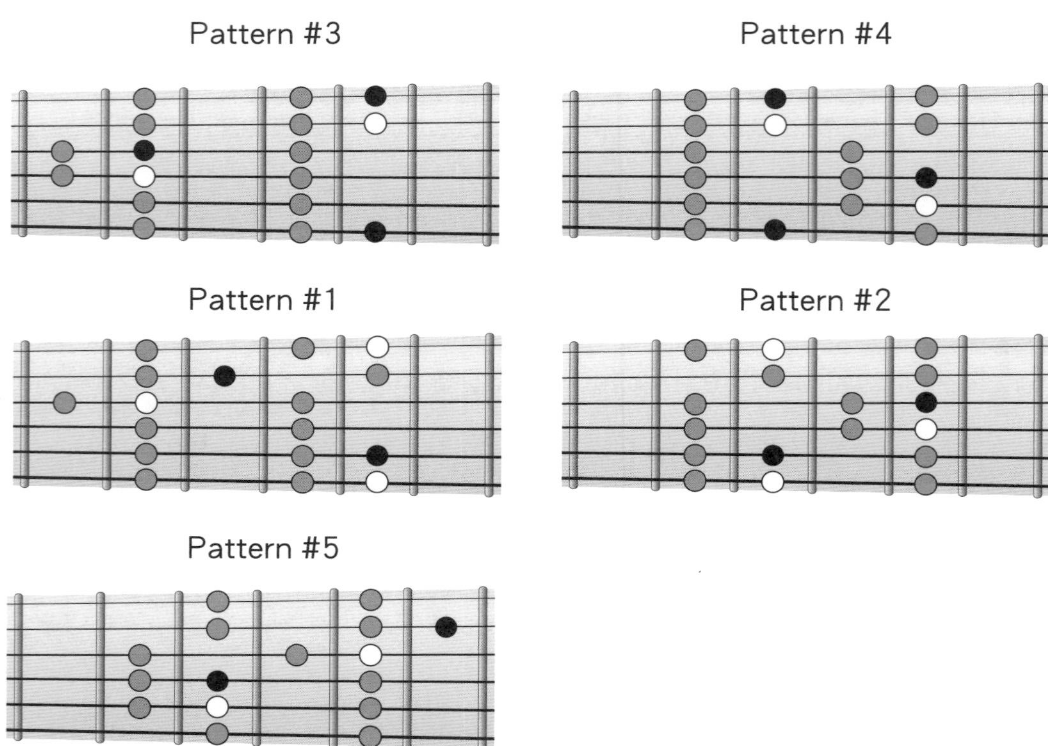

I Lydian調式音階與III小調五聲音階的指型

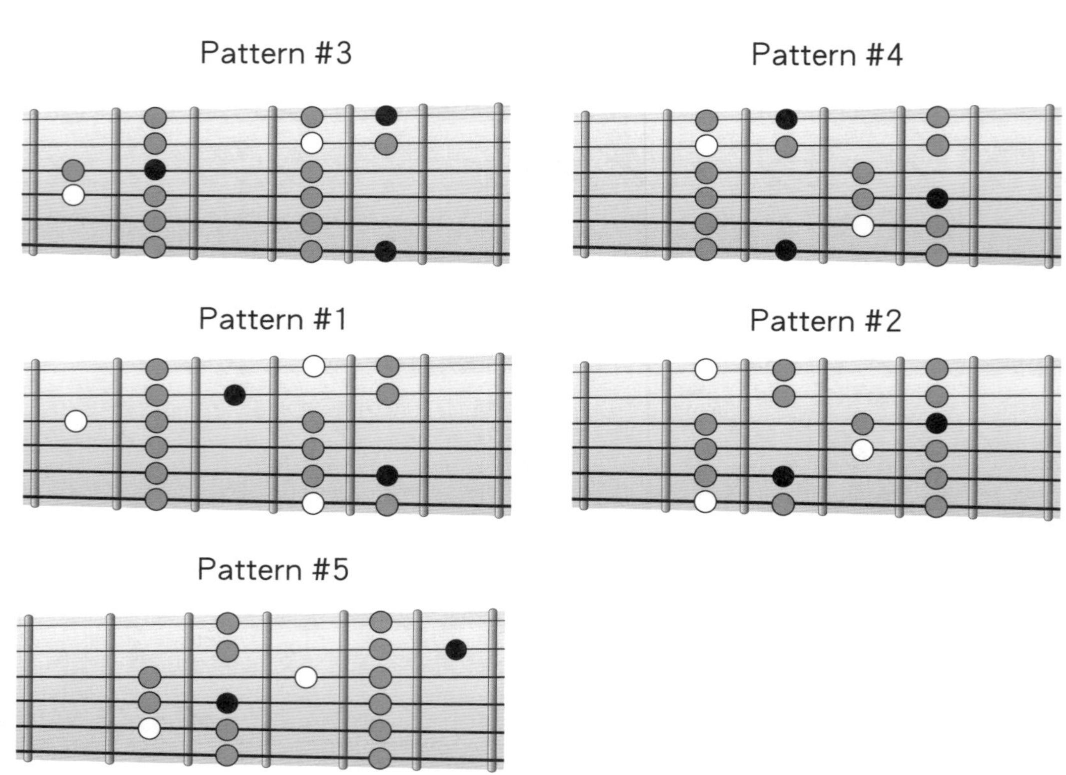

練習曲

CD1-40

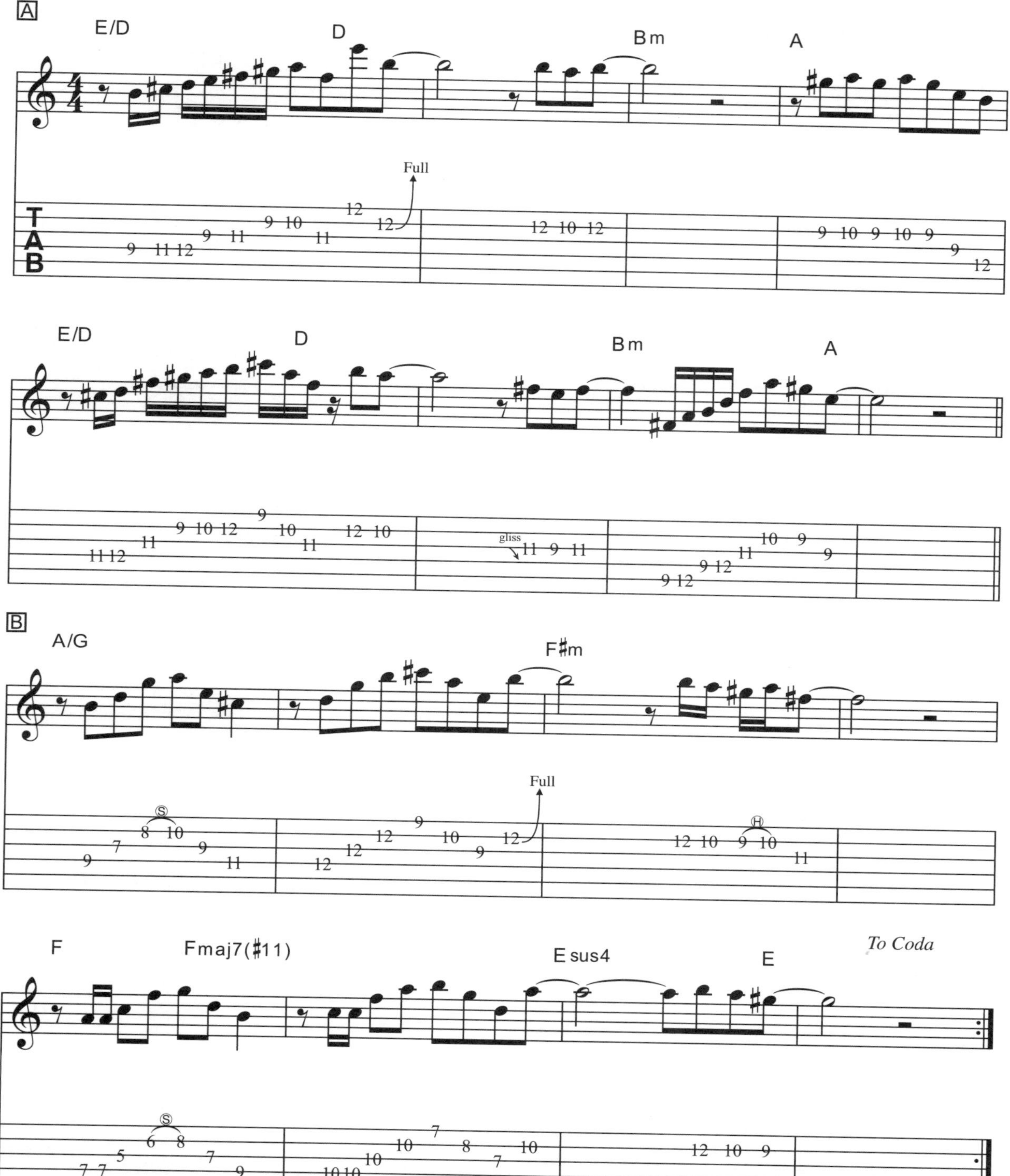
A
E/D
D
Bm
A
Full
E/D
D
Bm
A
gliss
B
A/G
F♯m
Full
F
Fmaj7(♯11)
Esus4
E
To Coda

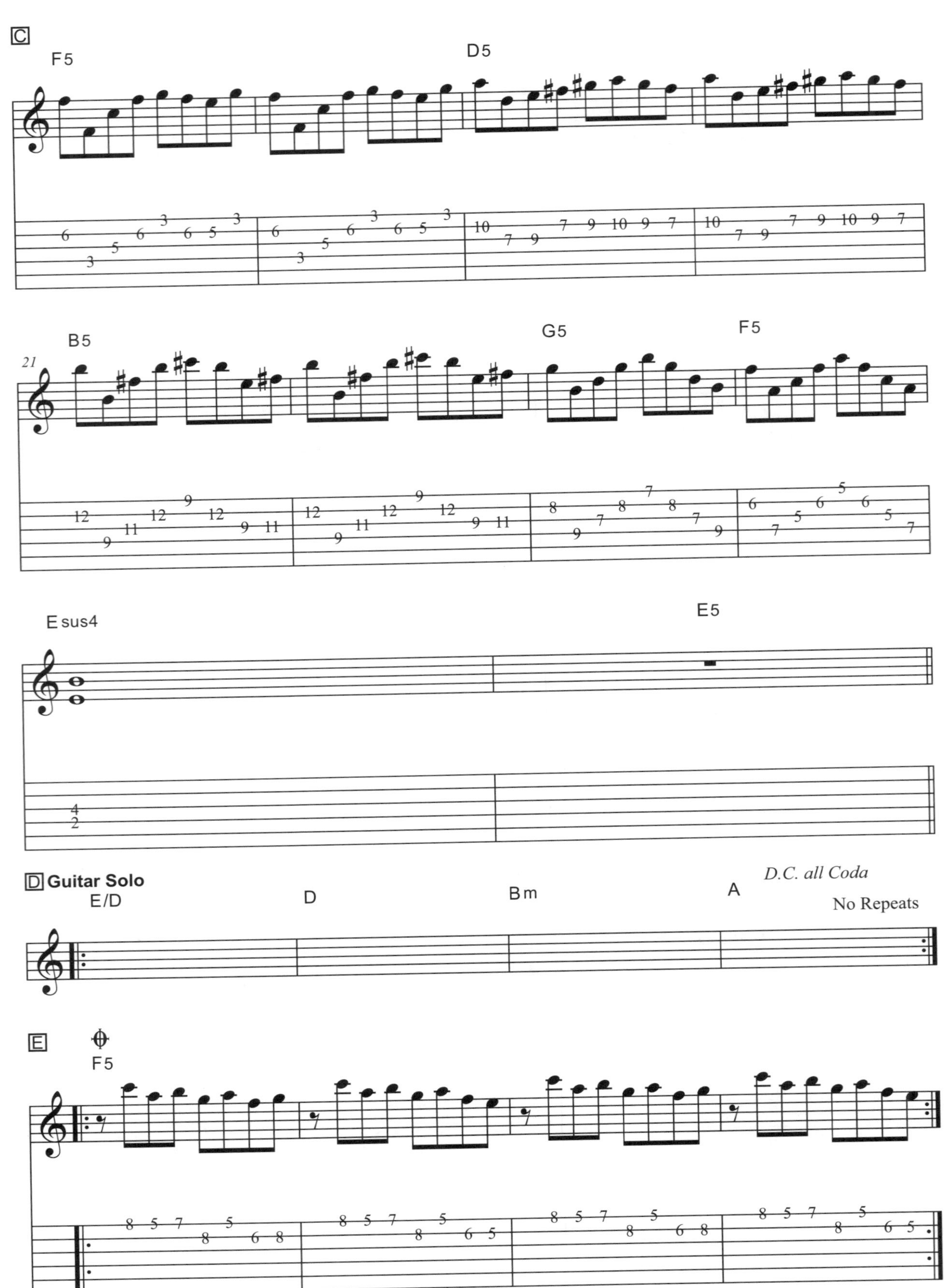
C
F5
D5
B5
G5
F5
Esus4
E5
D Guitar Solo
E/D
D
Bm
A
D.C. all Coda
No Repeats
E
F5

第 5 週課程

變化音階（Altered Scale）

至目前為止，我們發現每一種和弦會對應相關的音階；每一種音階也可以找到與其對應相關的和弦，所以對於和聲聲響張力極大與擁有數種變異結構的「變化和弦」，也存在著一個與它們可以相對應的音階，稱作「變化音階（Altered Scale）」。

建立變化音階

在一個「變化和弦」中，除了包含一個屬七和弦的必要結構：根音、大三度、小七度外，其他所有可能出現的變化音程包含♭5(♯11)、♯5(♭13)、♭9、♯9，當然這四個音不會一起同時出現在單一和弦裡（一次只會出現一個至兩個），但我們希望可以建立一個包含所有變化音程的音階來適用所有和弦變化的可能性。所以最佳的音階結構即是：

變化音階公式：1－♭9－♯9－3－♯11/♭5－♯5/♭13－♭7。

C Altered Scale

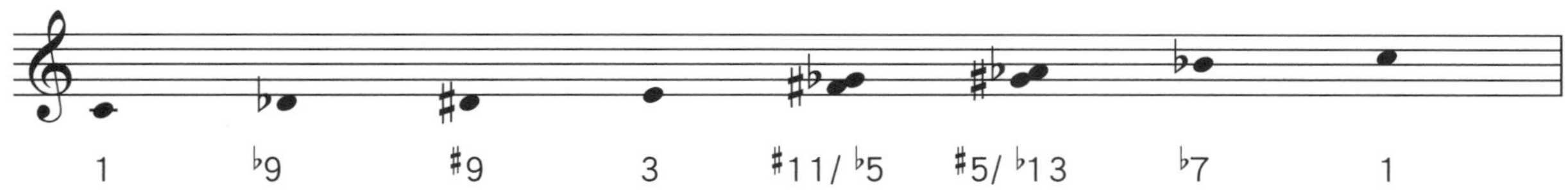

1 練習 Practice 在五線譜上寫出指定的變化音階

D Altered Scale

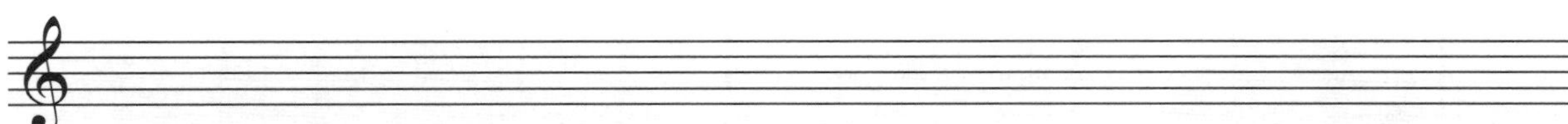

G Altered Scale

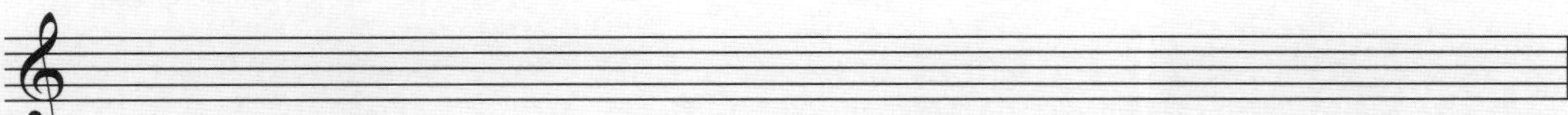

A Altered Scale

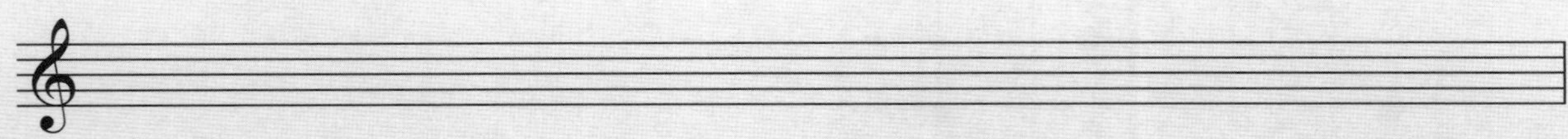

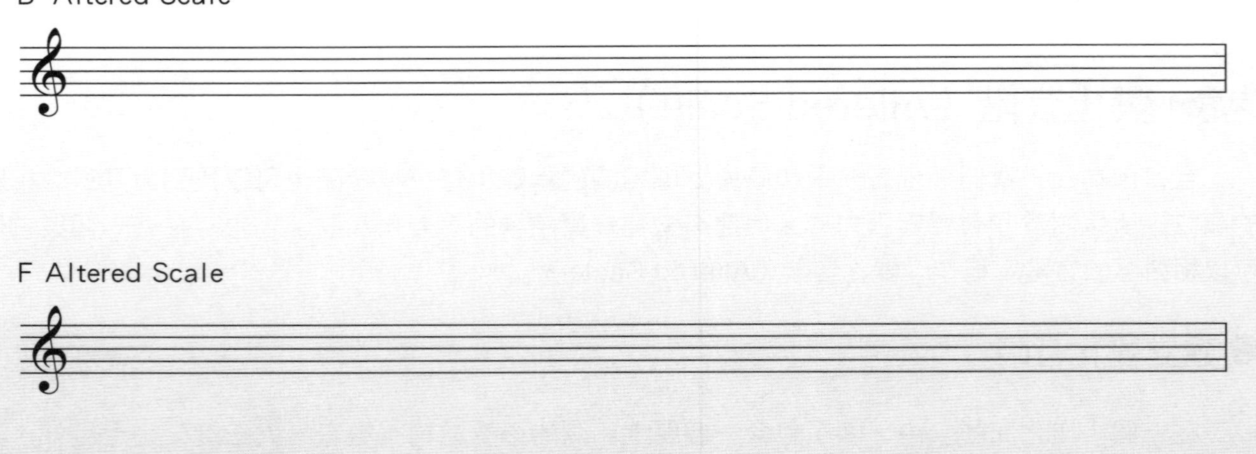

變化音階的指型

變化音階也可以視為旋律小調音階（Melodic Minor）的VII級調式。也就是說，C Altered Scale＝D♭ Melodic Minor。

Pattern #1

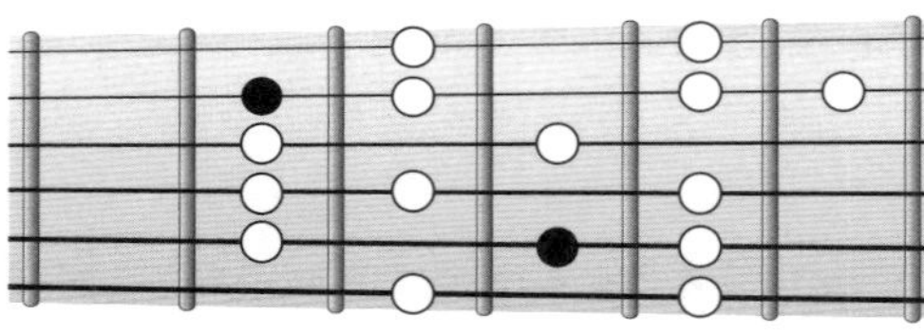

Pattern #2

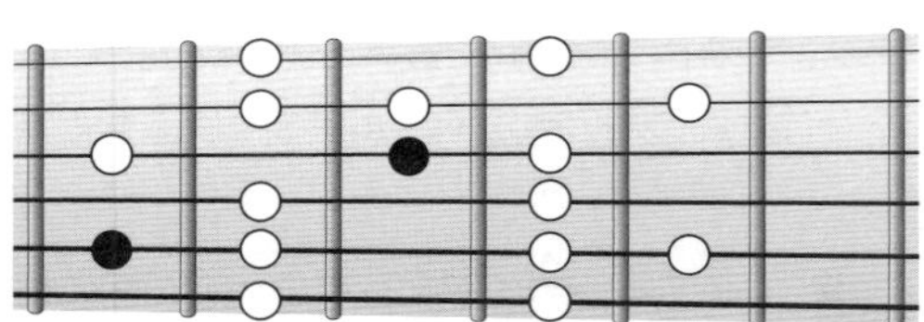

Pattern #3

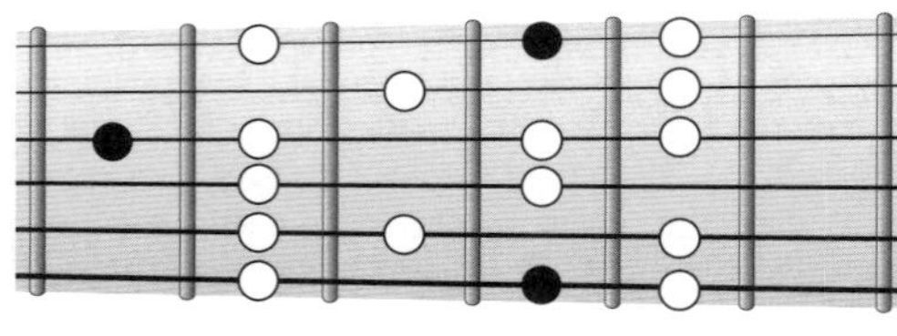

Pattern #4

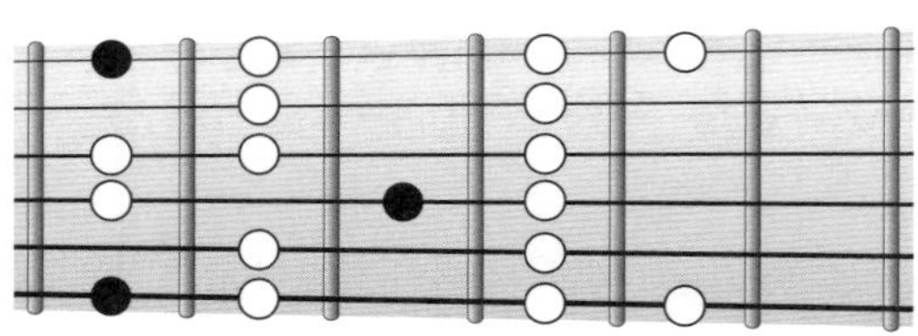

Pattern #5

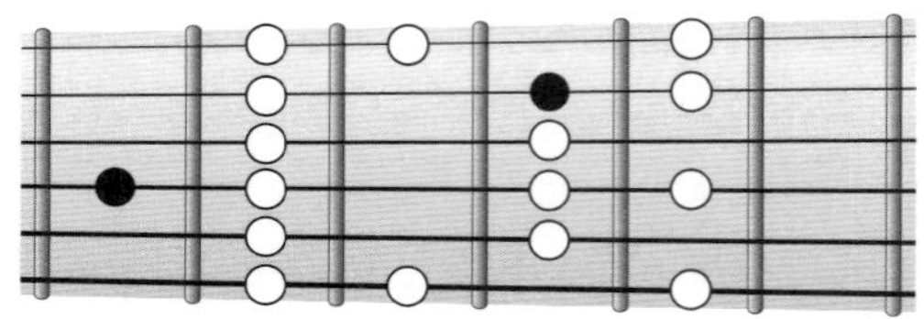

變化音階的樂句

1 練習 Practice　A Altered Scale　CD1-41

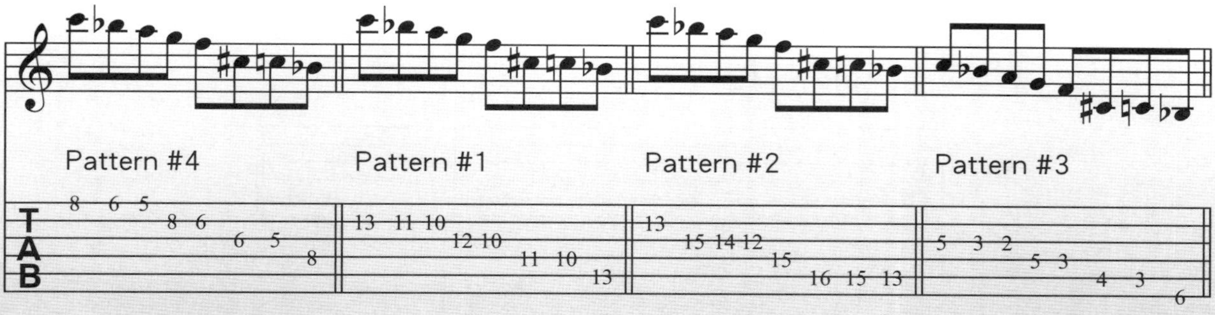

Pattern #4　Pattern #1　Pattern #2　Pattern #3

TAB
8 6 5 8 6 6 5 8 | 13 11 10 12 10 11 10 13 | 13 15 14 12 15 16 15 13 | 5 3 2 5 3 4 3 6

2 練習 Practice　A Altered Scale　CD1-42

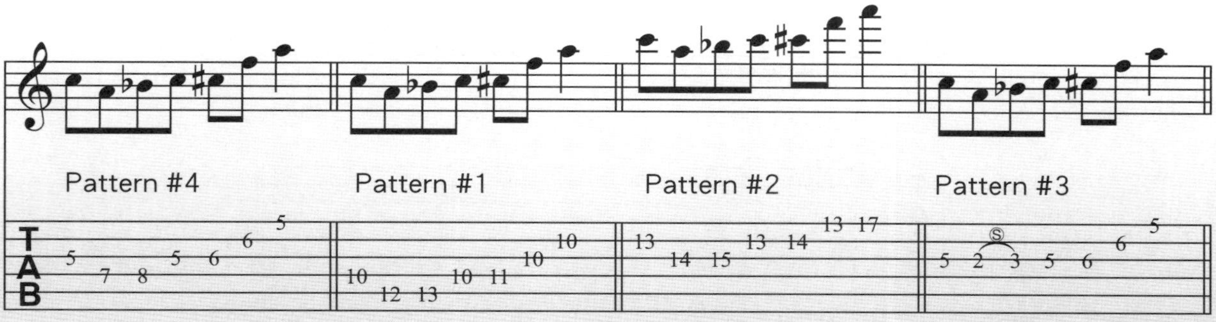

Pattern #4　Pattern #1　Pattern #2　Pattern #3

TAB
5 7 8 5 6 6 5 | 10 12 13 10 11 10 10 | 13 14 15 13 14 13 17 | 5 2 (S) 3 5 6 6 5

3 練習 Practice　A Altered Scale　CD1-43

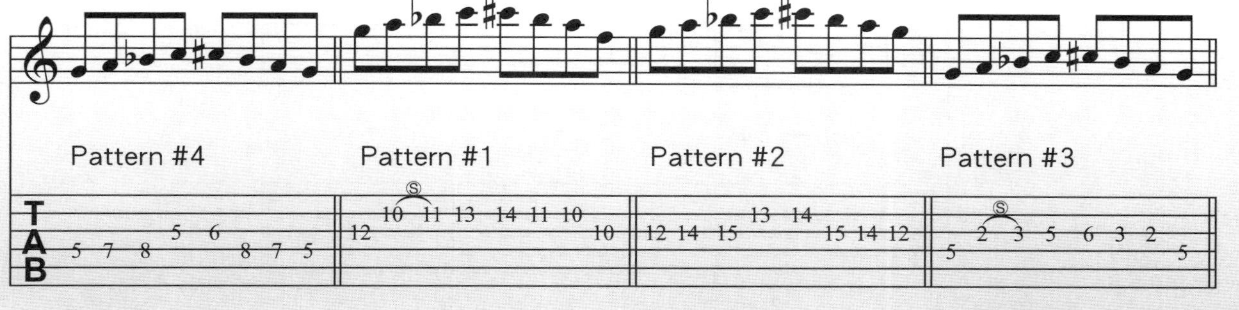

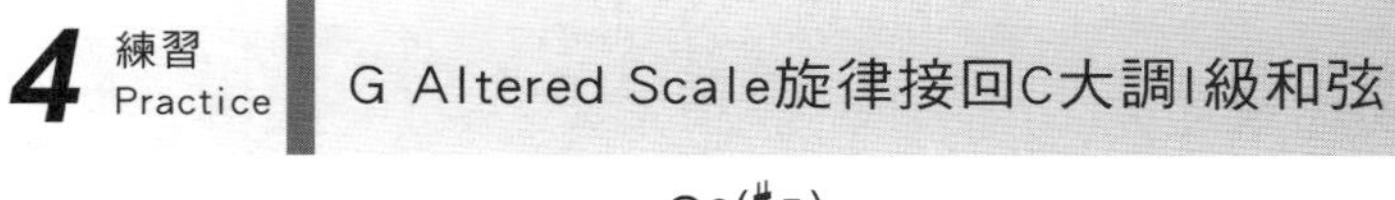

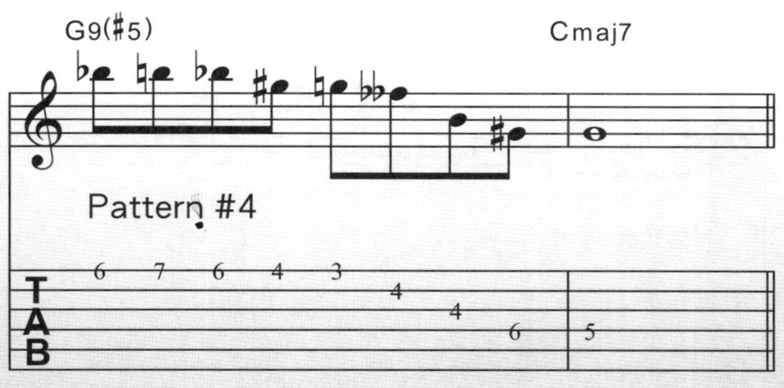

5 練習 Practice　G Altered Scale旋律接回C大調I級和弦

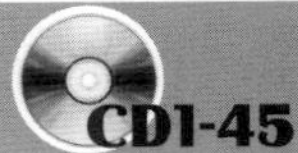

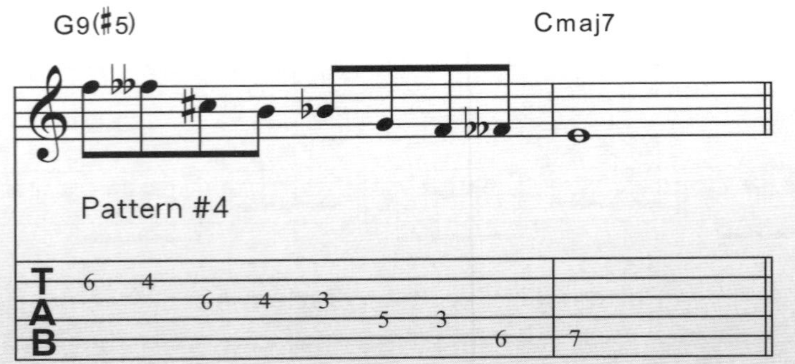

6 練習 Practice　G Altered Scale旋律接回C小調I級和弦

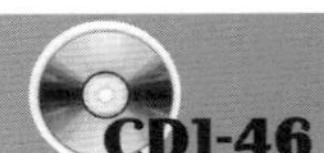

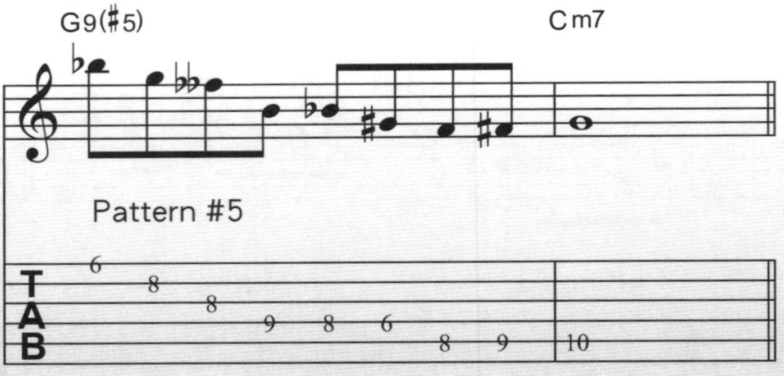

7 練習 Practice　G Altered Scale旋律接回C大調I級和弦

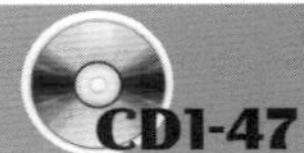

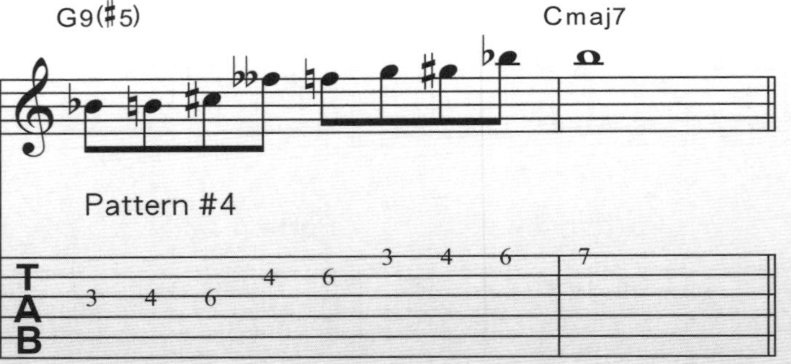

8 練習 Practice　D Altered Scale旋律接回G小調I級和弦

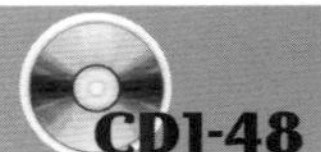

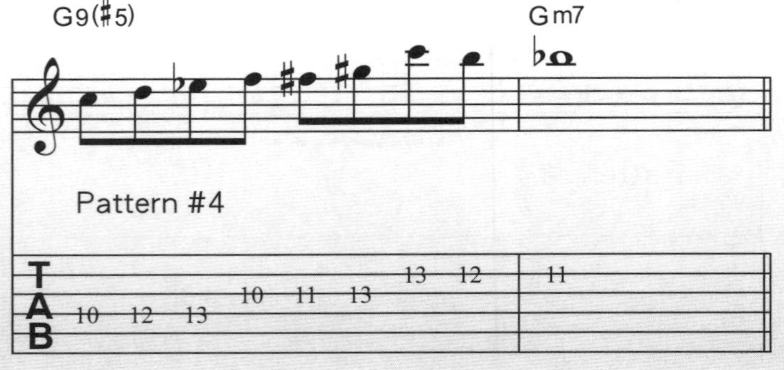

變化音階的即興演奏

1 練習 Practice

以C大調音階為基底，G7(♯5♭9)使用G Altered Scale。兩種音階盡量使用同一附近的把位，例如C大調音階Pattern #2搭配G Altered Scale Pattern #4。反覆練習音階Pattern #1～Pattern #5。

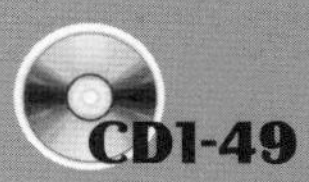

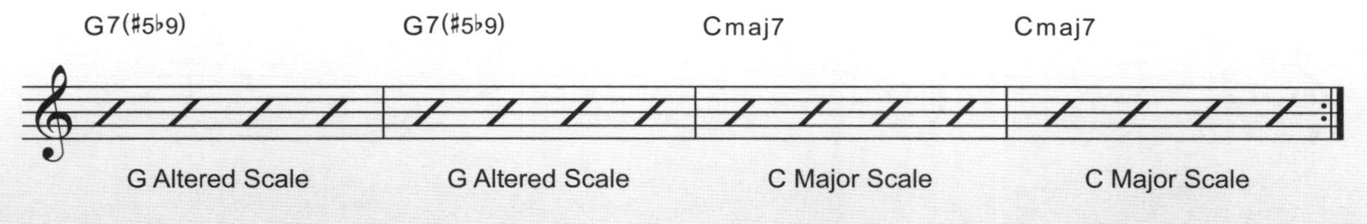

2 練習 Practice

以C小調音階為基底，G7(♯5♭9)使用G Altered Scale。兩種音階盡量使用同一附近的把位，例如C小調音階Pattern #2搭配G Altered Scale Pattern #4。反覆練習音階Pattern #1～Pattern #5。

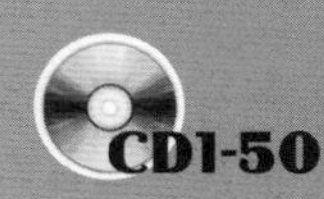

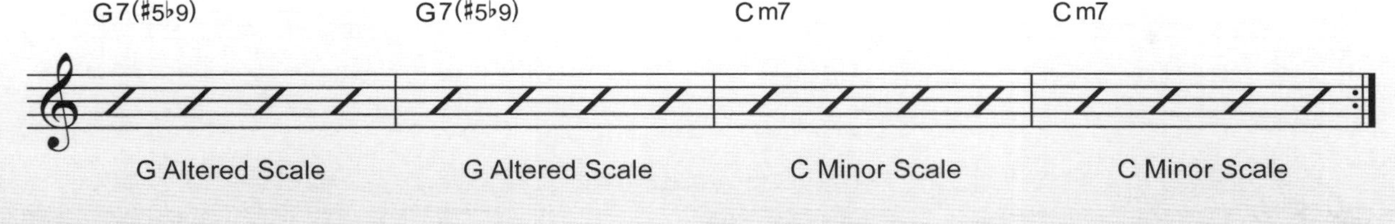

3 練習 Practice

以C大調音階為基底，G7(♯5)使用G Altered Scale。兩種音階盡量使用同一附近的把位，例如C大調音階Pattern #2搭配G Altered Scale Pattern #4。反覆練習音階Pattern #1～Pattern #5。

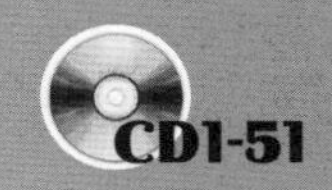

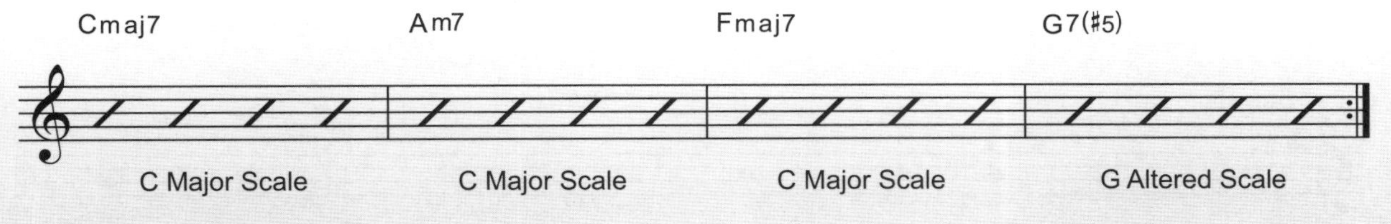

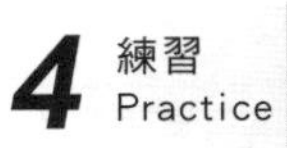

4 練習 Practice

傳統爵士C大調II-V-I和弦進行

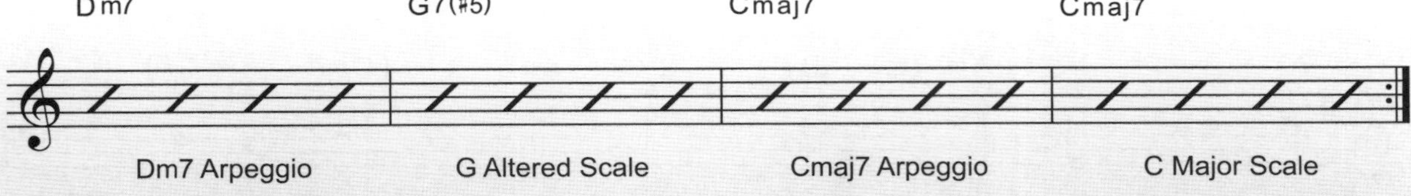

旋律視奏

這是一首爵士名曲，由教師彈奏和弦進行，學生彈奏旋律，本曲視奏宜不斷反覆練習。

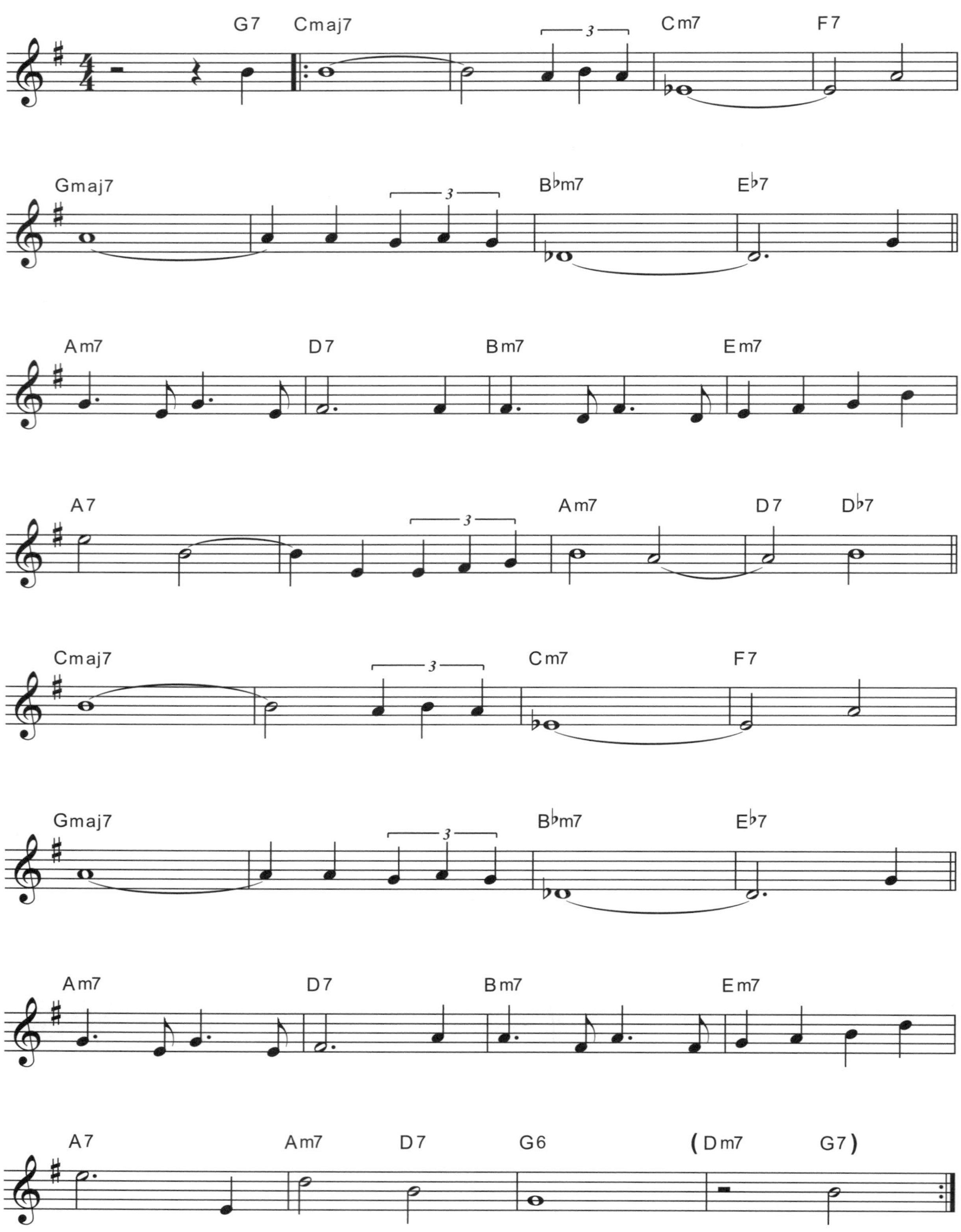

第6週課程

利地安屬調音階（Lydian Dominant Scale）

一個屬七和弦或屬七變化和弦在和弦進行上若是扮演一個V級和弦的角色，並且它的下一個和弦回到I級和弦（包含次屬和弦的情況），這個屬七和弦就是所謂的「有作用的屬七和弦（Functioning Dominant 7th）」。因為這種屬七和弦或屬七變化和弦會把該和弦本身或變化音程製造的和聲張力在下一個和弦（I級和弦）完全被釋放掉，或稱作被「解決」掉，所以這個屬七和弦或屬七變化和弦本身的張力可以被營造得很強，而增加聽覺感官的刺激。

然而若是一個屬七和弦或屬七變化和弦在和弦進行上不是扮演一個V級和弦的角色，並且它的下一個和弦沒有回到相對的I級和弦，這個屬七和弦就是所謂的「無作用的屬七和弦（Non-Functioning Dominant 7th）」。這種和弦本身的和聲張力就不太適合營造得太強烈，但有時又不想讓這個和弦的聲響顯得太過普通與保守，屬七和弦加上一個#11的音是很多這種「無作用的屬七和弦」做變化的常見手法，而適合在這種「無作用的屬七變化和弦」使用的音階，「利地安屬調音階（Lydian Dominant Scale）」就是最常見的一個。

Lydian Dominant公式：1－2－3－♯4－5－6－♭7

※數種不同的角度看Lydian Dominant音階：

1、Lydian Dominant音階＝Mixo-Lydian Mode的四度音升高半音

2、Lydian Dominant音階＝Lydian Mode的七度音降半音

3、Lydian Dominant音階＝旋律小調音階（Melodic Minor Scale）的IV級調式

例如：C Lydian Dominant音階＝G旋律小調音階

當然Lydian Dominant音階最主要是用來搭配屬七系列和弦，所以指型上與X7 Arpeggio整合是很重要的。

Lydian Dominant音階的指型

Pattern #1

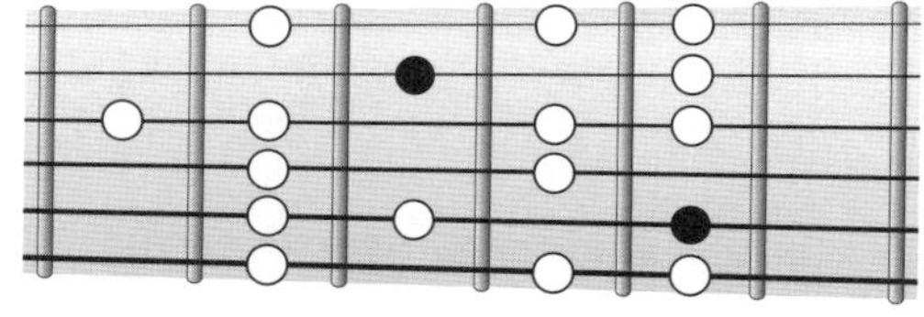

Pattern #2

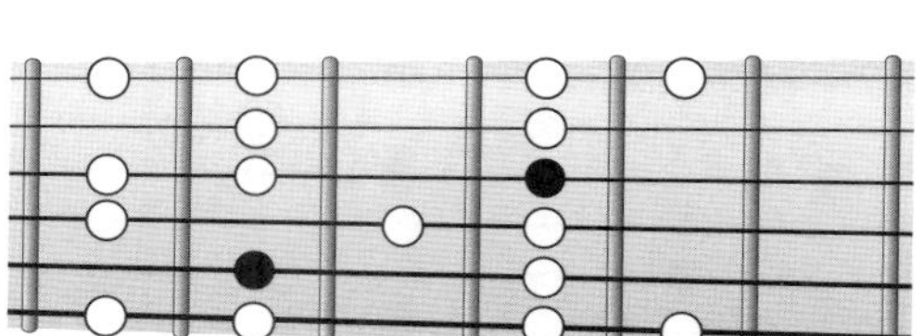

Pattern #3

Pattern #4

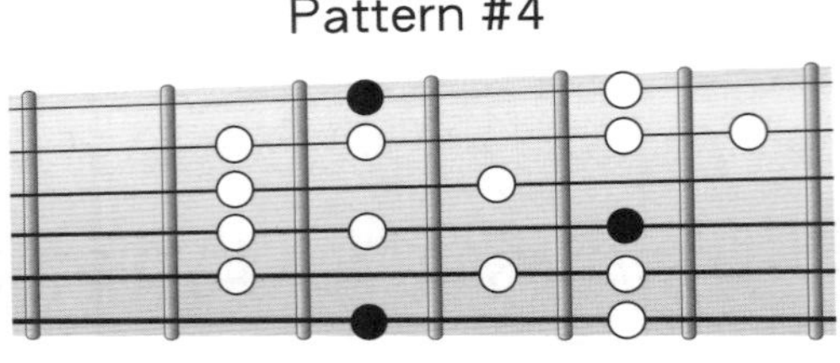

Pattern #5

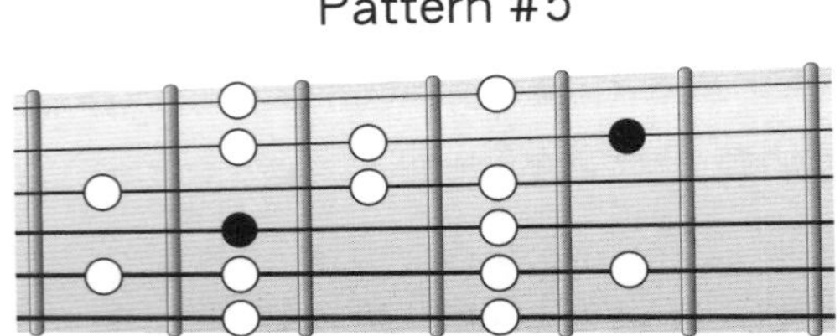

Lydian Dominant的指型與X7 Arpeggio

Pattern #1

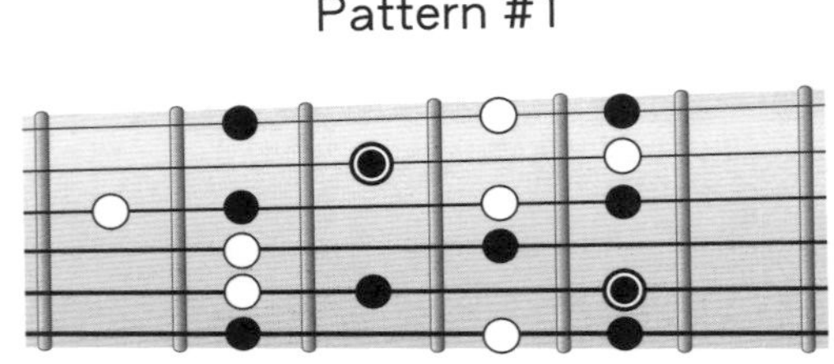

Pattern #2

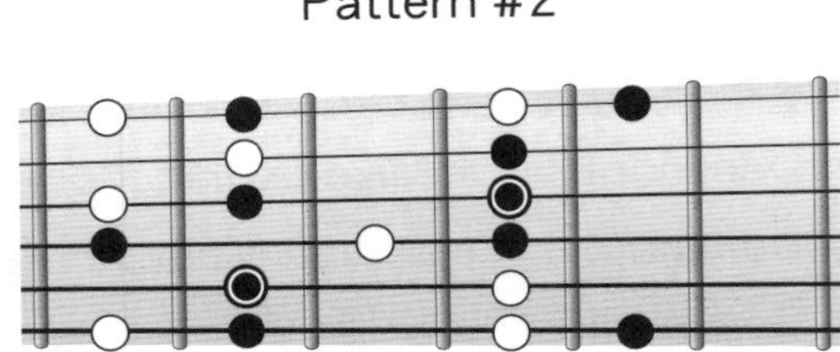

Pattern #3

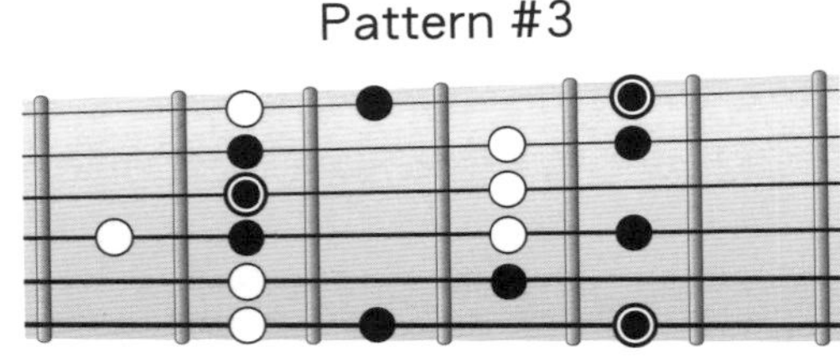

Pattern #4

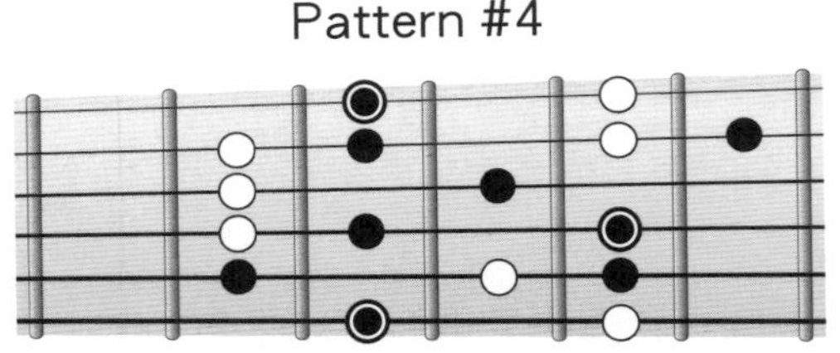

Pattern #5

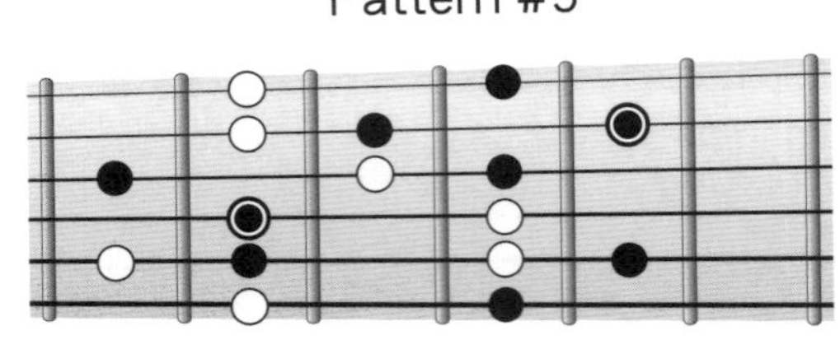

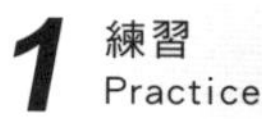

1 練習 Practice　C Lydian Dominant＋C7 Arpeggio Pattern #4

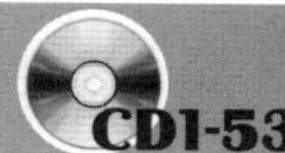

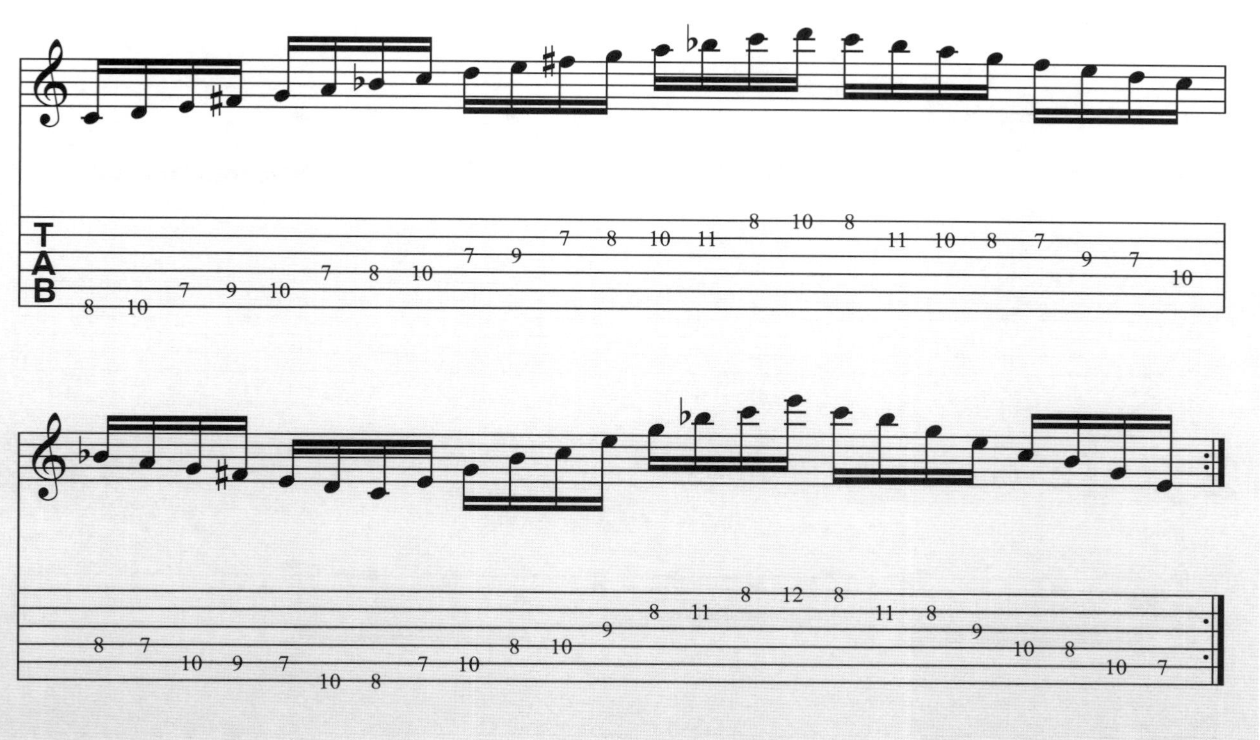

2 練習 Practice　C Lydian Dominant＋C7 Arpeggio Pattern #2

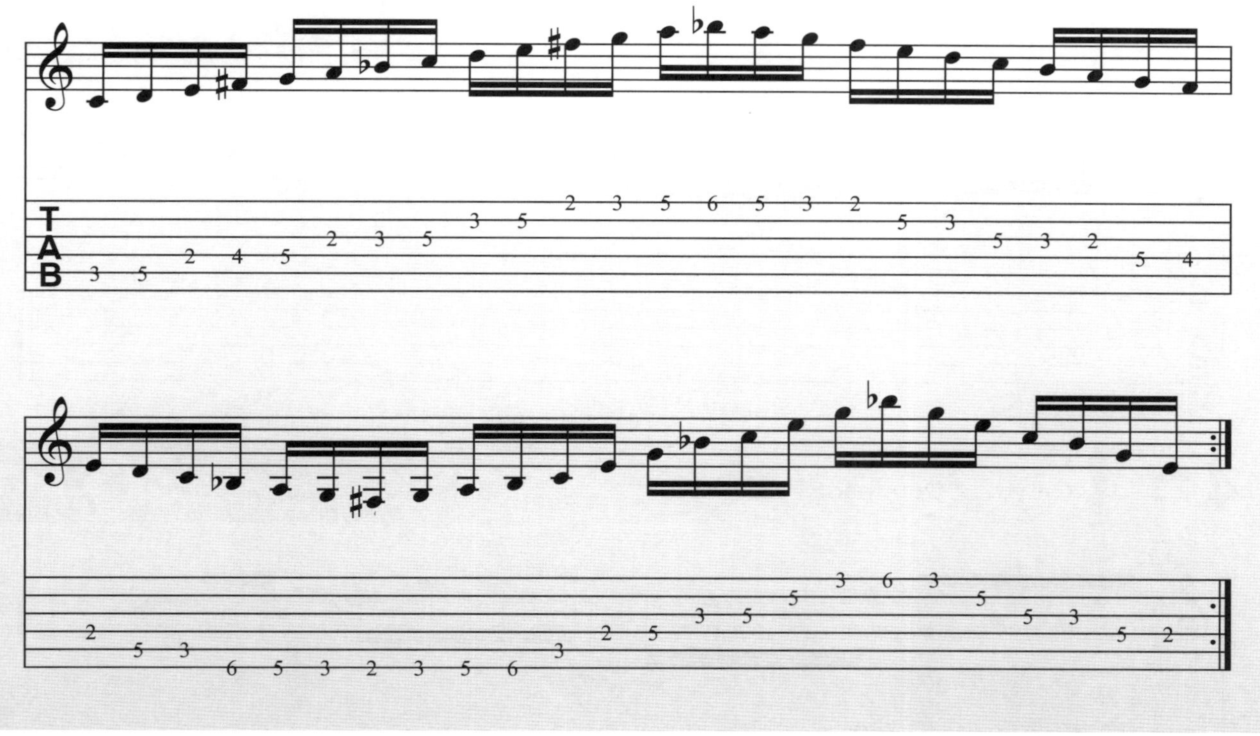

3 練習 Practice　將上述練習套用於其他的指型

Lydian Dominant音階的樂句

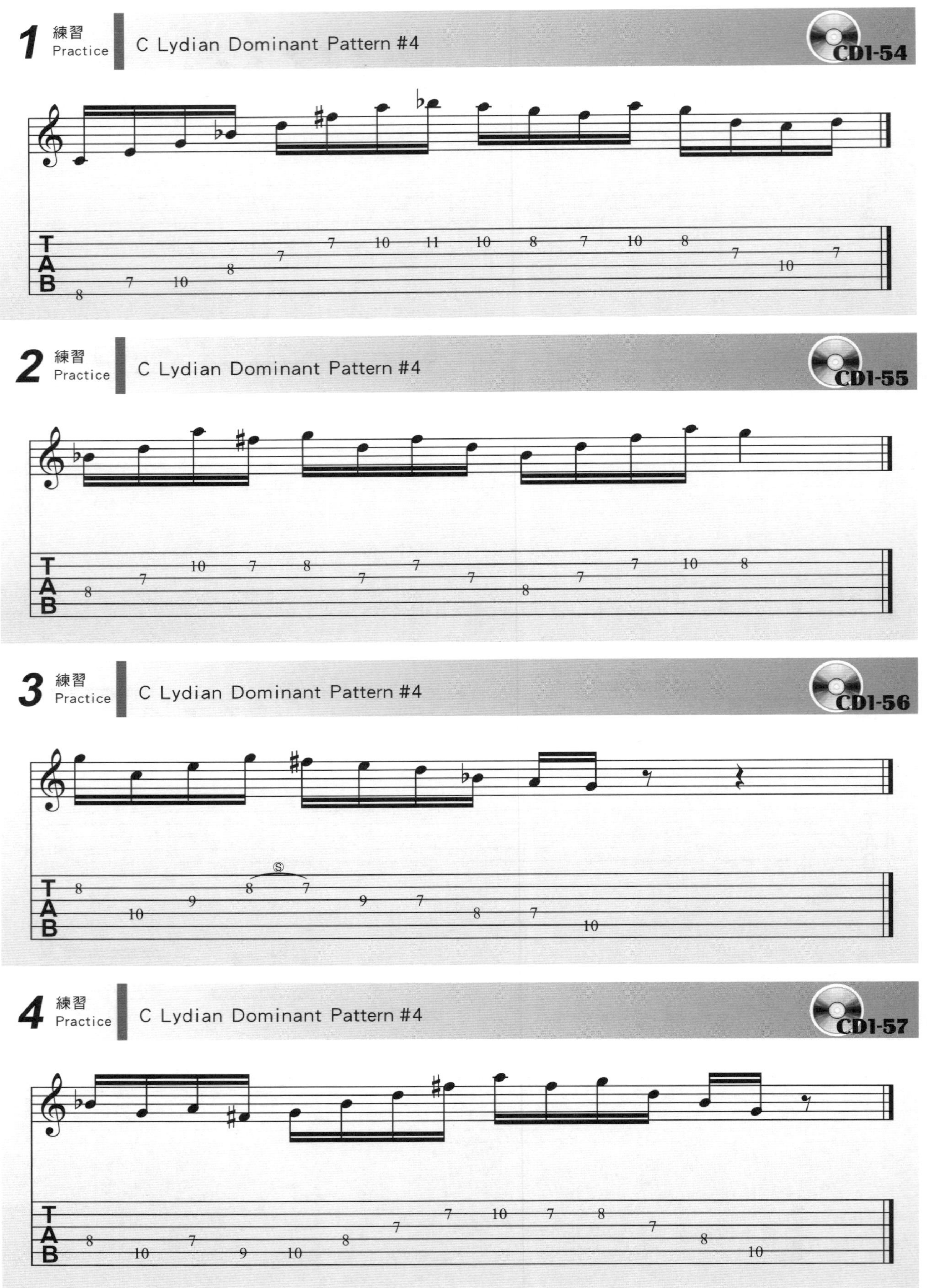

5 練習 Practice C Lydian Dominant Pattern #4 CD1-58

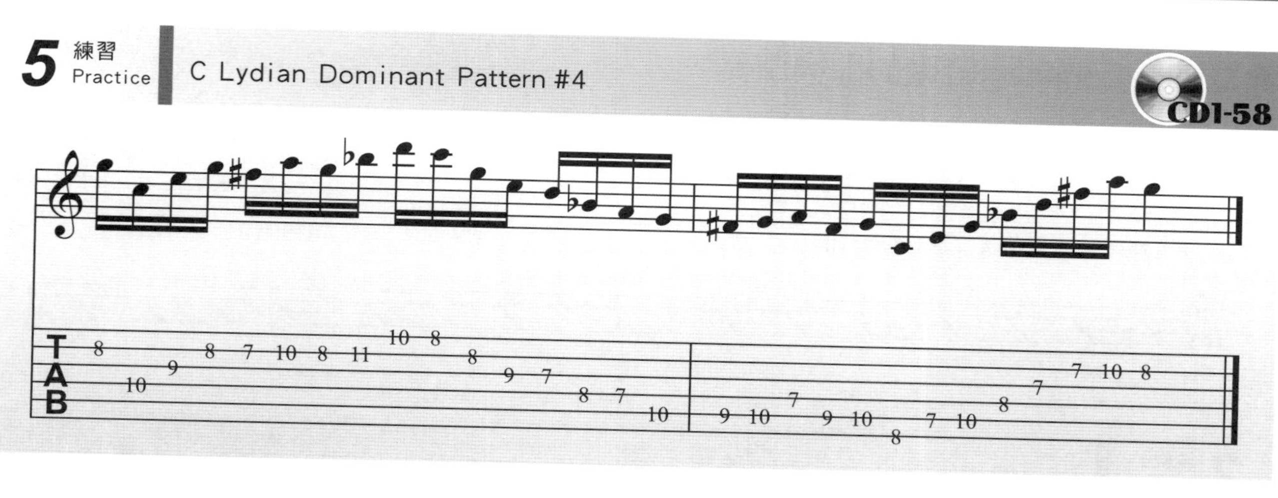

6 練習 Practice C Lydian Dominant Pattern #2 CD1-59

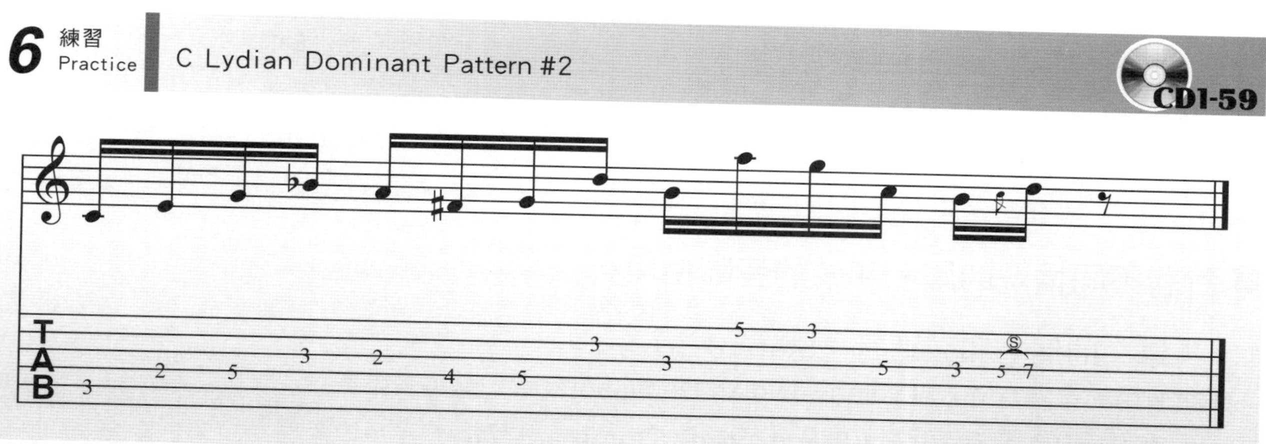

7 練習 Practice C Lydian Dominant Pattern #2 CD1-60

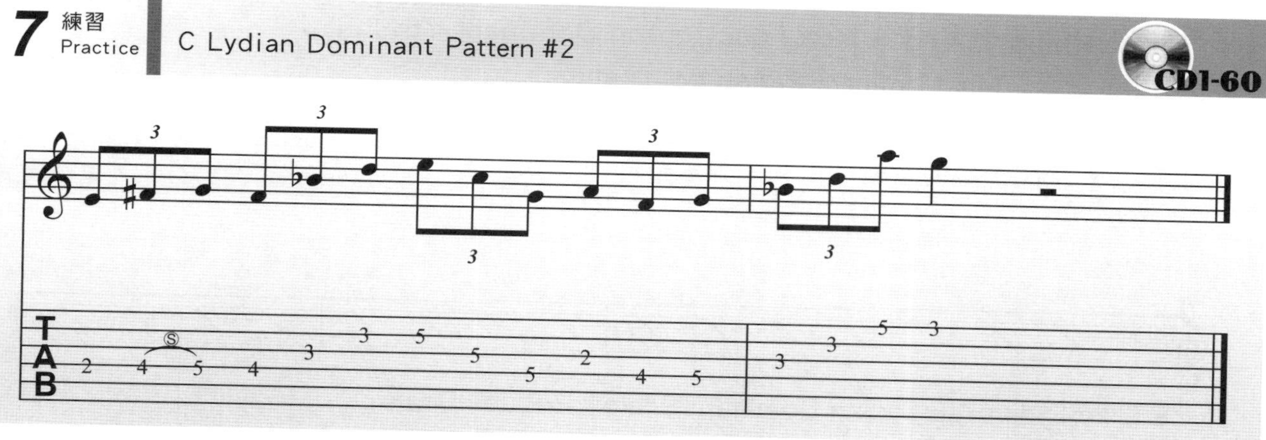

8 練習 Practice C Lydian Dominant Pattern #4 CD1-61

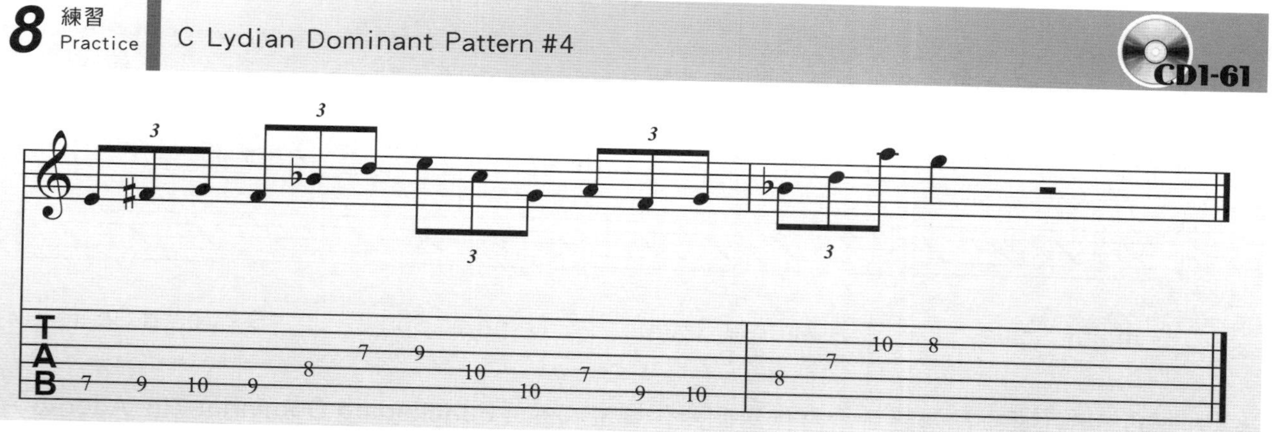

Lydian Dominant音階的即興演奏

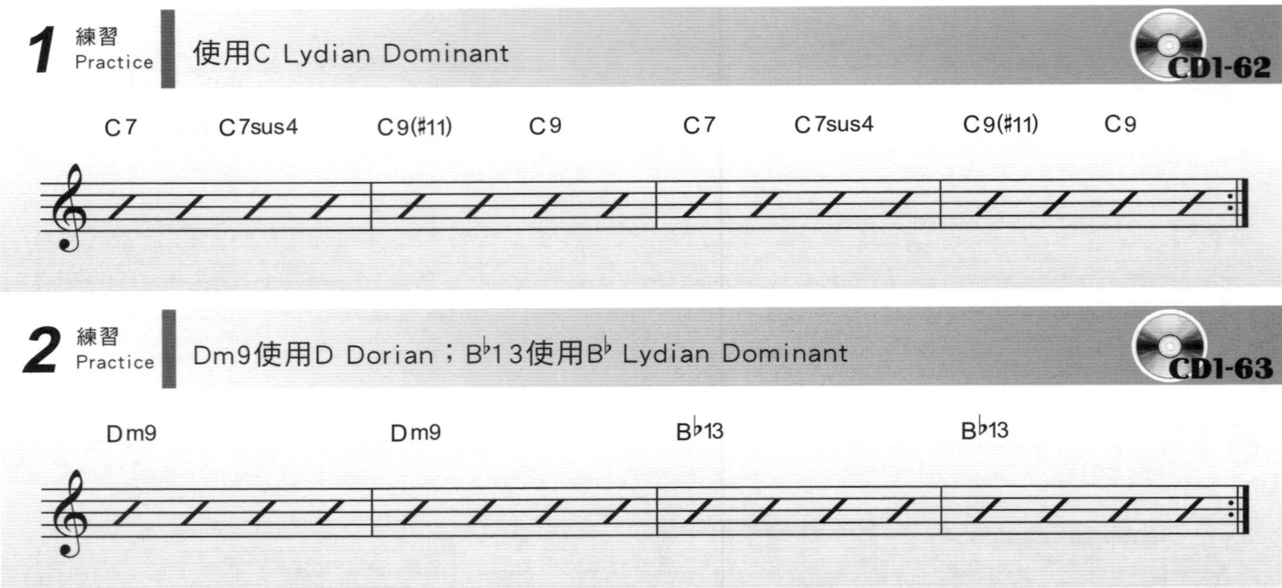

針對不同情況的屬七和弦的音階使用：

1、「單一的屬七和弦進行（Static X7）」：
建議使用的音階有Mixo-Lydian、Lydian Dominant音階、藍調音階等。

2、「有作用的屬七和弦（Functioning Dominant 7th）」：
建議使用的音階有Mixo-Lydian、變化音階等。

3、「無作用的屬七和弦（Non-Functioning Dominant 7th）」：
建議使用的音階有Mixo-Lydian、Lydian Dominant等。

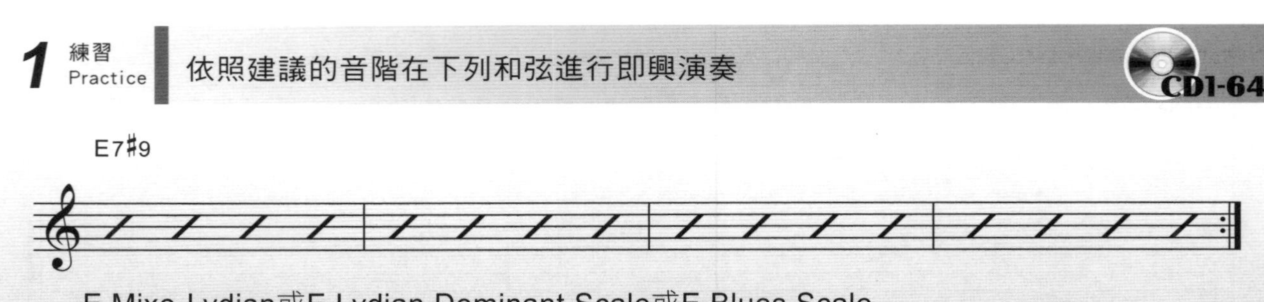

※這個情況就是「單一的屬七和弦進行（Static X7）」

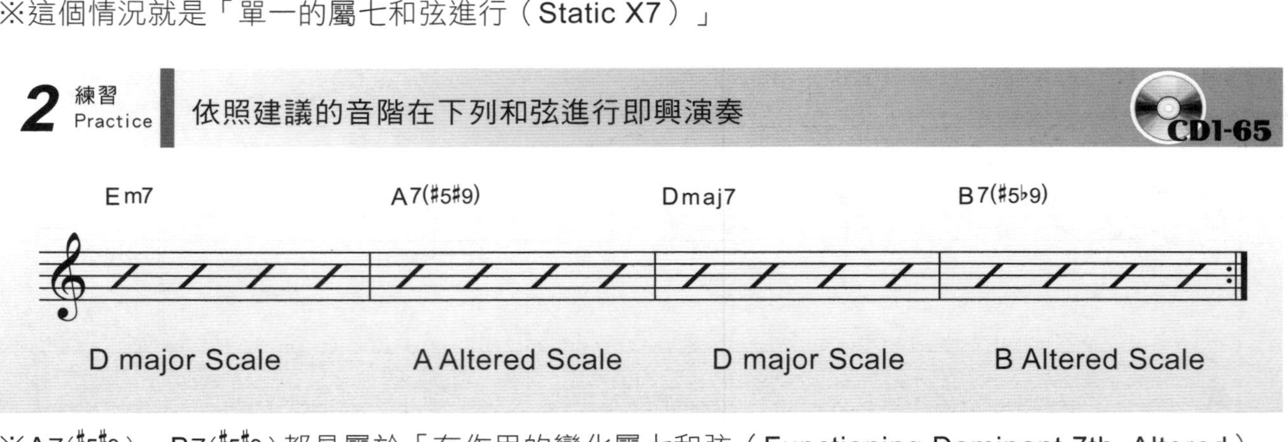

※A7(♯5♯9)、B7(♯5♯9)都是屬於「有作用的變化屬七和弦（Functioning Dominant 7th Altered）」

3 練習 Practice 依照建議的音階在下列和弦進行即興演奏

CD1-66

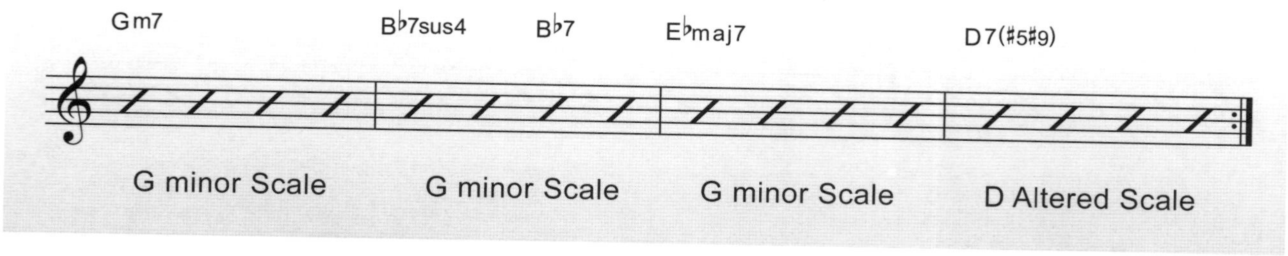

Gm7 | B♭7sus4 B♭7 | E♭maj7 | D7(♯5♯9)

G minor Scale | G minor Scale | G minor Scale | D Altered Scale

※D7♯5♯9是屬於「有作用的變化屬七和弦（Functioning Dominant 7th Altered）」

4 練習 Practice 依照建議的音階在下列和弦進行即興演奏

CD1-67

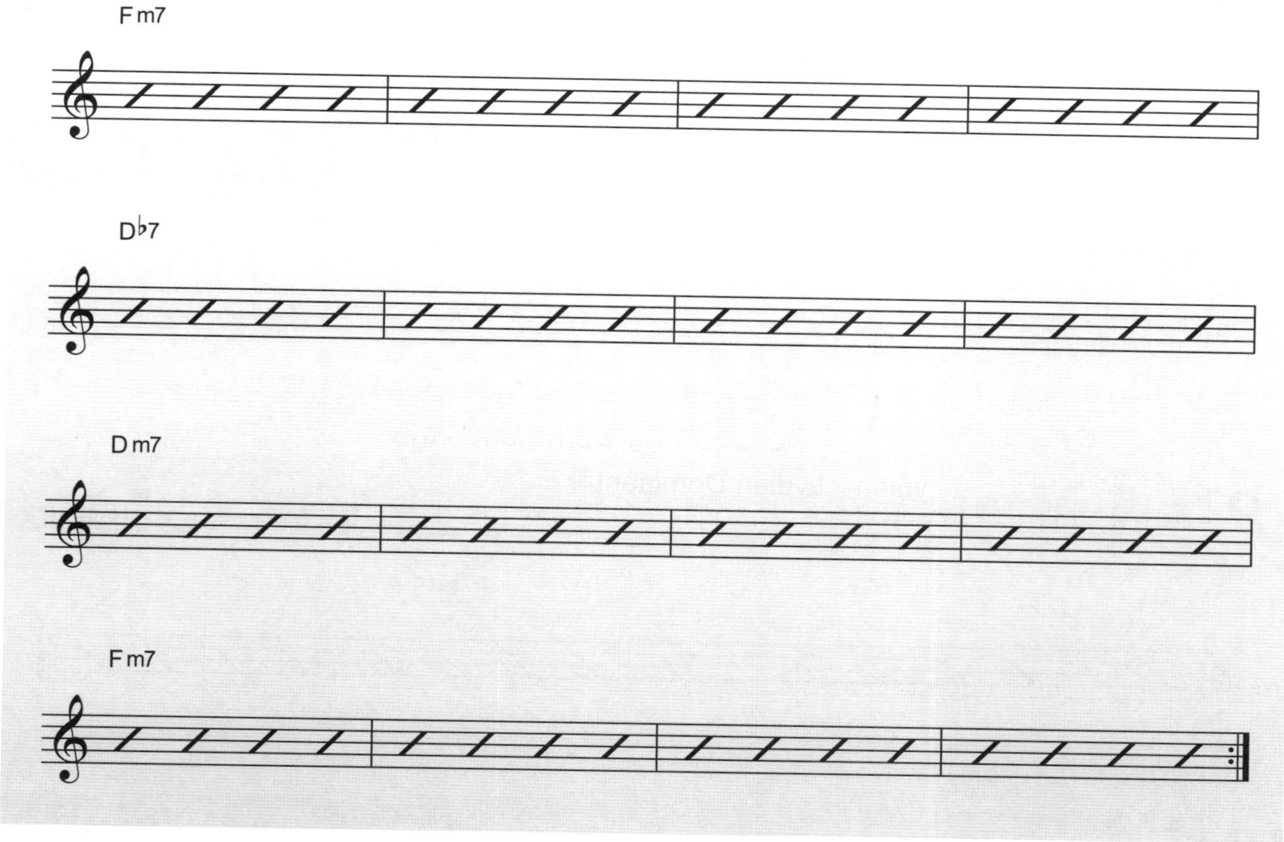

Fm7

D♭7

Dm7

Fm7

※Fm7、Dm7使用Dorian Mode；D♭7使用D♭ Lydian Dominant。D♭7是屬於「無作用的屬七和弦（Non-Functioning Dominant 7th）」

5 練習 Practice 分析下列和弦進行並即興演奏

CD1-68

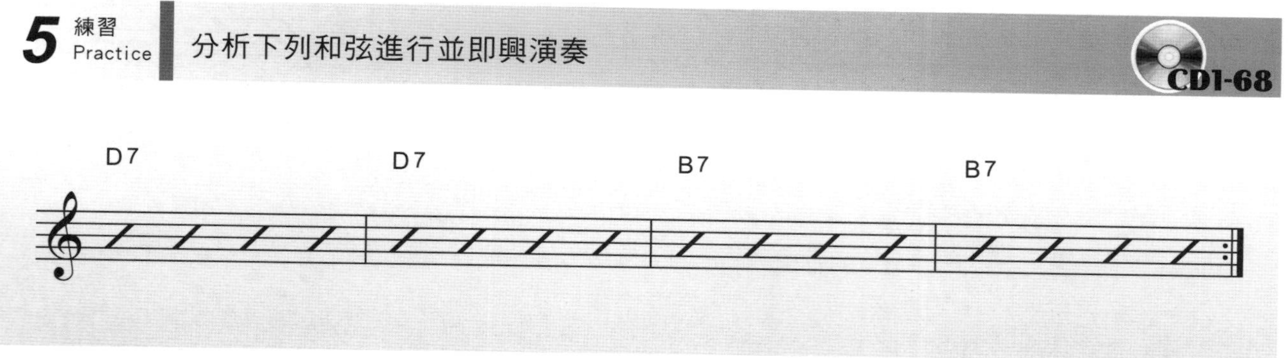

6 練習 Practice 分析下列和弦進行並即興演奏

CD1-69

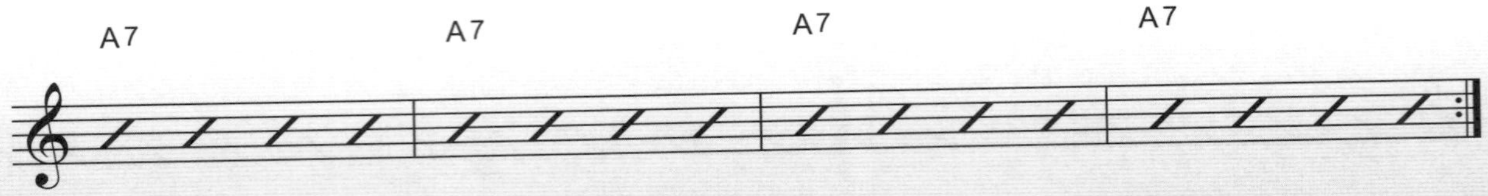

A7 | A7 | A7 | A7

7 練習 Practice 分析下列和弦進行並即興演奏

CD1-70

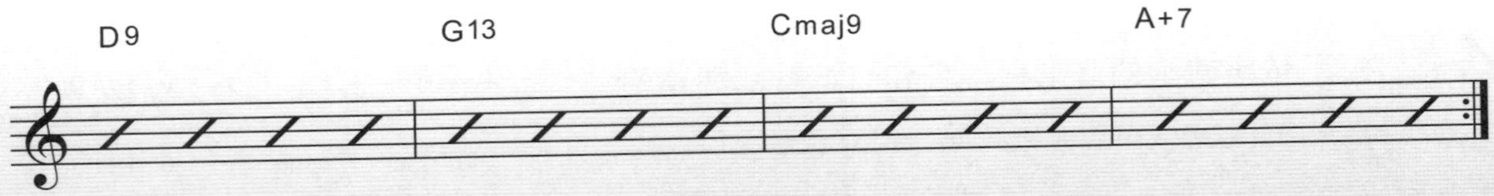

D9 | G13 | Cmaj9 | A+7

8 練習 Practice 分析下列和弦進行並即興演奏

CD1-71

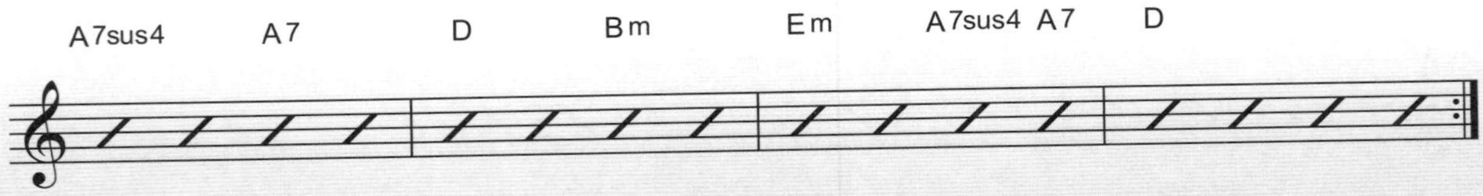

A7sus4 A7 | D Bm | Em A7sus4 A7 | D

9 練習 Practice 分析下列和弦進行並即興演奏

CD1-72

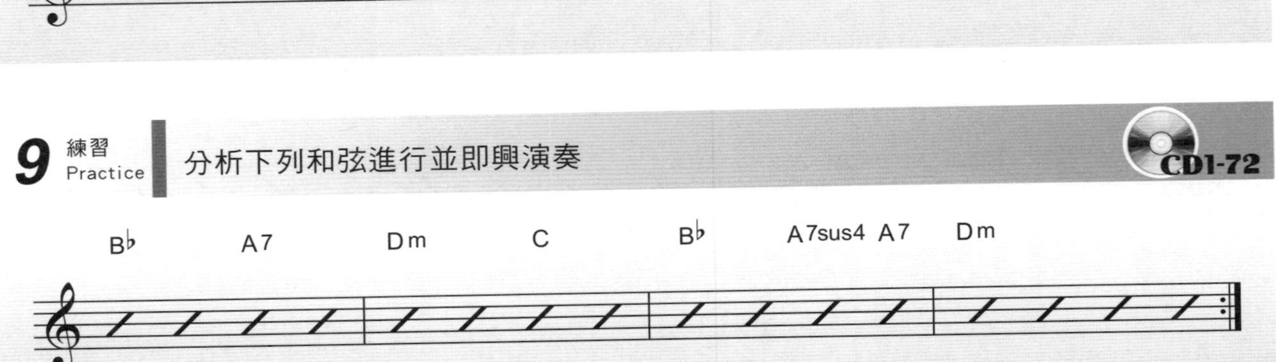

10 練習 Practice 分析下列和弦進行並即興演奏

CD1-73

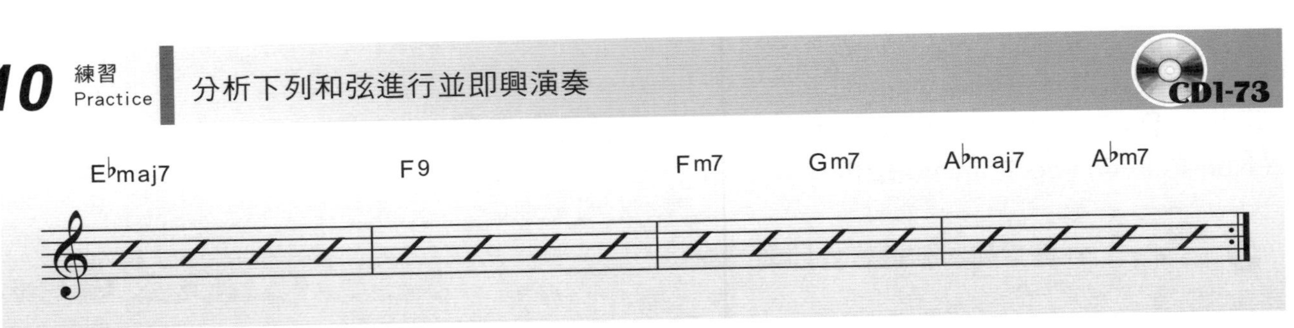

旋律視奏

這是一首爵士名曲，由教師彈奏和弦進行，學生彈奏旋律，本曲視奏宜不斷反覆練習。

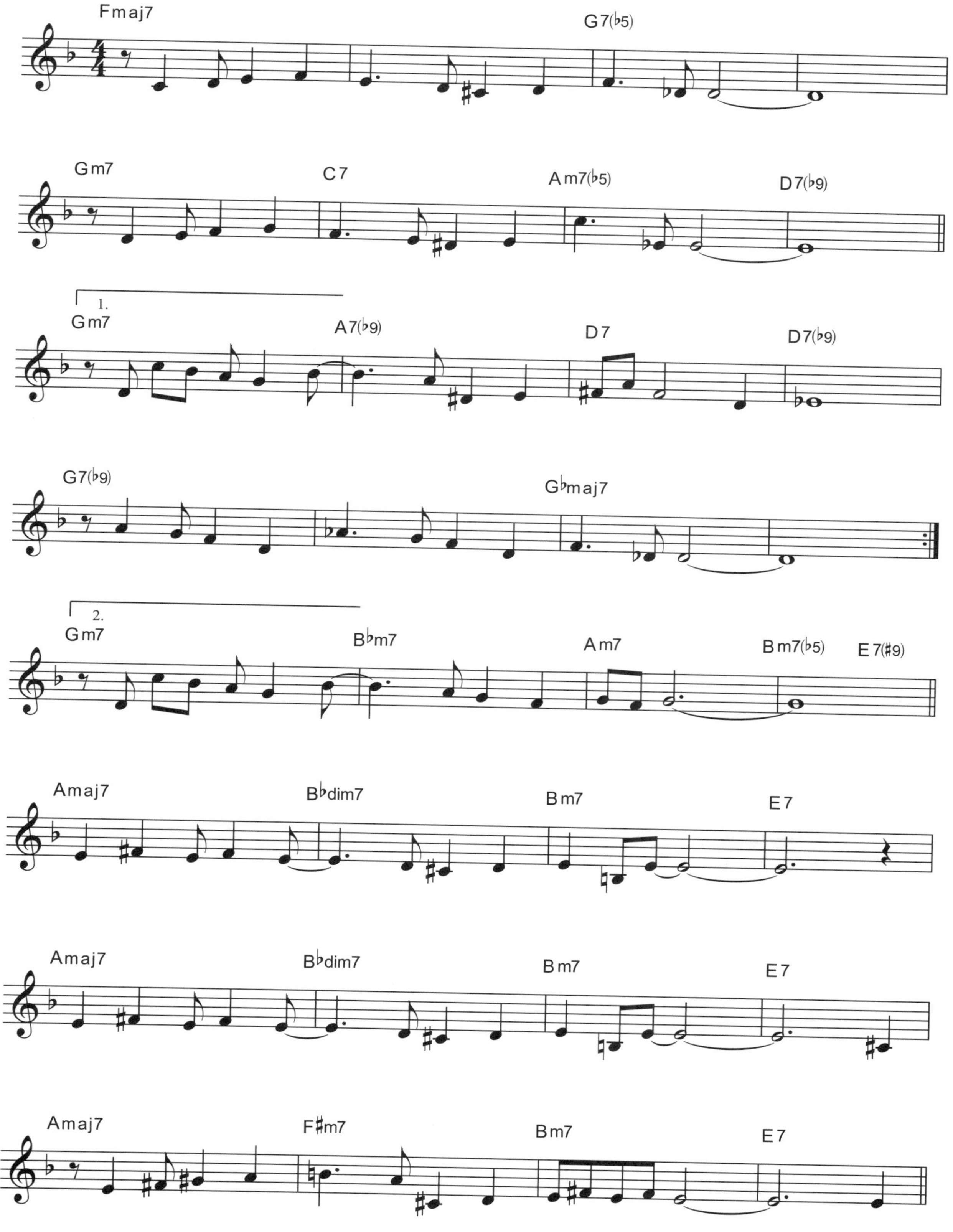

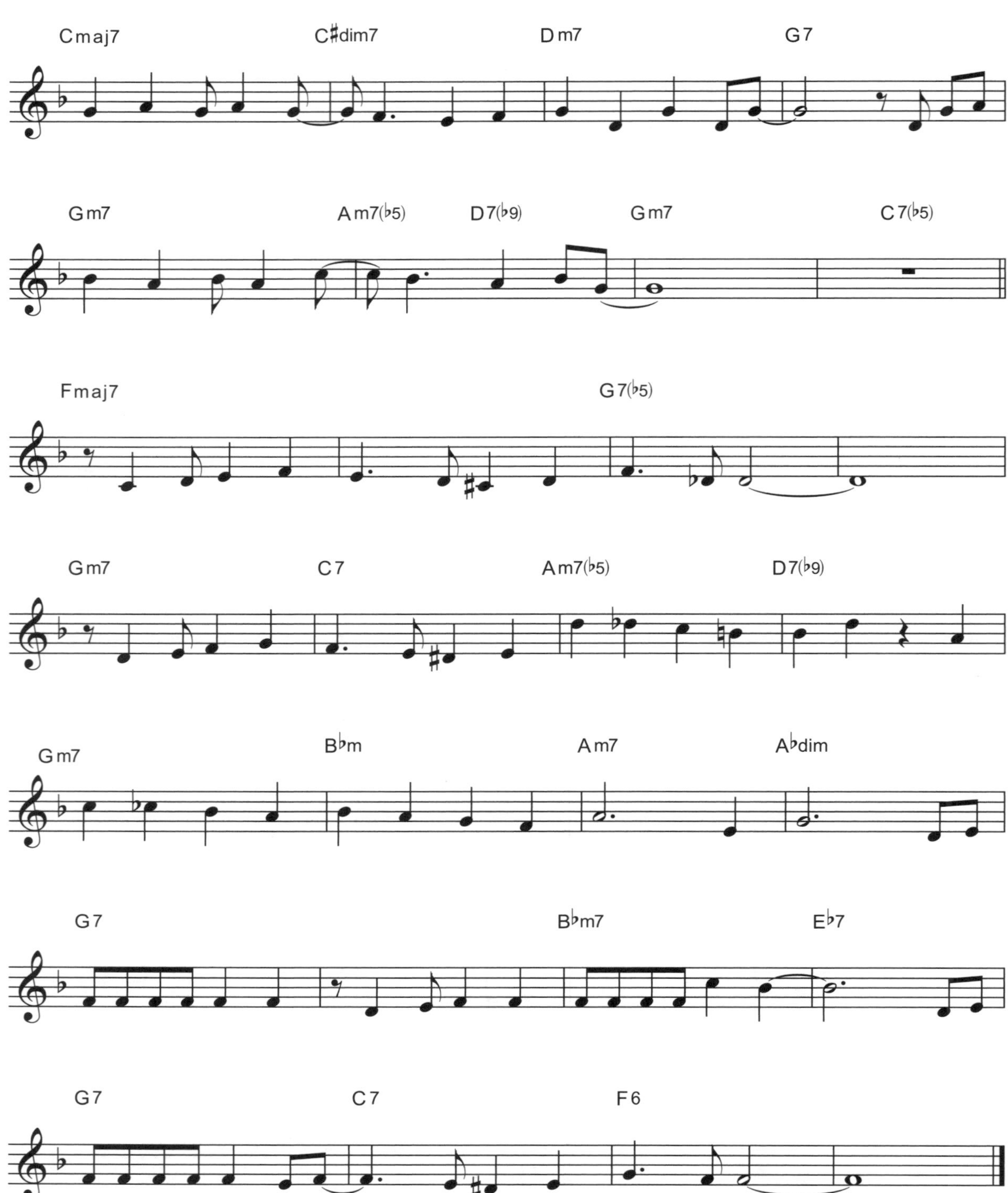
Cmaj7
C♯dim7
Dm7
G7
Gm7
Am7(♭5)
D7(♭9)
Gm7
C7(♭5)
Fmaj7
G7(♭5)
Gm7
C7
Am7(♭5)
D7(♭9)
Gm7
B♭m
Am7
A♭dim
G7
B♭m7
E♭7
G7
C7
F6

第 7 週課程

次屬和弦即興演奏（Secondary Dominant Improvisation）

在含有「次屬和弦」的大調和弦進行裡：

在C大調的和弦進行裡，I級和弦在一般的情況下本來應該是Cmaj7，若是I級和弦的根音位置出現了屬七和弦C7，這可能是C大調IV級和弦Fmaj7的引導和弦，或視為Fmaj7這個和弦「暫時的」V級屬七和弦，這個C7就是扮演一個「次屬和弦」的角色。在和弦進行裡，這個C7後面若緊接著Fmaj7，C7也就同時扮演一個「有作用的屬七和弦（Functioning Dominant 7th）」；若C7後面不是Fmaj7，而是其他的和弦，C7扮演的是一個「無作用的屬七和弦（Non-Functioning Dominant 7th）」。

II級和弦在一般的情況下本來應該是Dm7，若是II級和弦的根音位置出現了屬七和弦D7，這D7可能是C大調V級和弦（G7）的次屬和弦。

依此類推，III級和弦在一般的情況下本來應該是Em7，若是III級和弦的根音位置出現了屬七和弦E7，這E7可能是C大調VI級和弦（Am7）的次屬和弦。

IV級和弦的根音位置雖然會出現屬七和弦F7，但是這個F7將不會是扮演次屬和弦的角色，因為F7是Bm7(♭5)的V級和弦，不過Bm7(♭5)是不適合當作主和弦的，所以IV級次屬和弦的狀況將不會發生。但IV級和弦出現屬七和弦的情況卻可以視為製造「藍調」的味道。

因為次屬和弦的出現只是暫時性的，所以在包含有次屬和弦的和弦進行中使用「調性中心彈奏（Key Center Playing）」即興演奏的手法下是可以將這些次屬和弦視而不見的，例如：

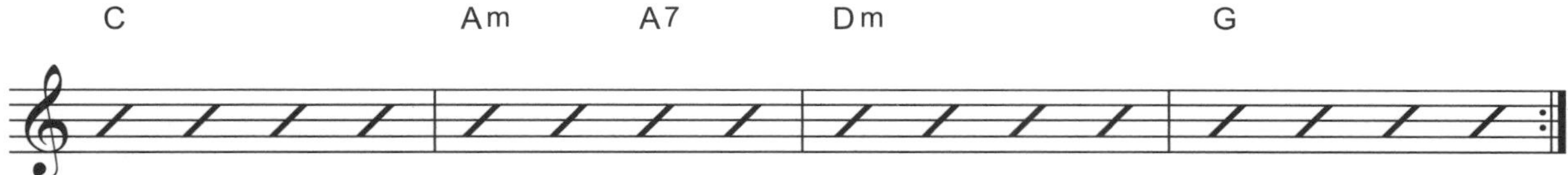

雖然A7是一個在C大調和弦進行裡出現的次屬和弦，並不包含在C大調的順階和聲中，但是它的出現只是為了讓和聲導向Dm的力量更強烈，我們可以將它視而不見，從頭到尾使用C大調音階做即興演奏的工具。若是要更嚴謹地表現A7的和聲，旋律的題材也可以使用簡單的A7 Arpeggio在這個次屬和弦上。

如果是針對單一的一個次屬和弦上使用音階，因為次屬和弦通常是「暫時性」的聲響，所以在音階選擇上可以依據這個次屬和弦是哪一種類和弦的V級，若次屬和弦是小三和弦的V級，可以使用該次屬和弦根音為主的「變化音階（Altered Scale）」；若次屬和弦是大三和弦的V級，可以使用該次屬和弦根音為主的「Mixo-Lydian」或「Lydian Dominant Scale」，這樣的音階選擇可以適用在任何「有作用的屬七和弦（Functioning Dominant 7th）」與「無作用的屬七和弦（Non-Functioning Dominant 7th）」，供參考。

大調的V級和弦本來就是「真的」屬和弦，所以不在我們這次「次屬和弦」的討論範圍，當然次屬和弦發生的位置有時候我們也可以用不同的觀點加以分析，例如調式音階或其他種類音階的順階和弦。

我們以C大調為例，把所有的情況列在下表：

大調順階和弦	Imaj7	IIm7	IIIm7	IVmaj7	V7	VIm7	VIIm7(♭5)
次屬和弦	C7	D7	E7	F7		A7	B7
次屬和弦級數	I7	II7	III7	IV7		VI7	VII7
次屬和弦記號	V/IV	V/V	V/VI			V/II	V/III
次屬和弦使用音階	C Mixo-Lyd C Lydian Dom	D Mixo-Lyd D Lydian Dom	E Altered			A Altered	B Altered
其他觀點的音階選擇		C Lydian		C Blues F Mixo-Lyd			

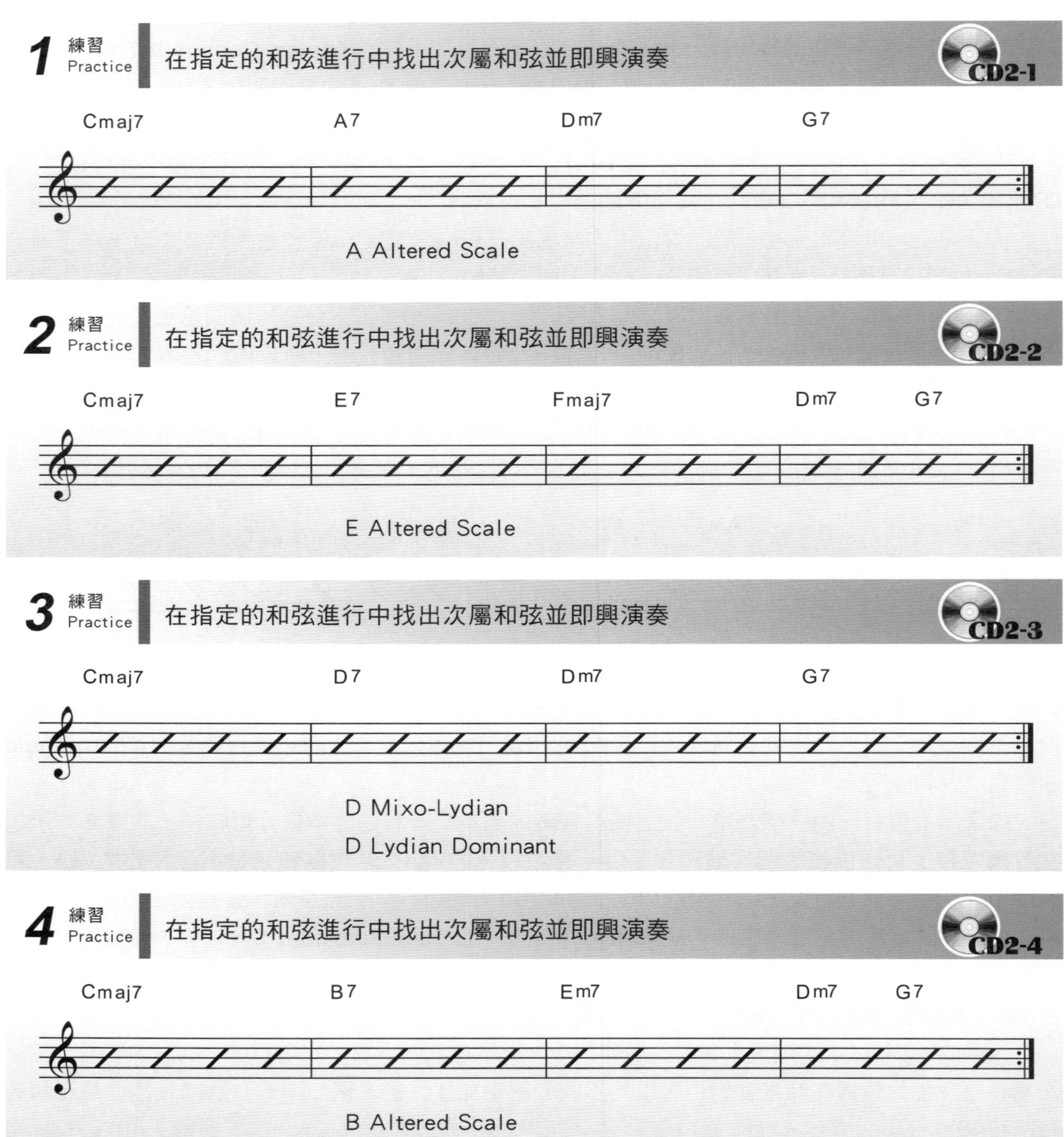

5 練習 Practice 在指定的和弦進行中找出次屬和弦並即興演奏

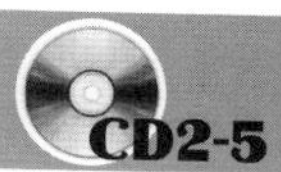

Cmaj7 | C7 | Fmaj7 | Dm7 G7

C Mixo-Lydian
C Lydian Dominant

在含有「次屬和弦」的小調和弦進行裡：

以C小調為例，小調的和弦進行裡的次屬和弦的分析方法大致上與大調相同，若次屬和弦是小三和弦的V級，可以使用該次屬和弦根音為主的「變化音階（Altered Scale）」；若次屬和弦是大三和弦的V級，可以使用該次屬和弦根音為主的「Mixo-Lydian」或「Lydian Dominant Scale」，這樣的音階選擇可以適用在任何「有作用的屬七和弦（Functioning Dominant 7th）」與「無作用的屬七和弦（Non-Functioning Dominant 7th）」。

小調V級屬七和弦因為已經被廣泛使用，所以II級屬七和弦D7可以當作是Gm7或G7的次屬和弦，若D7被視為Gm7的V級，可以使用D Altered Scale；若D7被視為G7的V級，可以使用D Mixo-Lydian或D Lydian Dominant Scale。

♭VI級和弦的根音位置雖然會出現屬七和弦A♭7，但是這個A♭7將不會是扮演次屬和弦的角色，因為A♭7是Dm7（♭5）的V級和弦，而Dm7（♭5）是不適合當作主和弦的，所以♭VI級次屬和弦的狀況將不會發生。但在小調裡的♭VI7使用它的Lydian Dominant音階效果是不錯的。

小調的♭VII級和弦本來就是屬七和弦，雖然可以視作為♭III的次屬和弦，但因為它本來就存在在小調順階和弦裡，所以我們不把它納入討論範圍，當然小調和弦進行中的次屬和弦發生的位置有時候我們也可以用不同的觀點加以分析，例如調式音階或其他種類音階的順階和弦。

小調順階和弦	Im7	IIm7♭5	♭IIImaj7	IVm7	Vm7	♭VImaj7	♭VII7
次屬和弦	C7	D7	E♭7	F7	G7	A♭7	
次屬和弦級數	I7	II7	♭bIII7	IV7	V7	♭VI7	
次屬和弦記號	V/IV	V/V	V/♭VI	V/♭VII	V/I		
次屬和弦使用音階	C Altered	D Altered D Mixo-Lyd D Lydian Dom	E♭ Mixo-Lyd E♭ Lydian Dom	F Mixo-Lyd F Lydian Dom	G Mixo-Lyd G Lydian Dom		
其他觀點的音階選擇	C Blues		C Phrygian	C Dorian C Melodic Minor	C Harmonic Minor C Melodic Minor	A♭ LydianDom	

1 練習 Practice 在指定的和弦進行中找出次屬和弦並即興演奏

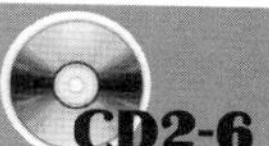

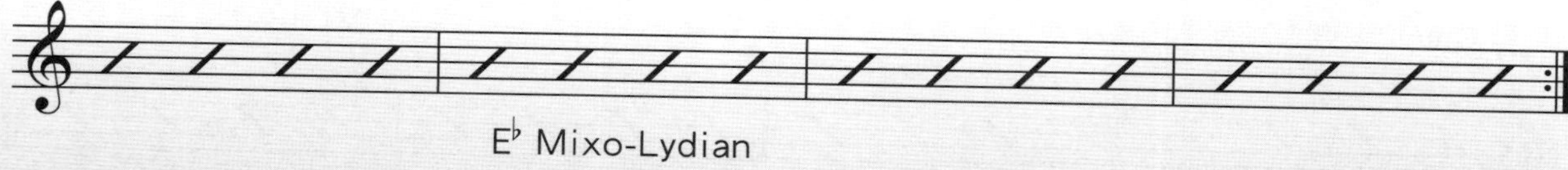

E♭ Mixo-Lydian
E♭ Lydian Dominant

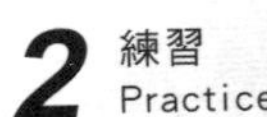

2 練習 Practice 在指定的和弦進行中找出次屬和弦並即興演奏

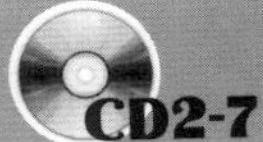

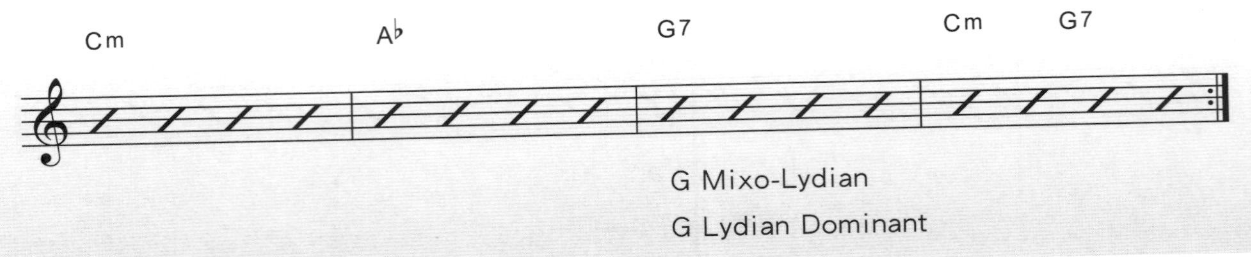

G Mixo-Lydian

G Lydian Dominant

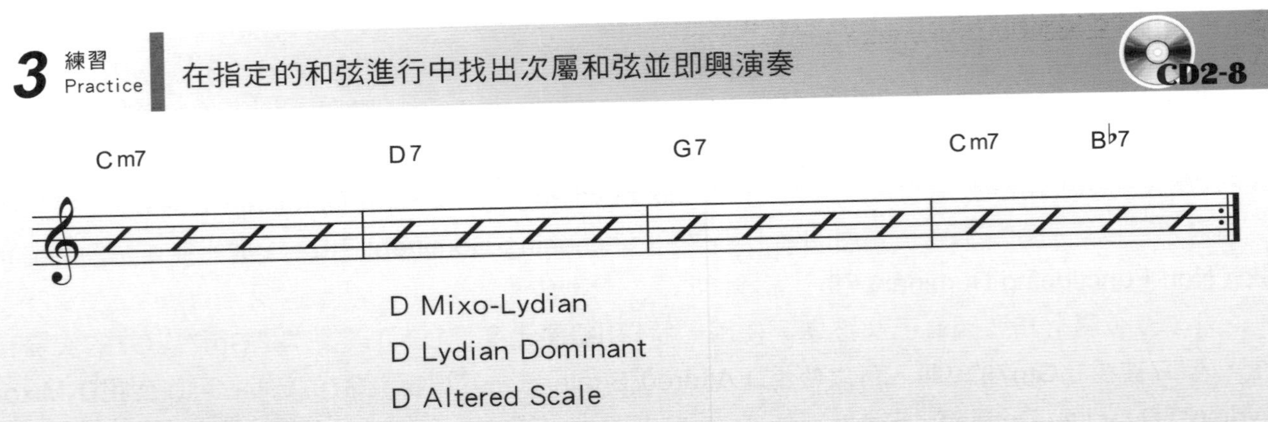

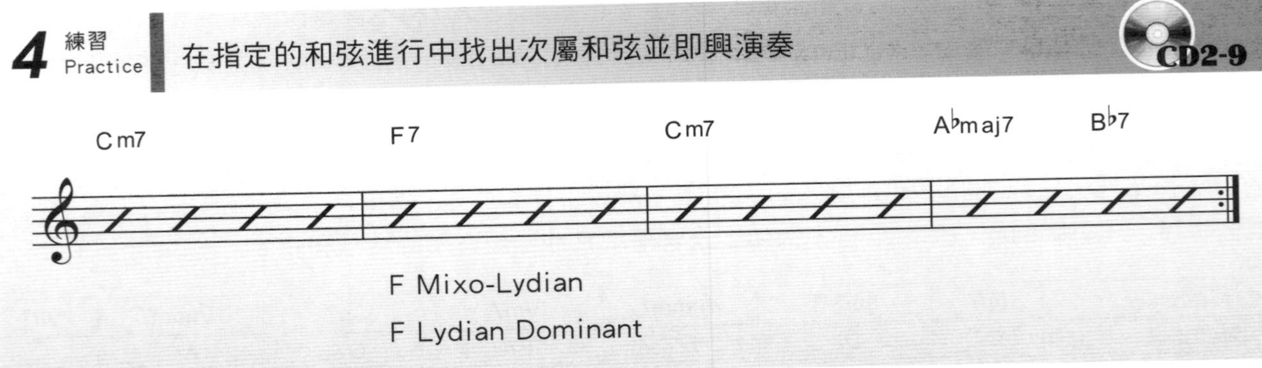

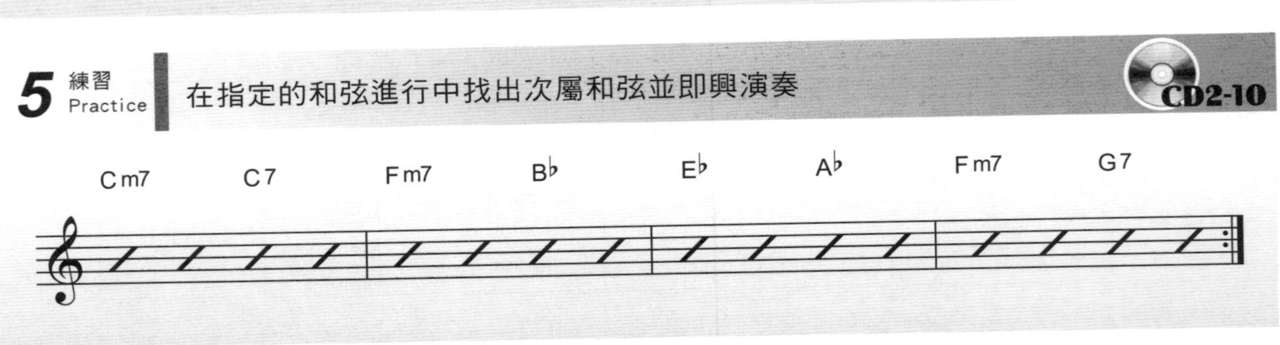

6 練習 Practice 在指定的和弦進行中找出次屬和弦並即興演奏

CD2-11

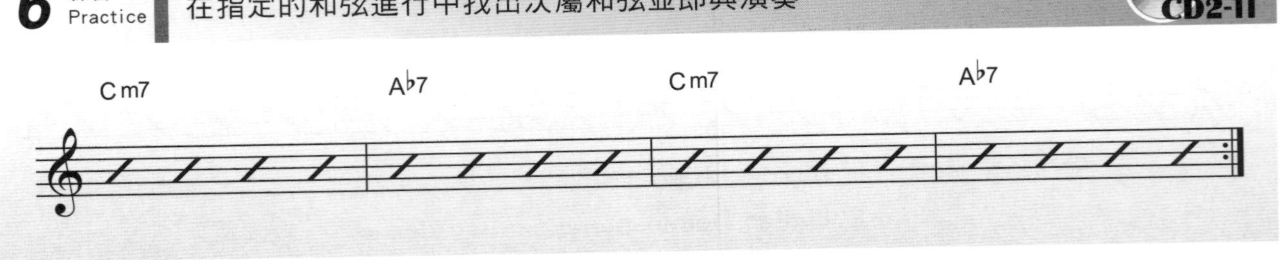

練習曲

Cissy Strut

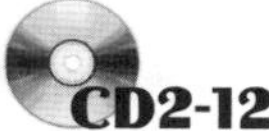

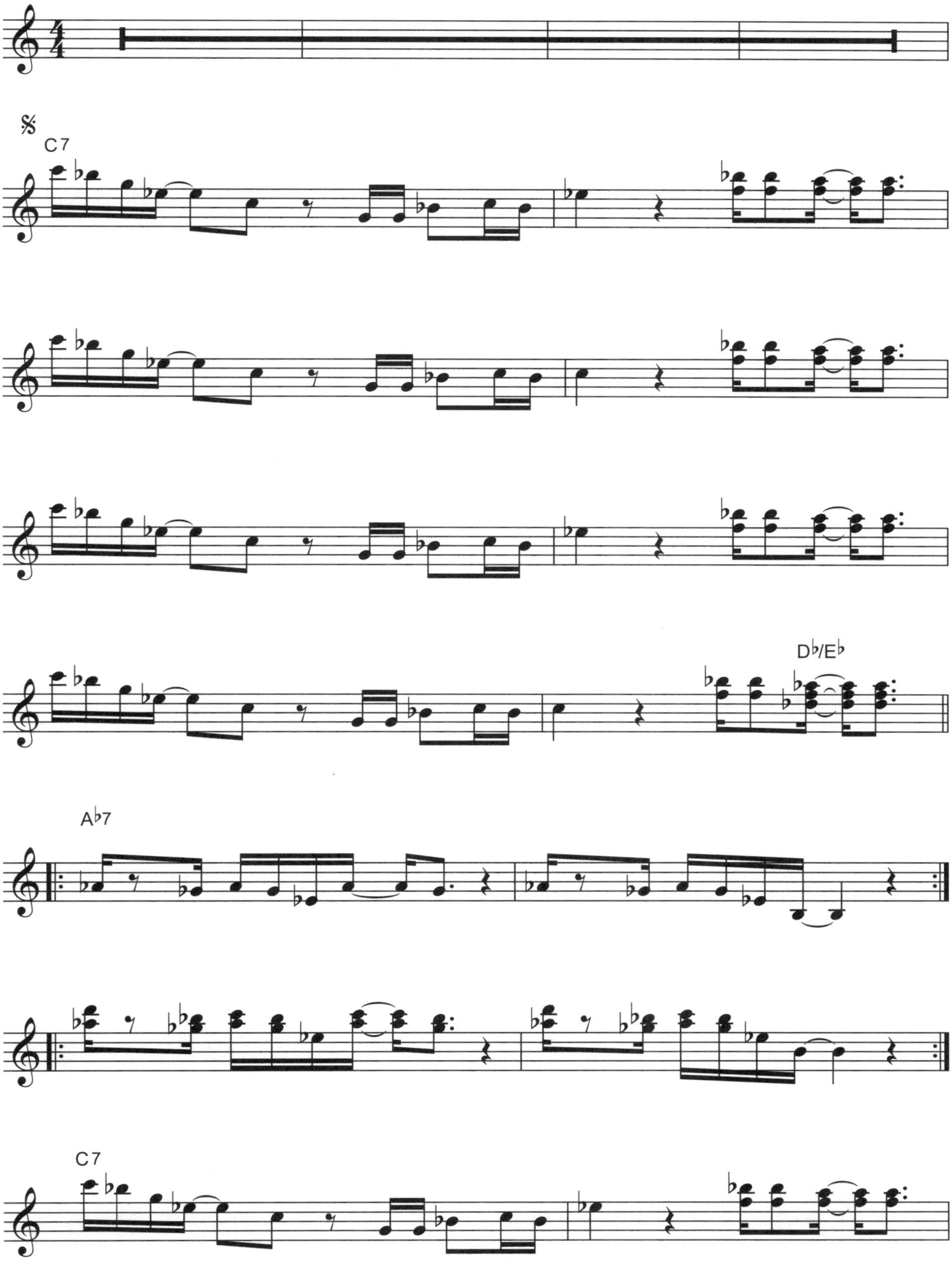

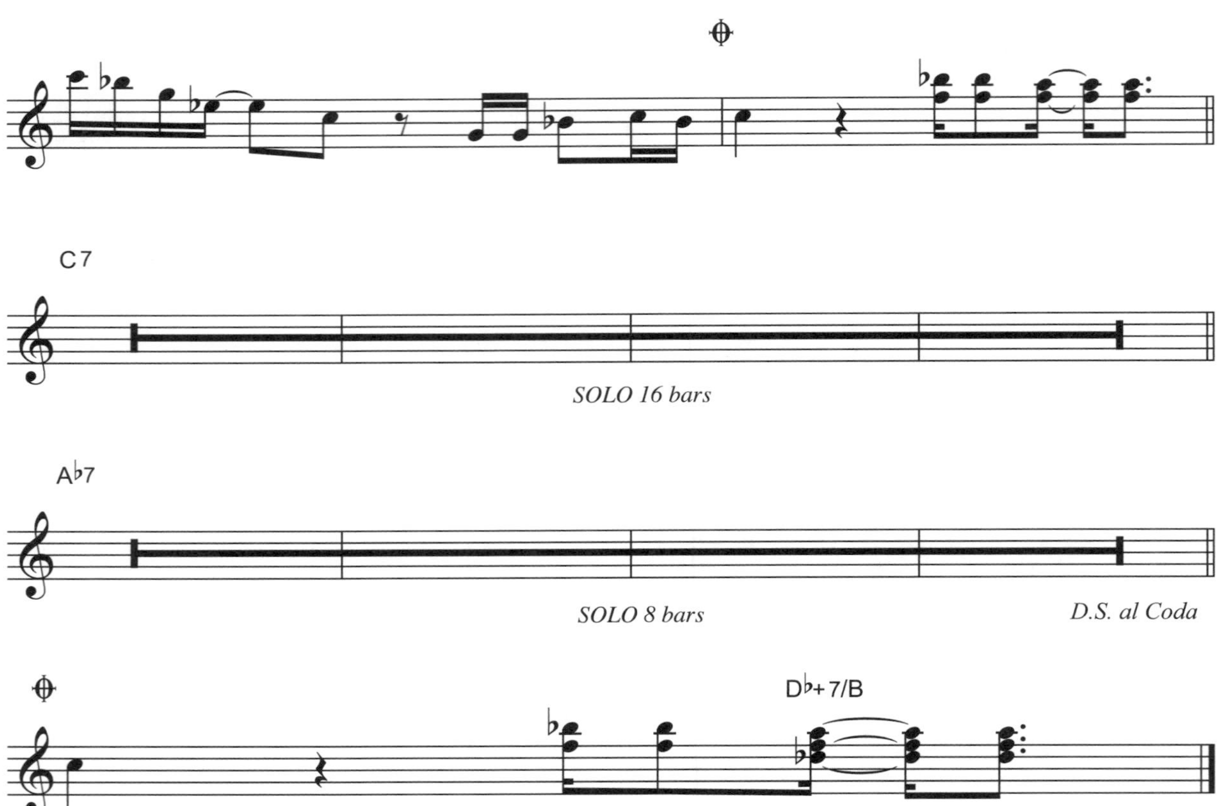
C7
SOLO 16 bars
A♭7
SOLO 8 bars
D.S. al Coda
D♭+7/B

第 8 週課程

減七和弦（Diminished 7th Chords）

減七和弦的結構

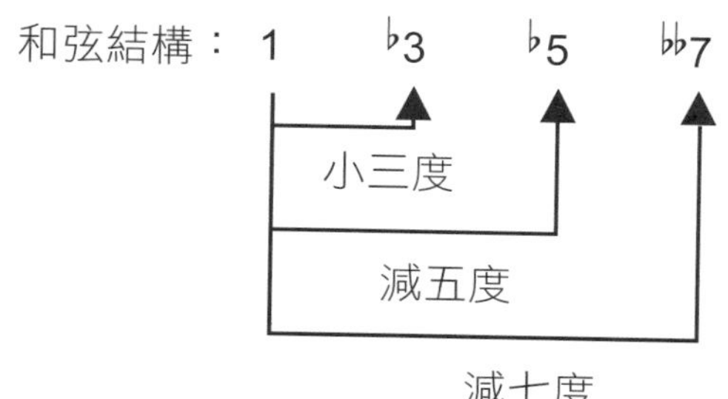

範例：

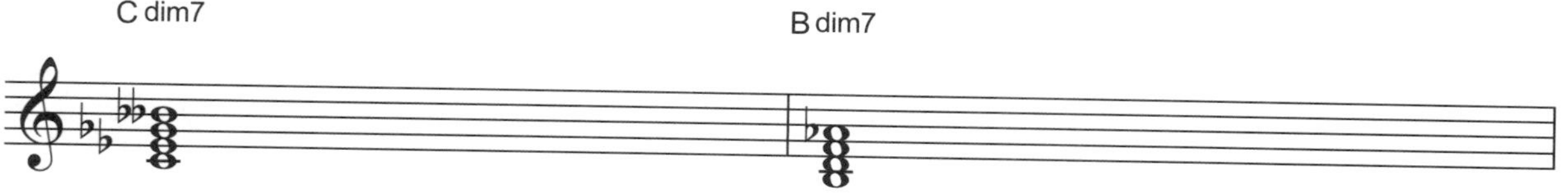

我們可以發現到減七和弦的結構是由一個一個的小三度音程所組成（1~♭3、♭3~♭5、♭5~♭♭7、♭♭7~1，都是小三度），這樣的現象將會造成有趣的結果。

1 練習 Practice 寫出下列指定的減七和弦

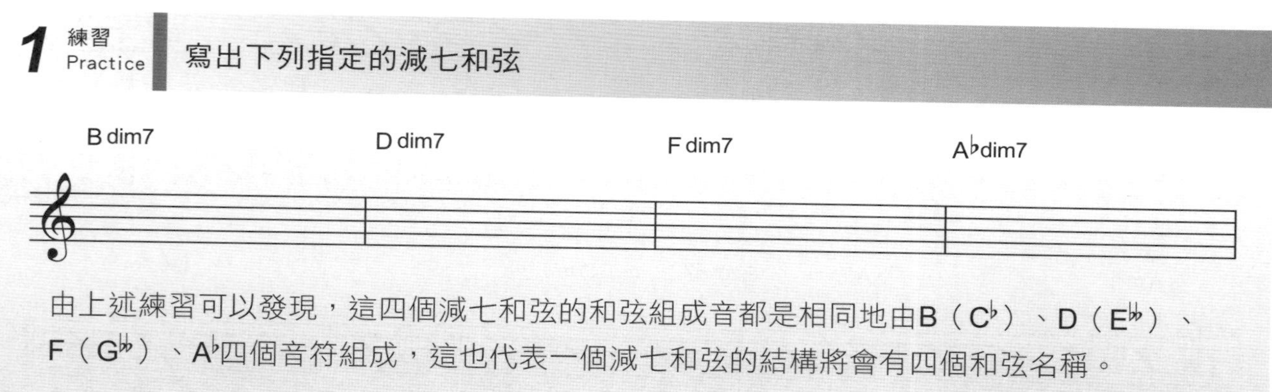

由上述練習可以發現，這四個減七和弦的和弦組成音都是相同地由B（C♭）、D（E♭♭）、F（G♭♭）、A♭四個音符組成，這也代表一個減七和弦的結構將會有四個和弦名稱。

範例：

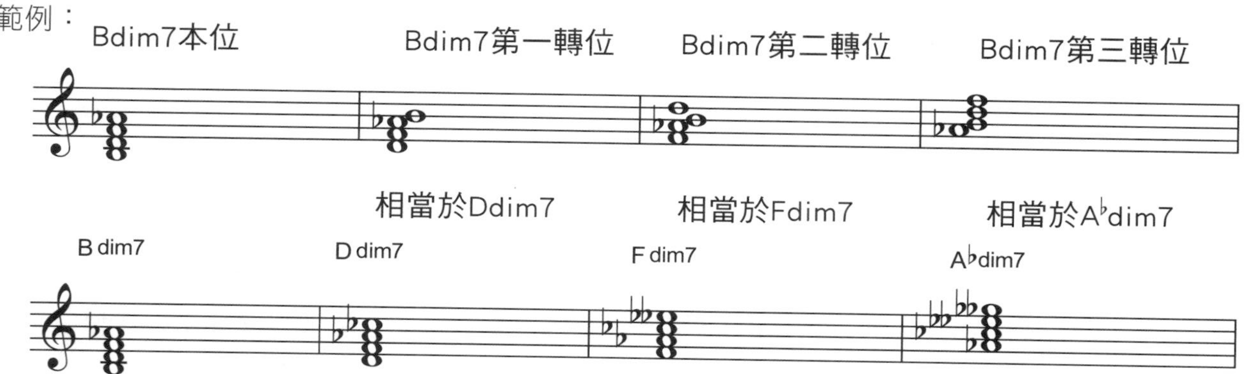

移動式減七和弦的指型

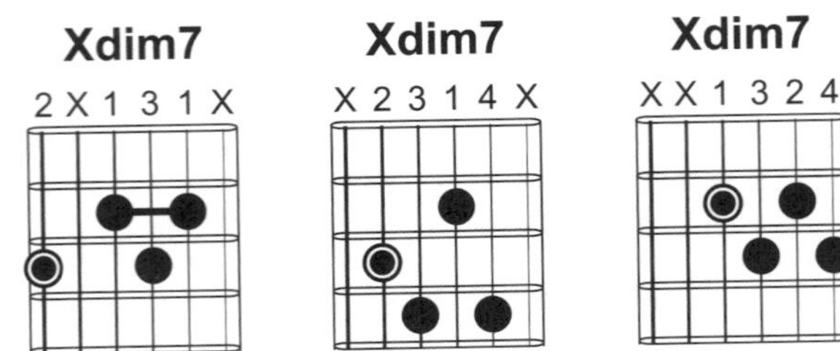

因為減七和弦組成音間的距離都是相等的小三度，也就代表和弦指型上每個按到的音都可以視為根音。

1 練習 Practice 按出每個指定的和弦並彈出教師指定或自行編排的節奏型態 CD2-13

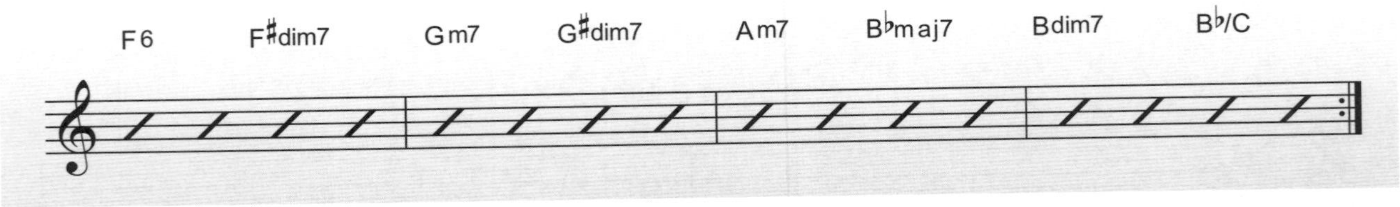

F6 F#dim7 | Gm7 G#dim7 | Am7 B♭maj7 | Bdim7 B♭/C

2 練習 Practice 按出每個指定的和弦並彈出教師指定或自行編排的節奏型態 CD2-14

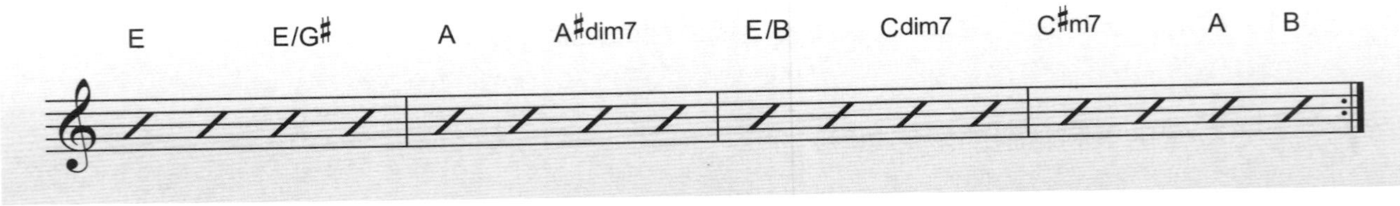

E E/G# | A A#dim7 | E/B Cdim7 | C#m7 A B

3 練習 Practice 按出每個指定的和弦並彈出教師指定或自行編排的節奏型態 CD2-15

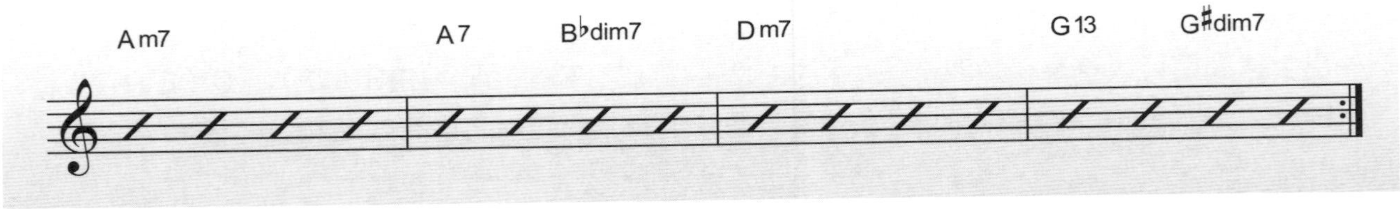

Am7 | A7 B♭dim7 | Dm7 | G13 G#dim7

減七和弦的應用

1、作為屬七和弦的代用和弦

以C大調為例，在I級和弦之前放置一個和聲張力較大的和弦來將和聲進行產生一種趨向I級和弦的拉力的方式，除了第一轉位的V7（G7）和弦可以推進到I級和弦（C）獲得解決；本位和弦型態的VIIdim7（Bdim7）和弦一樣可以達到類似的效果。可以看到G7與Bdim7這兩個和弦有相似的結構，它們以不同的方向達到相同的目的。這表示在同一個調性中，減七和弦建立在大調或小調音階的「導音（Leading Tone）」即大七級音之上，並可以當作V7和弦的代用和弦。

範例：

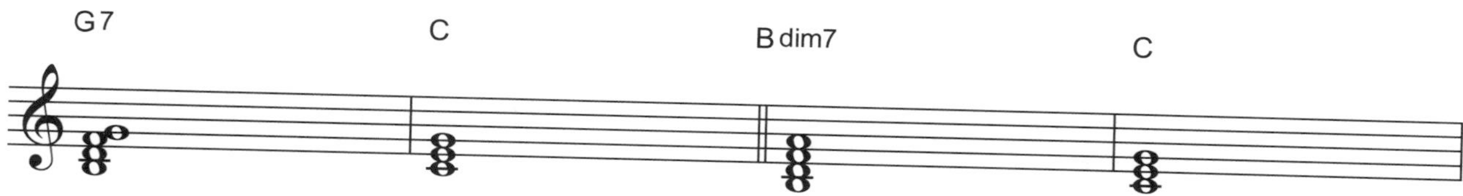

當然，將減七和弦當成V7和弦的代用和弦這個手法一樣地也能應用在「次屬和弦」上。

範例：

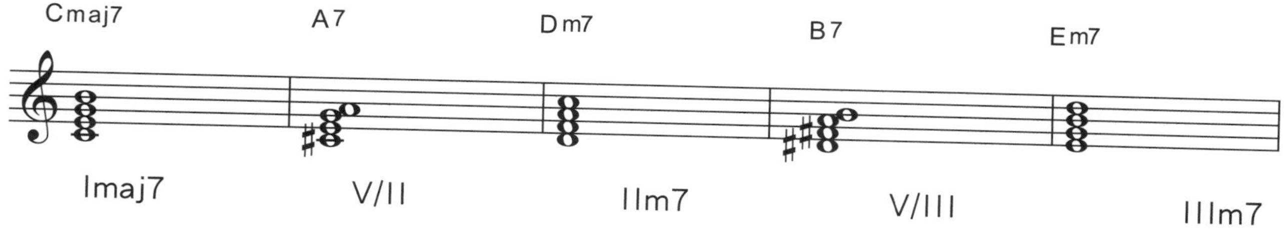

將上列包含次屬和弦的和弦進行以減七和弦代換該次屬和弦，結果如下：

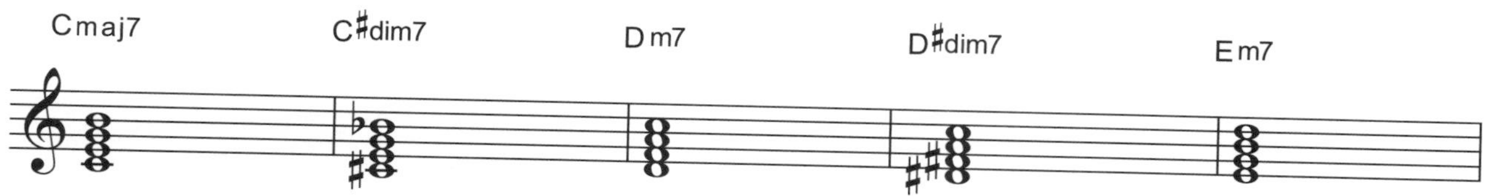

因為Dm7在C♯dim7之後，C♯是D的導音，C♯dim7則視為D的VIIdim7，而Dm7是C大調的IIm7和弦，我們將C♯dim7用「VIIdim7/II」表示（二級的減七和弦），代換掉次屬和弦A7（V/II）；同樣的，D♯dim7包含了Em7的導音，而Em7是C大調的IIIm7，所以D♯dim7寫成「VIIdim7/III」，取代了次屬和弦B7（V/III）。所以上述代換後的範例和弦進行應表示如下：

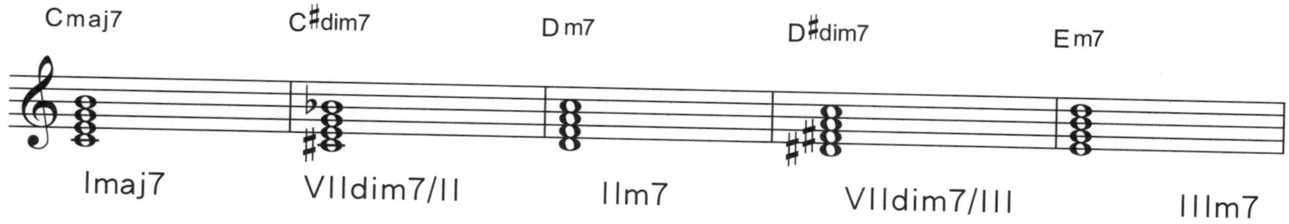

2、作為經過和弦

「經過和弦」屬於非調性和弦（Non-Diatonic Chord），它連結了兩個調性和弦（Diatonic Chord）的和弦內音，在這兩個和弦之間產生「經過」的效果。

範例：

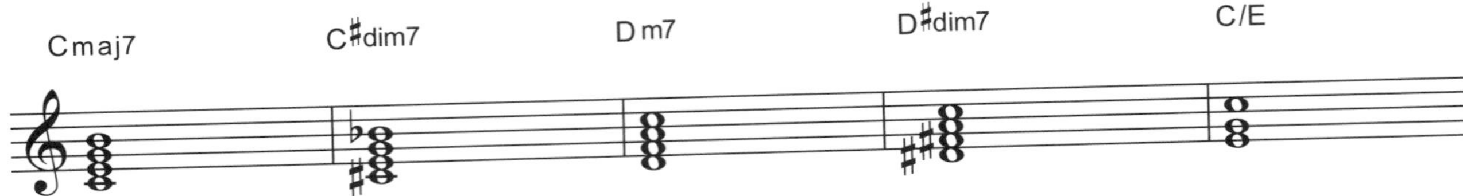

第一個減七和弦C♯dim7包含下一個和弦Dm7的導音，所以可以表示為「VIIdim7/II」；而第二個減七和弦D♯dim7並沒有包含下一個和弦的導音，C/E是大三和弦C的第一轉位和弦，導音是B，並不是D♯dim7的和弦組成音，因此，這個減七和弦不能以次屬和弦的代用和弦來看待，而是將它視為Dm7與C/E的「經過和弦」，C大調裡的經過和弦D♯dim7表示為「♯IIdim7」。所以上述的範例和弦進行應表示如下：

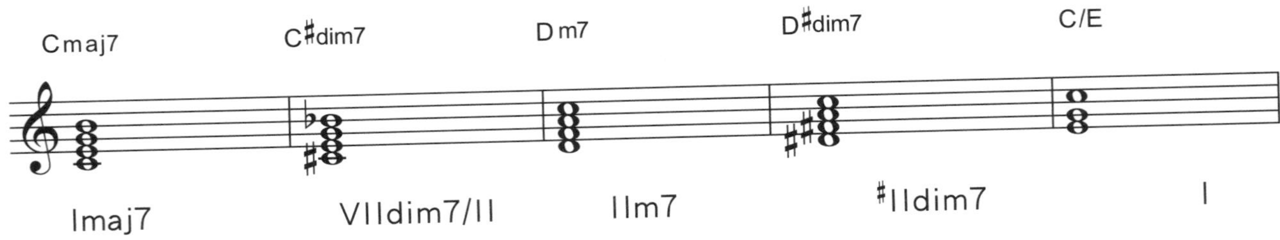

※減七和弦的功能規則分析總整理：

1、如果減七和弦的組成音裡的任何一個音是下一個和弦根音的導音，這個減七和弦可視為VIIdim7或屬七和弦的代換和弦。

2、如果減七和弦的組成音裡的任何一個音都不是下一個和弦根音的導音，這個減七和弦可視為經過和弦。

1 練習 Practice 分析下列和弦進行

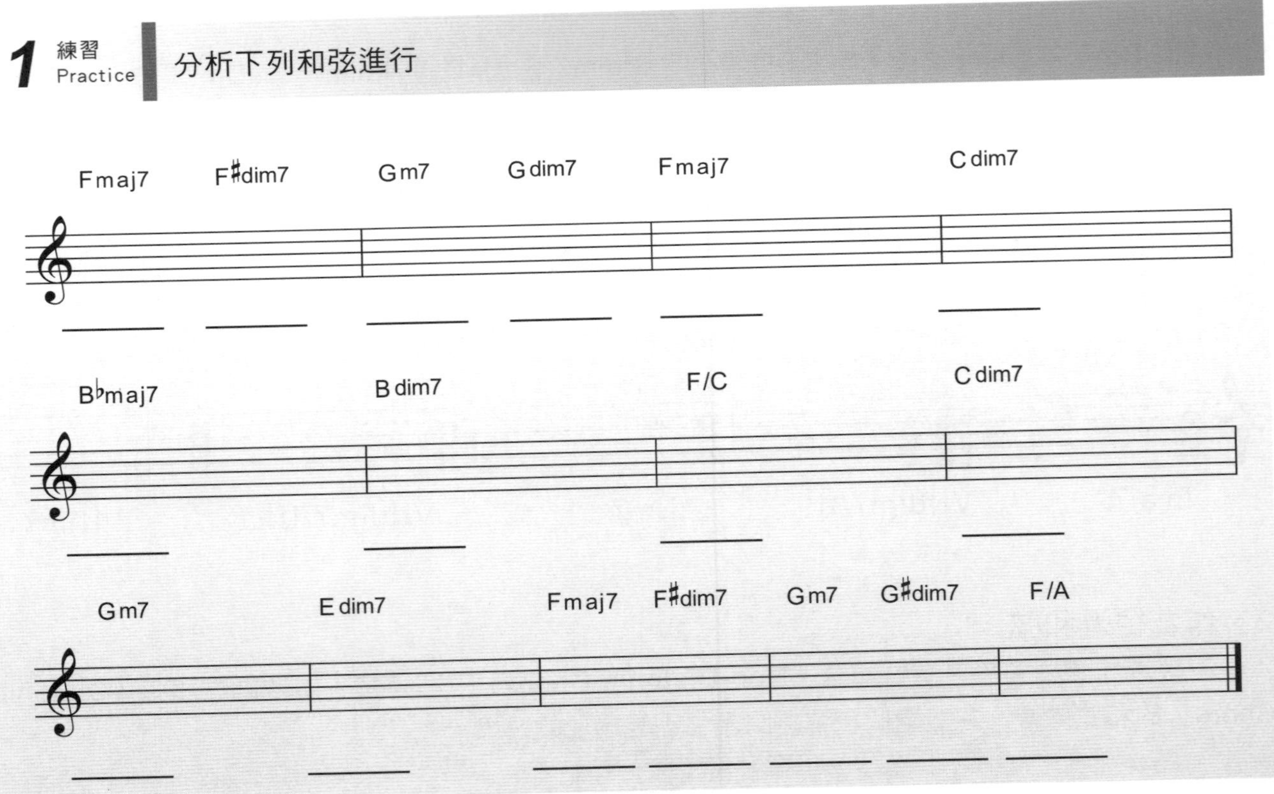

對稱型音階（Symmetrical Scales）

所謂「對稱型音階」是將音程的組合反覆的連接在一起的一種音階結構。「對稱型音階」有四種，分別是「半音階（Chromatic Scale）」、「全音階（Whole Tone Scale）」、「減音階（Diminished Scale）」、「屬減音階（Dominant Diminished Scale）」。

半音階（Chromatic Scale）

半音階的結構是完全以一個一個的半音程所組成，所以在一個八度中總共有十二個音，根據音階是上行或下行，升記號或降記號的表示也會有所不同。

範例：C半音階

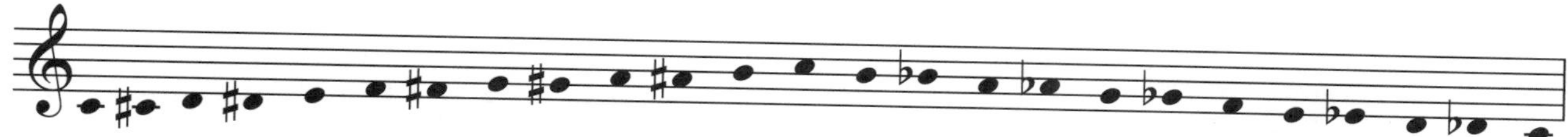

因為所有的音都是以等距的音程排列，因此任何一個音都可以當作主音，所以半音階是沒有調性的，也就是說，這個音階中沒有一個音會需要它前後的音來引導或解決，也因為如此，半音階不會被用來當成建構流行音樂中旋律或和聲的素材，半音階的出現會被用來當成變化和弦與變化和弦進行的一部分，而在自然音階之間它則用來當作「經過音」。因此，完整的半音階結構通常只會存在於理論中，而在實際上並不常被使用。

半音階的使用

1、在任何音階中加入「經過音」

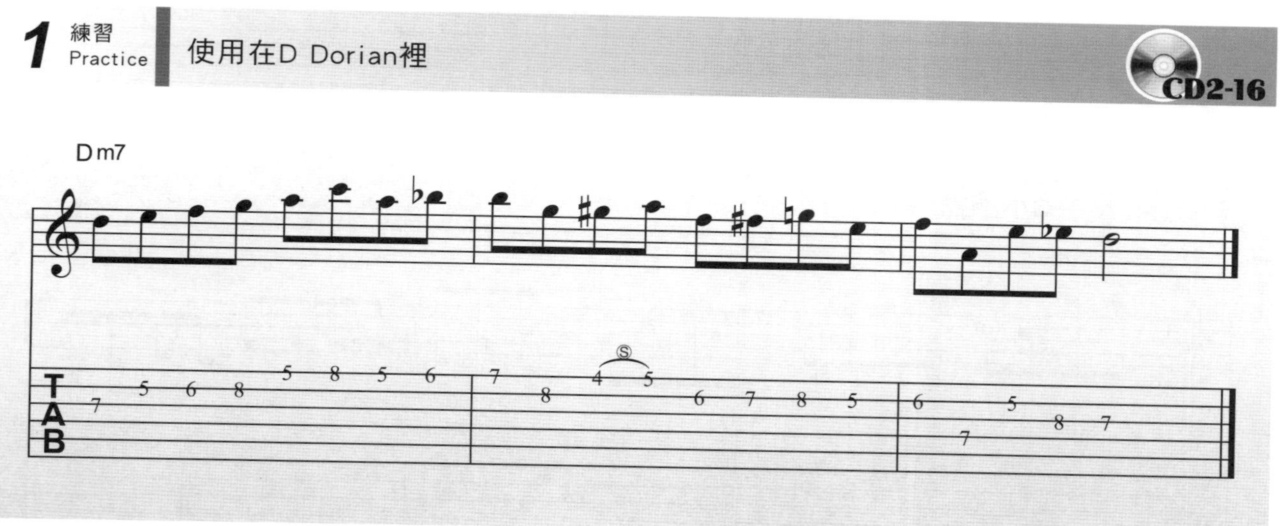

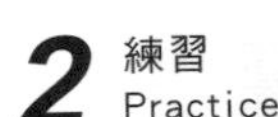

2 練習 Practice

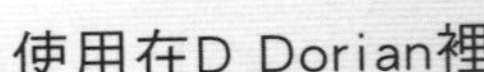

使用在D Dorian裡

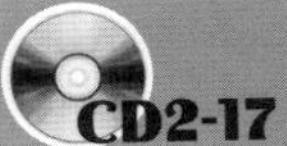

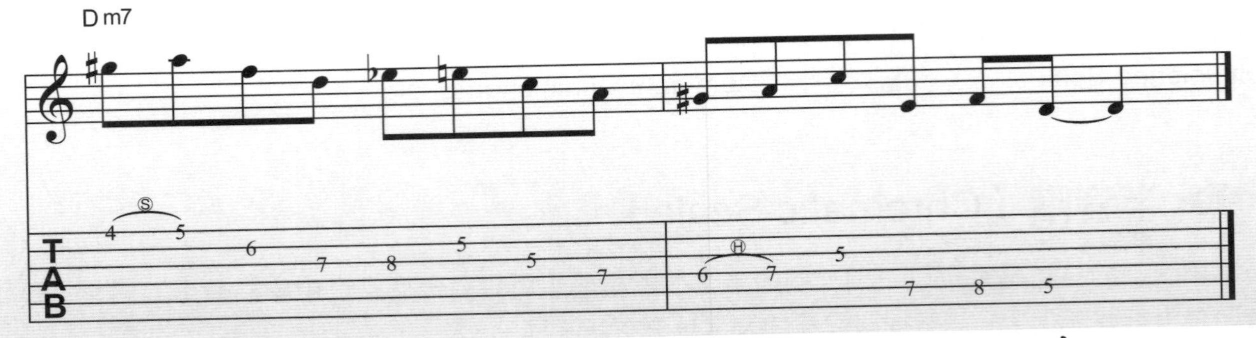

2、加入較低的半音「鄰近音」於琶音中

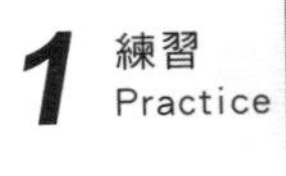

1 練習 Practice

使用在Gm7琶音

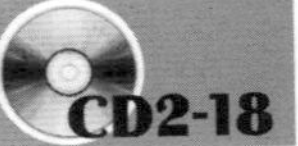

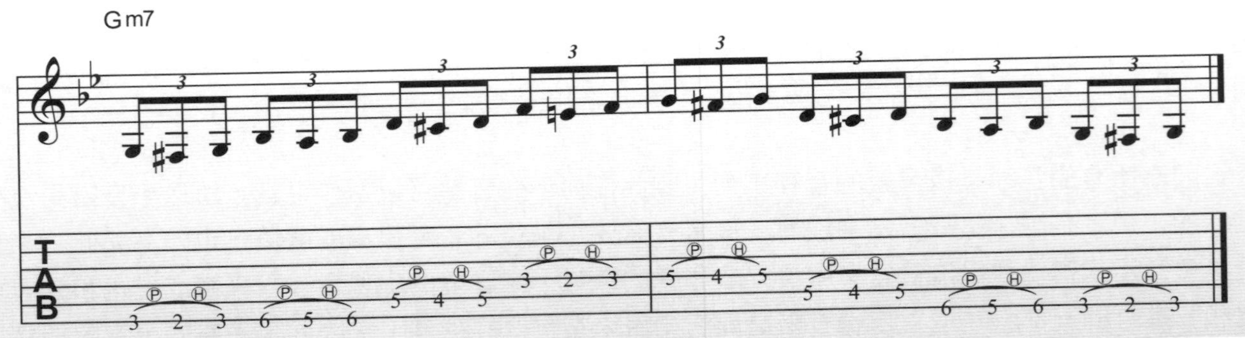

2 練習 Practice

加入較Gm7琶音低半音「鄰近音」於正拍上，製造更強張力

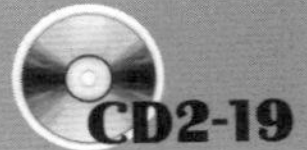

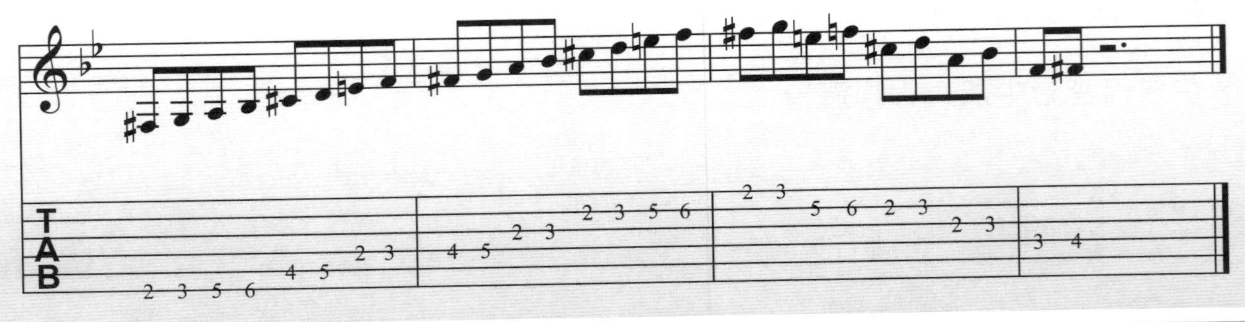

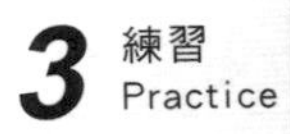

3 練習 Practice

在G小調裡

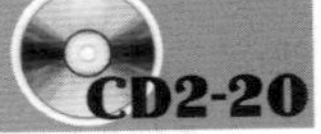

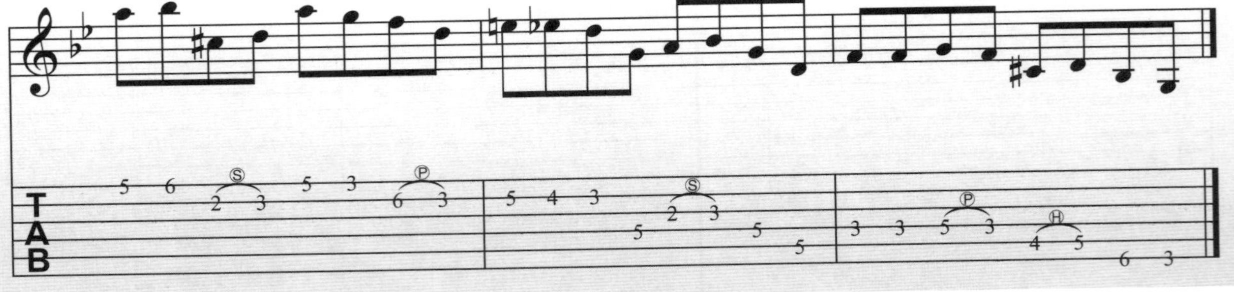

3、以半音移動一個旋律主題（Motif）

1 練習 Practice **在A Blues裡** CD2-21

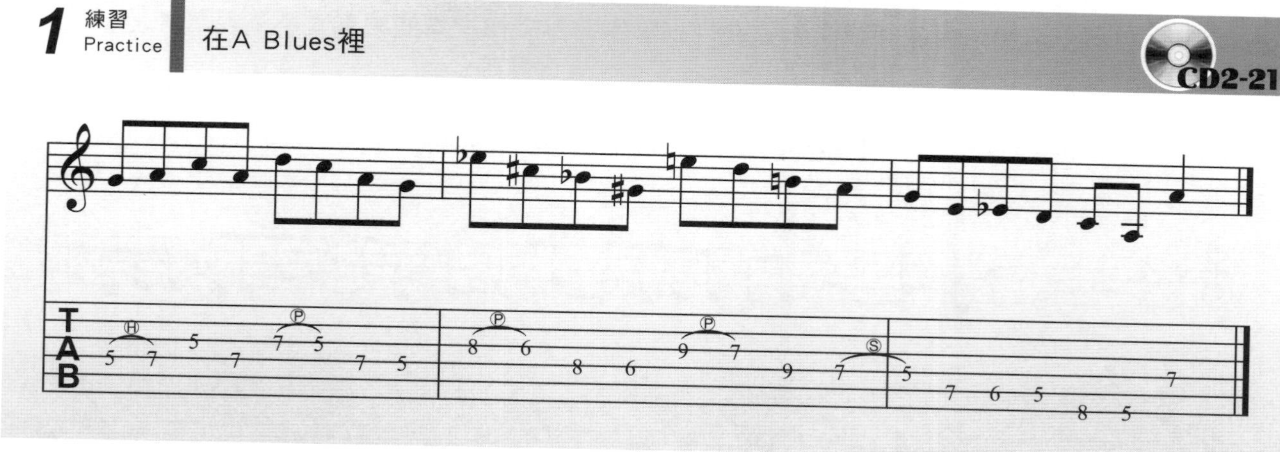

半音階使用的技巧可以應用在任何和弦進行，它可以增加弦律的柔順度，但最重要的是必須「解決」這些半音階至和諧音，最好的模式是以半音的方式解決至和弦組成音，這些方法提供我們使用半音階的技巧的好的開始。

旋律視奏

這是一首爵士名曲，由教師彈奏和弦進行，學生彈奏旋律，本曲視奏宜不斷反覆練習。

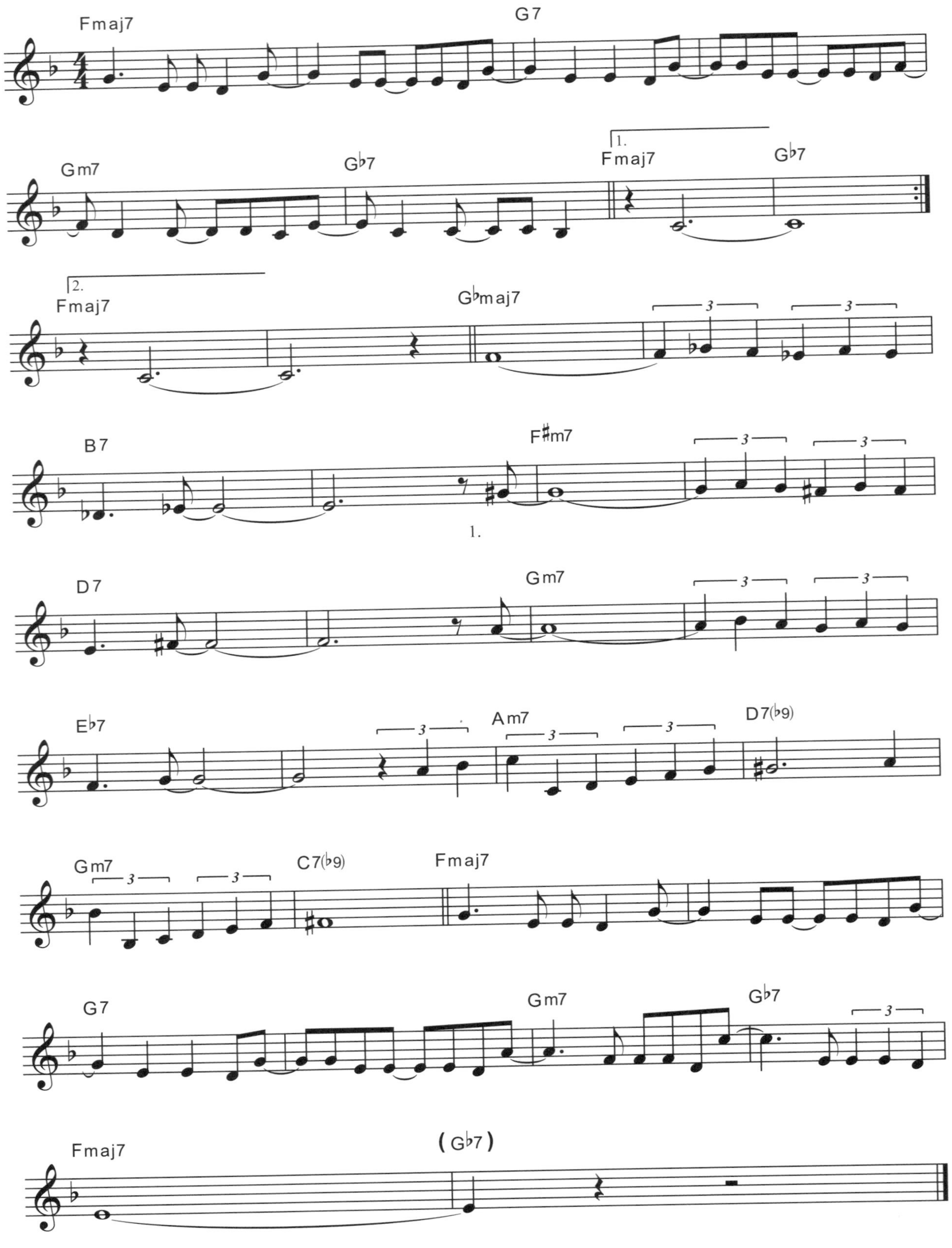

第 9 週課程

減七和弦琶音（Diminished 7th Arpeggio）

減七和弦的結構由一個一個的小三度所組成，和弦的組成音結構之間會有循環重複的現象，而在吉他指板上也會形成「循環重複的指型（Repeating Shapes）」。這裡是其中的一個指型，每一個黑點的位置都可以當作根音，例如C Diminished 7th Arpeggio，即是將指型上的任意一個黑點對準指板上的任意一個C音，將這個指型彈出即可。

Diminished 7th Arpeggio：

常用指型1：

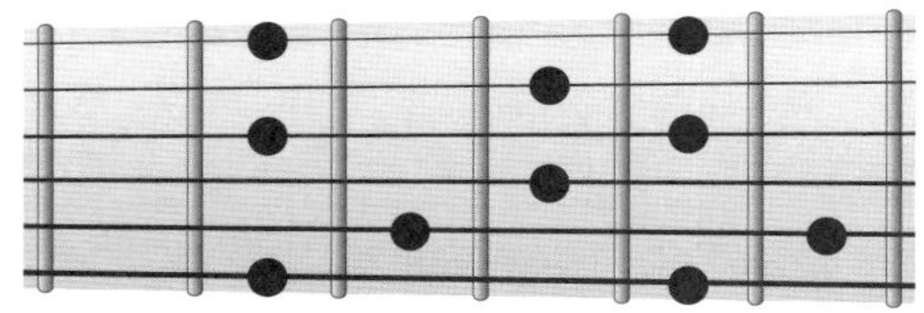

常用指型2：

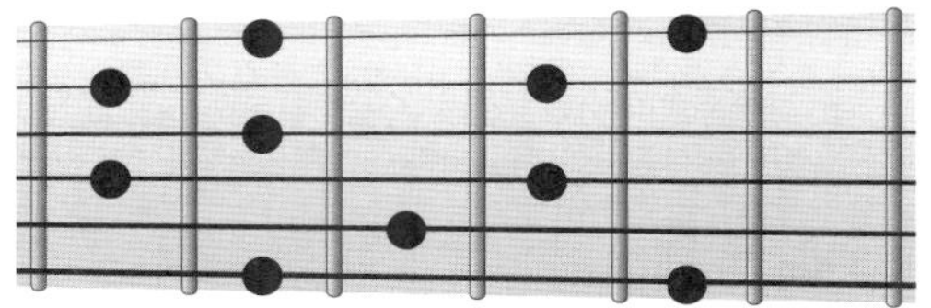

這是另一個常見的指型：

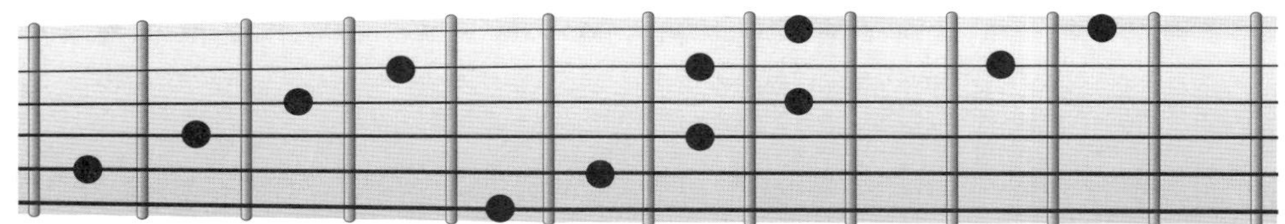

1 練習 Practice　G減七和弦琶音常用指型1，八分音符上下行

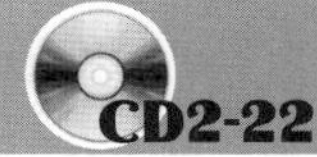

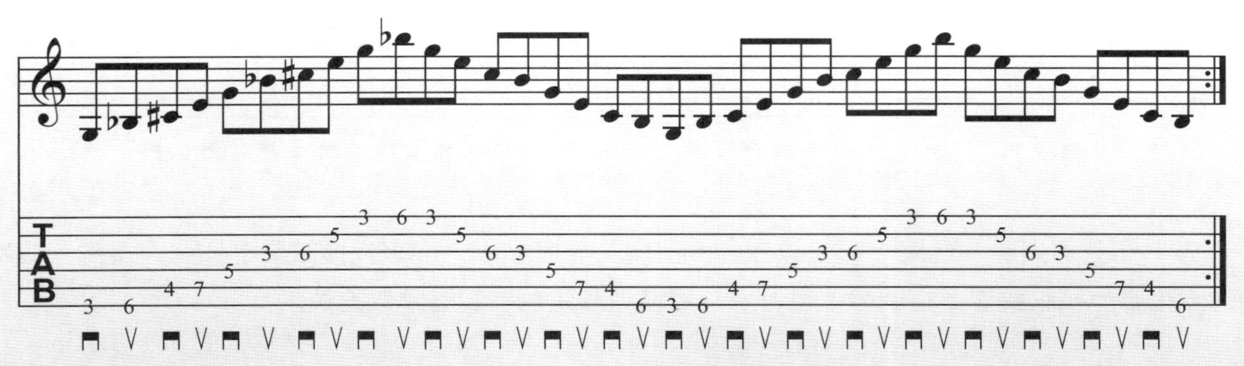

2 練習 Practice G減七和弦琶音常用指型1，十六分音符上下行

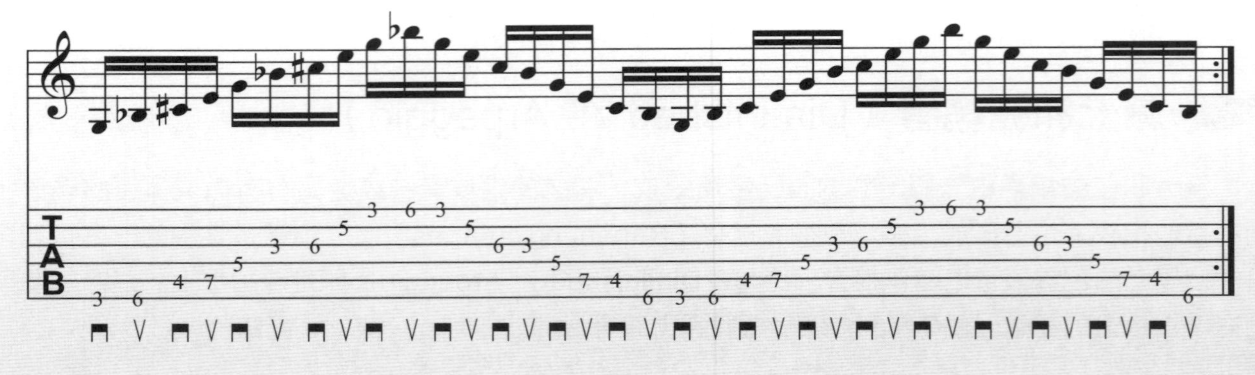

3 練習 Practice G減七和弦琶音常用指型2，八分音符上下行

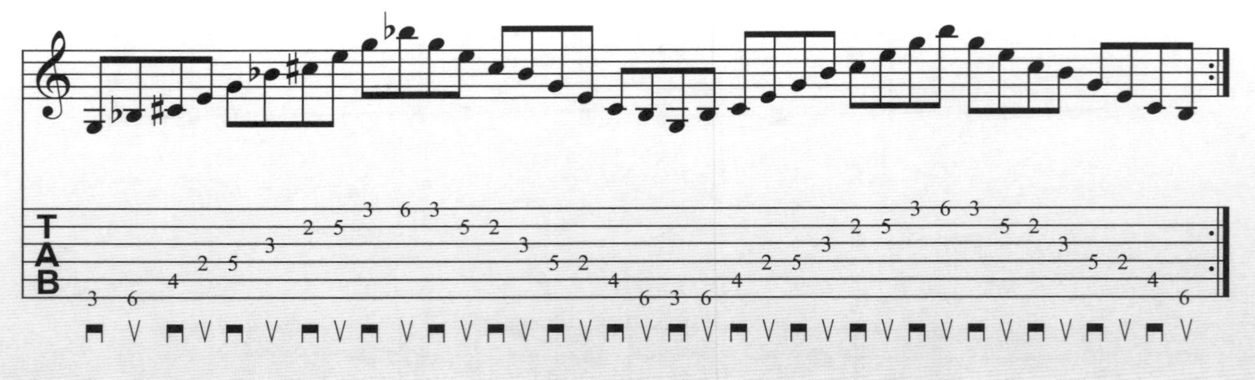

4 練習 Practice G減七和弦琶音常用指型2，十六分音符上下行

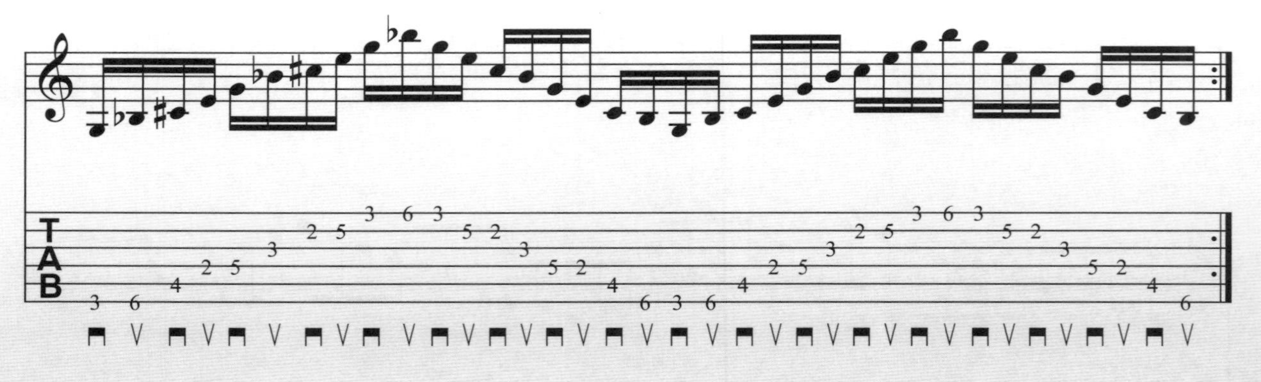

減七和弦可以從一個屬七和弦根音的大三度、五度、小七度來代換該屬七和弦而得到一個X7♭9的變化屬七和弦聲響，在旋律上也可以使用減七和弦琶音製造類似的效果。

5 練習 Practice　在G7和弦上，使用Bdim7（或稱Ddim7、Fdim7、A♭dim7）琶音

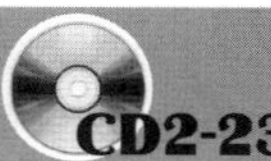

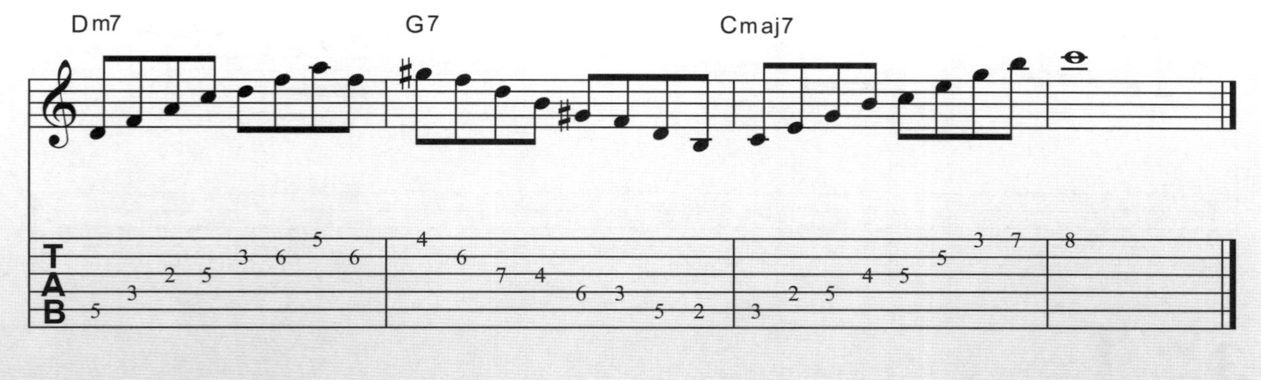

減音階（Diminished Scale）

在兩個減七和弦琶音的音符間插入一個上行全音，即以全音和半音交替出現所構成的音階結構稱為「減音階（Diminished Scale）」。音階公式可以寫成：1－2－♭3－4－♯4－♯5－6－7－1。

範例：C Diminished Scale

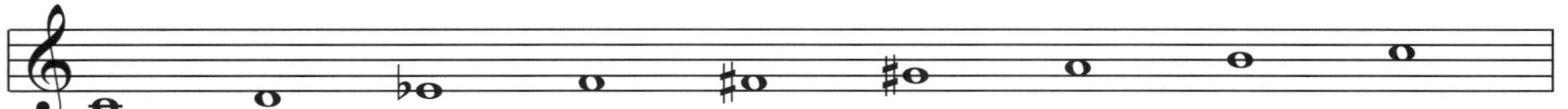

減音階的指型

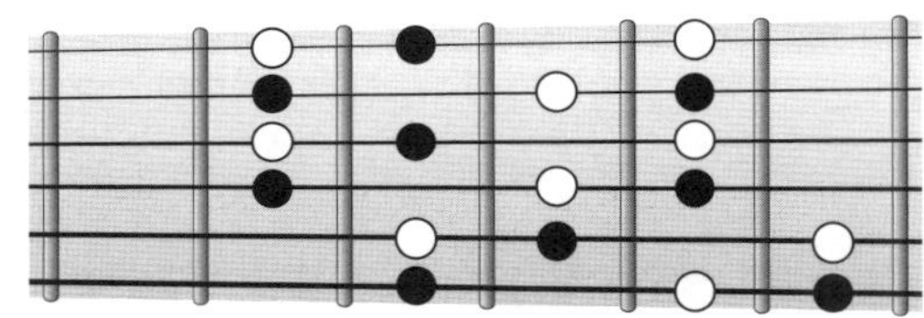

黑色實心的圓點都是可以當作根音的位置，這些黑色實心的圓點其實就是減七和弦琶音。

1 練習 Practice　C（E♭、G♭、A）Diminished Scale八分音符上下行

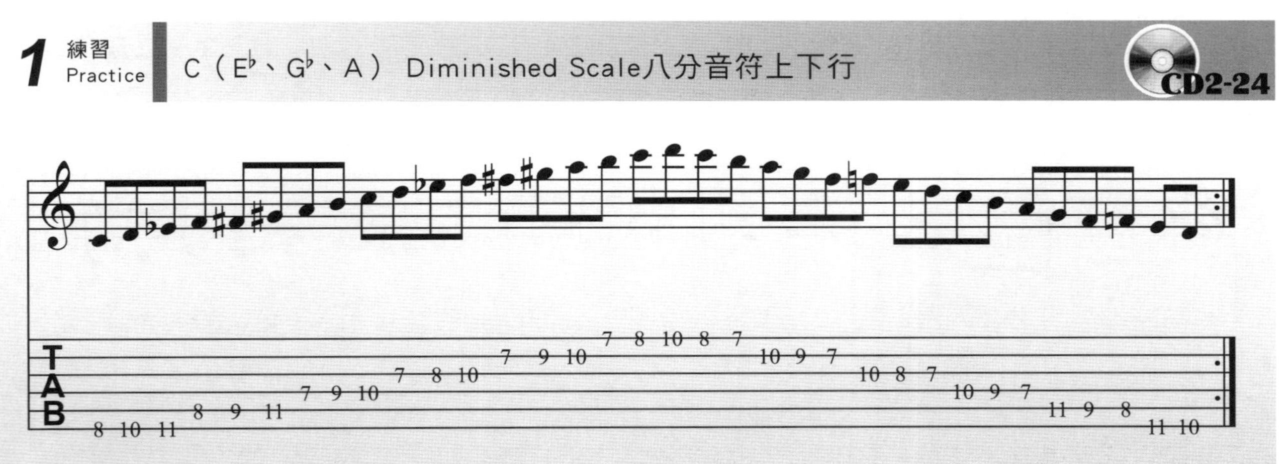

2 練習 Practice　C（E♭、G♭、A） Diminished Scale十六分音符上下行

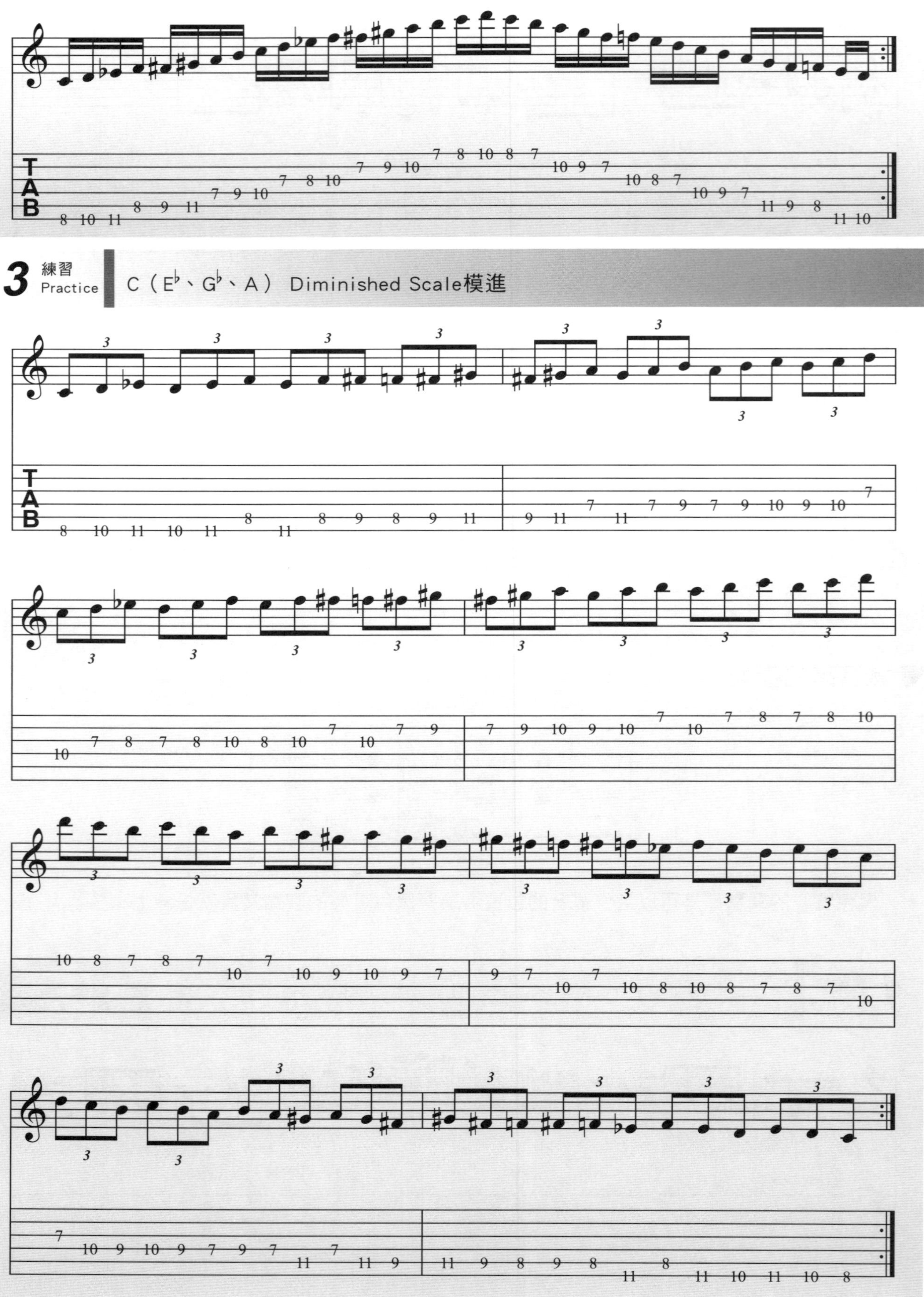

3 練習 Practice　C（E♭、G♭、A） Diminished Scale模進

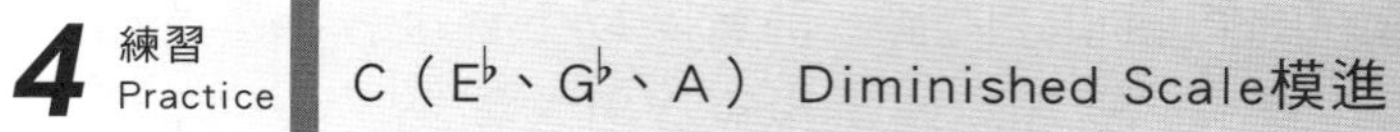

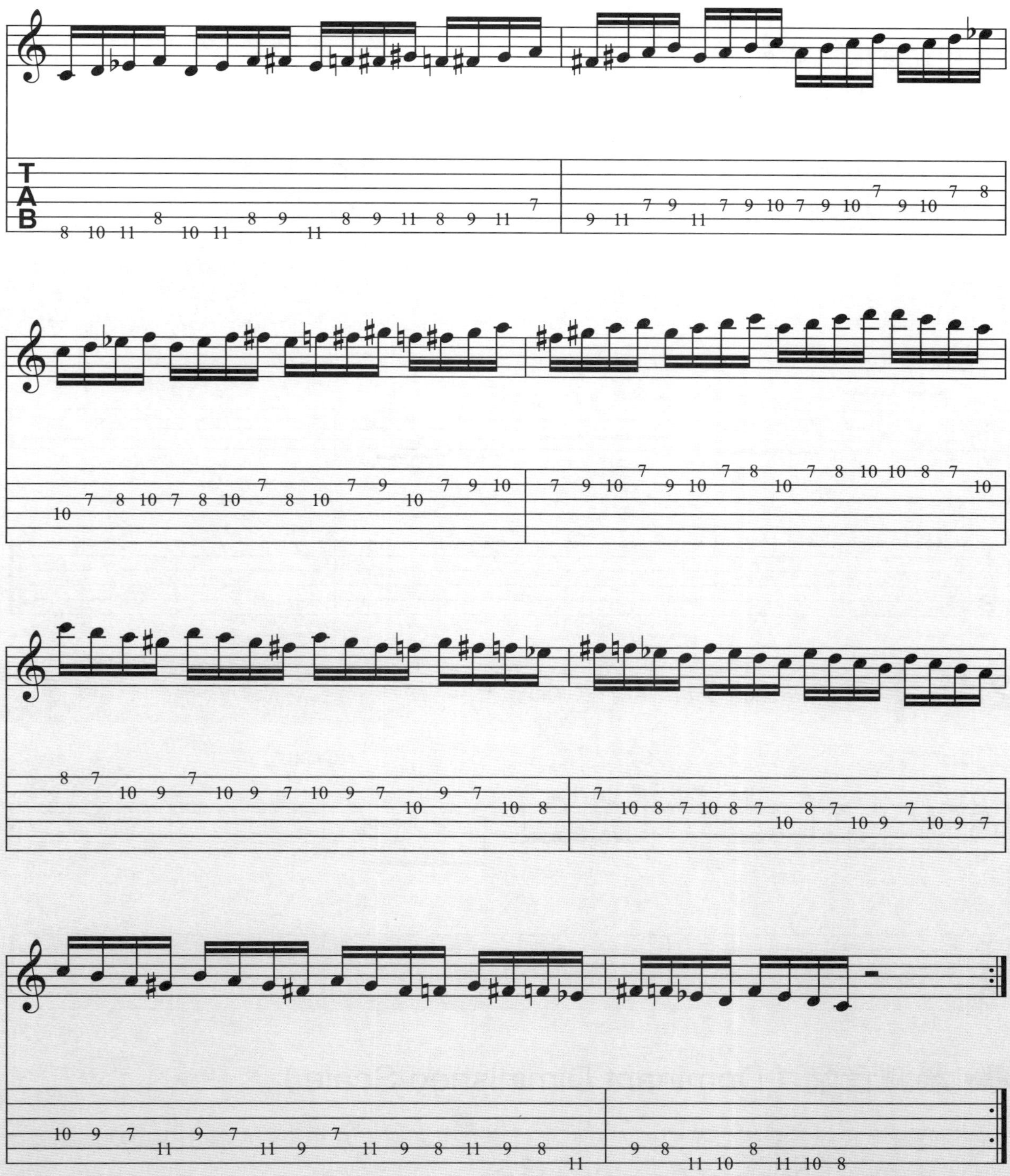

減音階的使用時機

1、使用在減和弦

減音階可以用來在單一的減七和弦下的旋律題材，不管這個減七和弦是扮演VIIdim和弦或是經過和弦。

另外，C Diminished Scale包含了Cdim7的四個和弦內音，而音階以全音接著半音的組合疊在每一個和弦內音之上，所以當減音階使用在單一減七和弦時，也可以將它稱為「全－半型減音階（Whole－Half Diminished Scale）」。

2、使用在變化屬和弦

減七和弦可以從一個屬七和弦根音的大三度、五度、小七度來代換該屬七和弦而得到一個X7♭9的變化屬七和弦聲響，在旋律上也可以使用減音階製造類似的效果。

例如我們用Bdim7來代替G7推進到C獲得解決，按照這樣的觀念，我們可以將Bdim7的音階（B Diminished Scale）用在G7和弦本身，藉此創造出旋律上的變化。

1 練習 Practice B Diminished Scale使用在G7和弦上 CD2-25

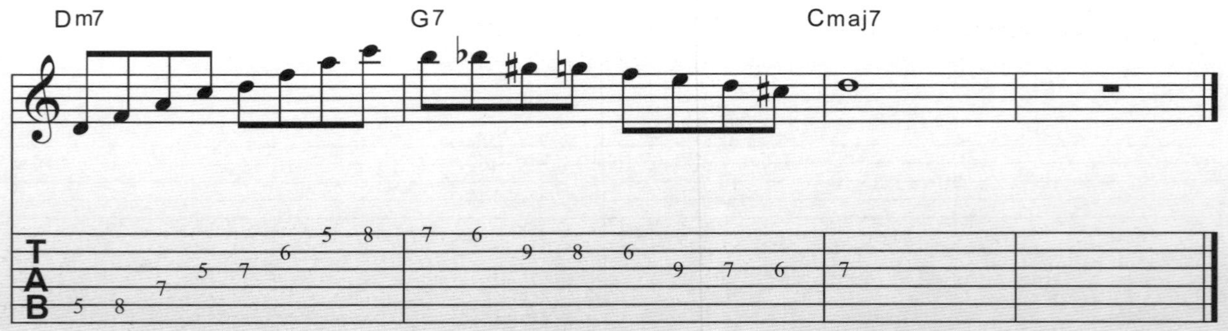

Dm7 G7 Cmaj7

2 練習 Practice B Diminished Scale使用在G7和弦上 CD2-26

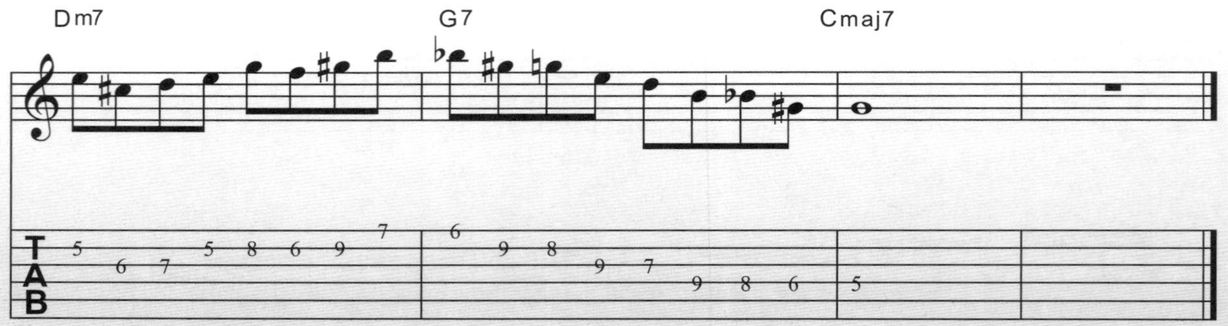

Dm7 G7 Cmaj7

屬減音階（Dominant Diminished Scale）

在兩個減七和弦琶音的音符間插入一個上行半音，即以半音和全音交替出現所構成的音階結構稱為「屬減音階（Dominant Diminished Scale）」，或稱作「半－全減音階（Half－Whole Diminished Scale）」

範例：C Dominant Diminished Scale

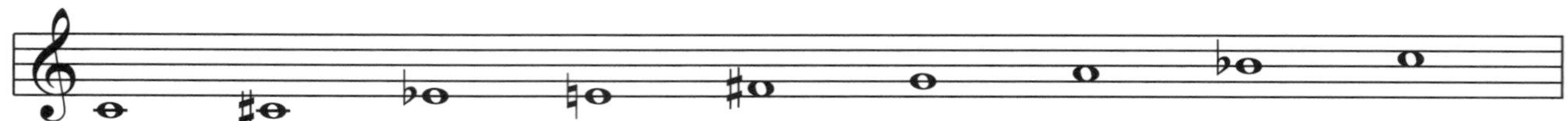

屬減音階的指型

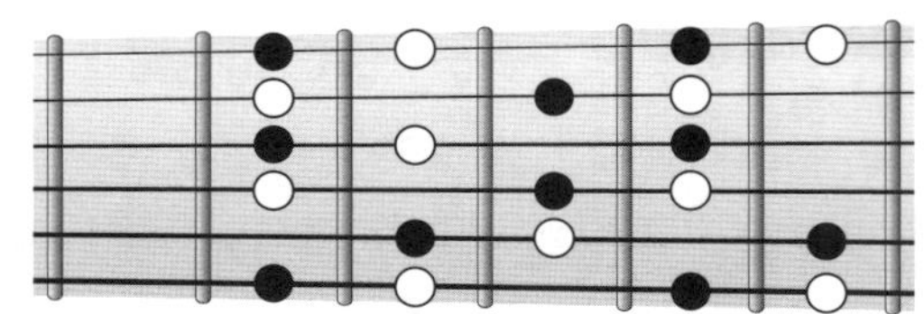

黑色實心的圓點都是可以當作根音的位置，這些黑色實心的圓點其實就是減七和弦琶音。

1 練習 Practice　B Dominant Diminished Scale八分音符上下行

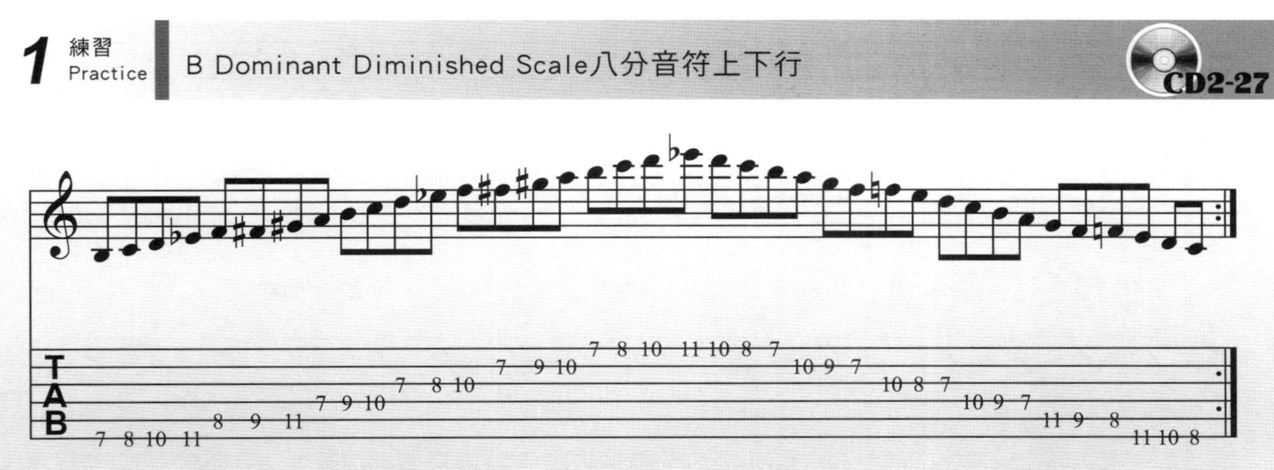

2 練習 Practice　B Dominant Diminished Scale十六分音符上下行

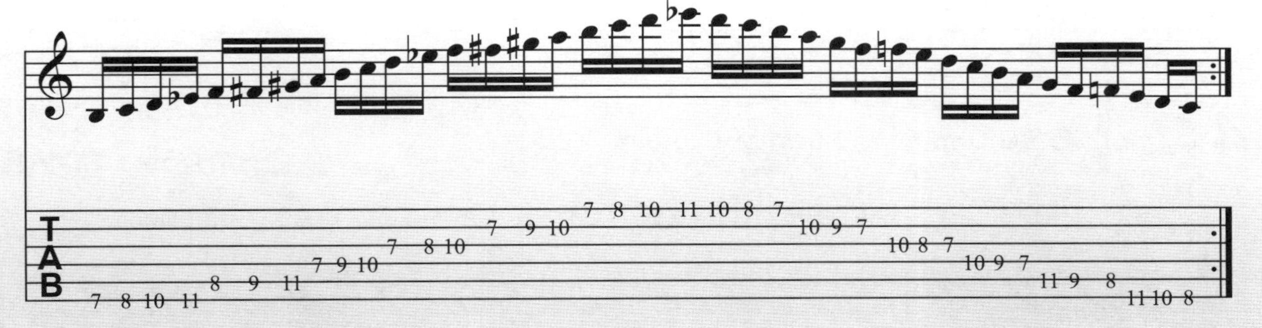

屬減音階的使用時機

屬減音階可以被視為減音階的VII級調式，例如B屬減音階＝C減音階。而減音階可以從一個屬七和弦根音的小二度、大三度、五度、小七度來當作該屬七和弦旋律的素材，也就是屬減音階可以從一個屬七和弦的根音來當作該屬七和弦旋律的素材，屬減和弦的音階結構裡剛好包含了基本屬七和弦必要的結構（根音、大三度、完全五度、小七度），其他的音符也具有變化音階的特質。

屬減音階公式：1－♭9－♯9－3－♯11（♭5）－5－6（13）－♭7

我們可以看出這個音階結構也適合用於X7（♭9）、X7（♯9）、X7（♭5）、X13（♯11）等變化和弦。

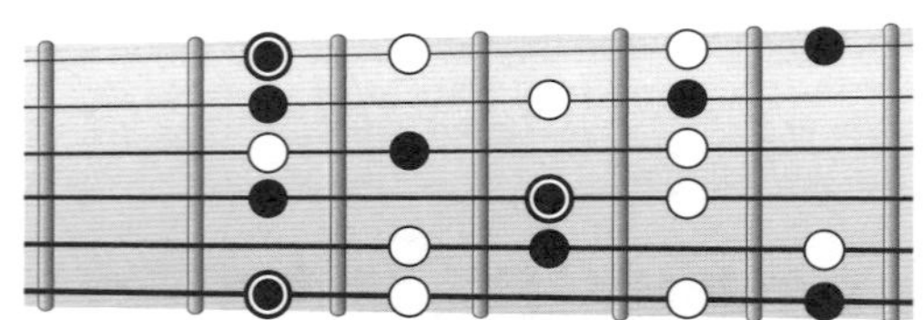

以Pattern #4的把位為例，屬減音階與屬七和弦的關係如上圖，黑色實心的圓點是屬七和弦琶音的位置，從這個圖可以看出屬七和弦琶音也可以當作屬減音階的主結構。

1 練習 Practice E Diminished Scale

CD2-28

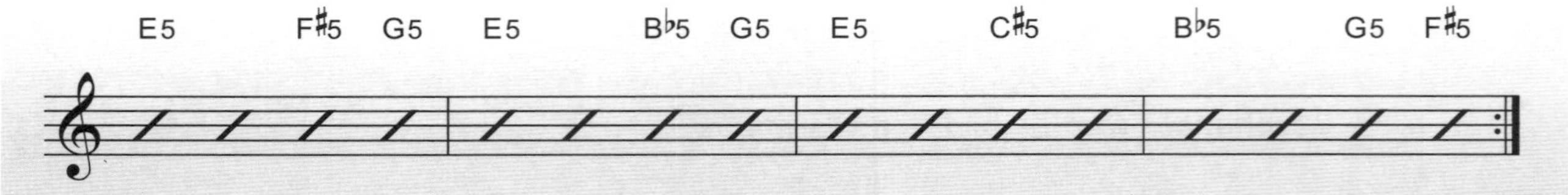

E5 F♯5 G5 | E5 B♭5 G5 | E5 C♯5 | B♭5 G5 F♯5

2 練習 Practice B♭dim7使用B♭ Diminished Scale，其餘和弦使用G大調

CD2-29

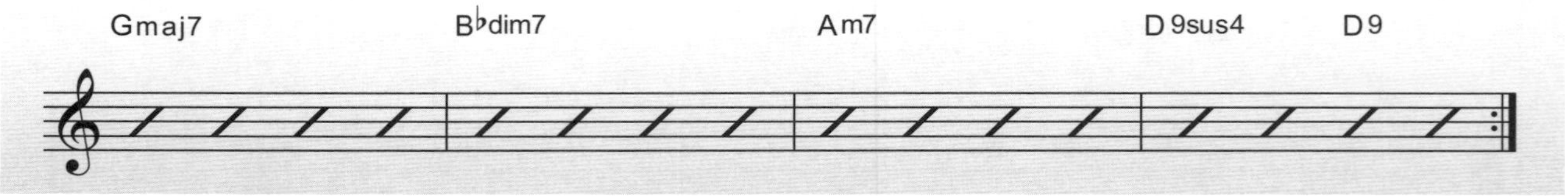

Gmaj7 | B♭dim7 | Am7 | D9sus4 D9

3 練習 Practice G7♭9使用G Dom Diminished Scale，其餘和弦使用C小調

CD2-30

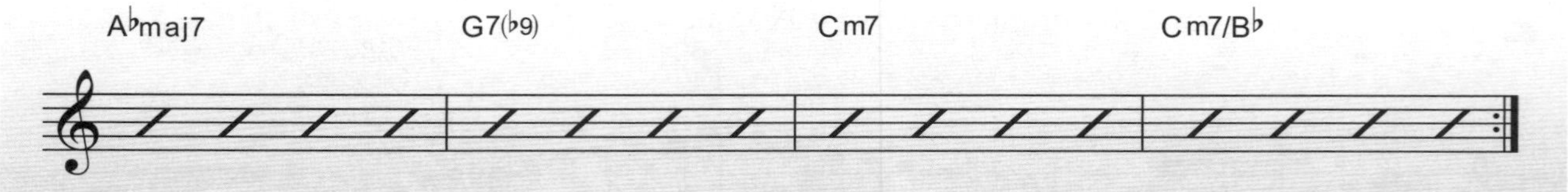

A♭maj7 | G7(♭9) | Cm7 | Cm7/B♭

4 練習 Practice 結合G Diminished Scale、G Blues

CD2-31

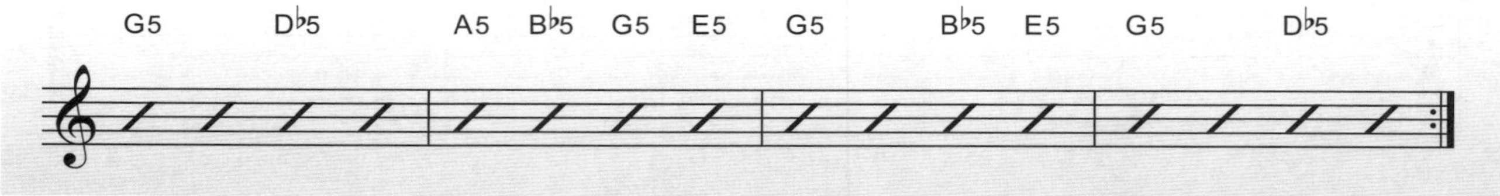

G5 D♭5 | A5 B♭5 G5 E5 | G5 B♭5 E5 | G5 D♭5

5 練習 Practice 分析下列和弦進行並即興演奏

CD2-32

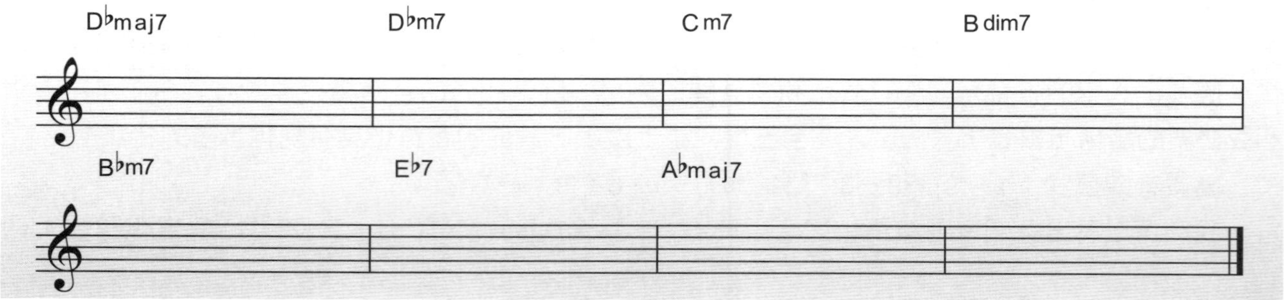

D♭maj7 | D♭m7 | Cm7 | Bdim7

B♭m7 | E♭7 | A♭maj7 |

屬減音階的參考樂句

1 練習 Practice　B Dom-Diminished Scale在B7和弦裡

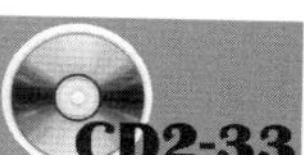

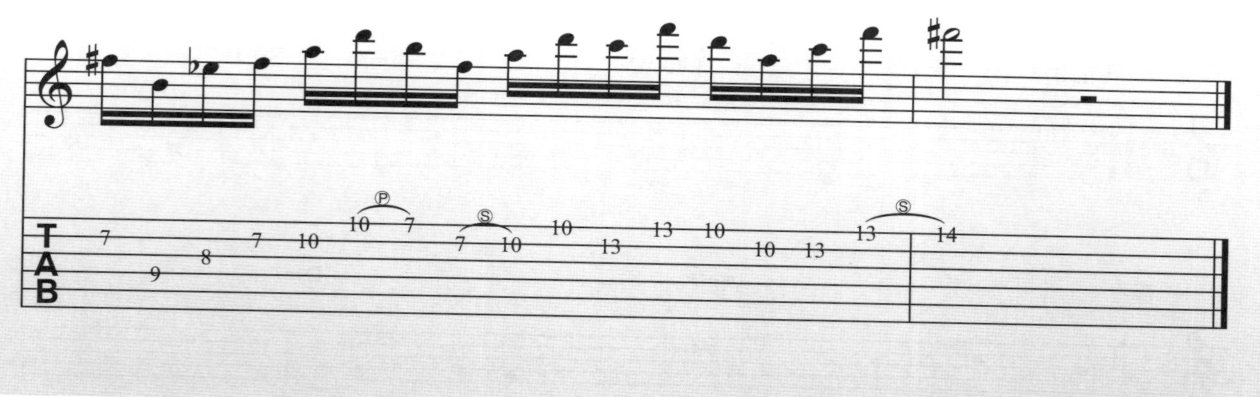

2 練習 Practice　B Dom-Diminished Scale在B7和弦裡

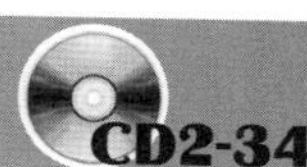

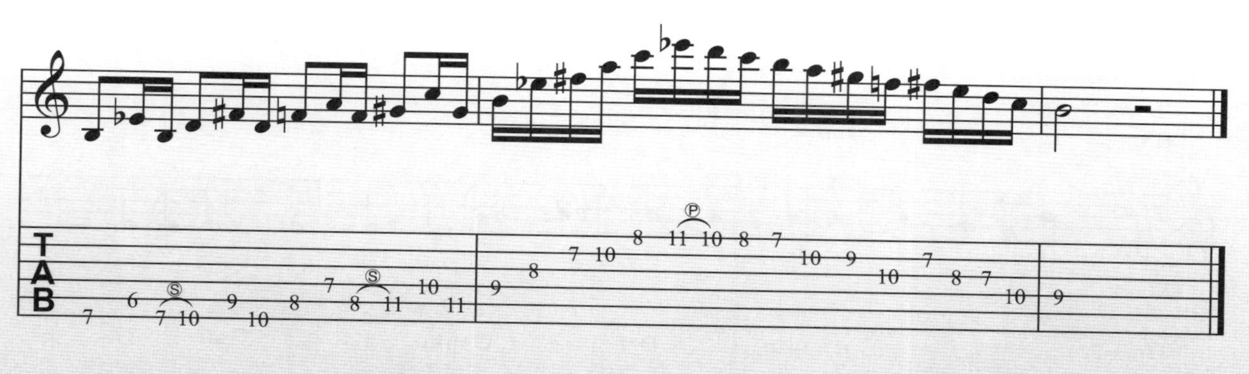

旋律視奏

這是一首爵士名曲，由教師彈奏和弦進行，學生彈奏旋律，本曲視奏宜不斷反覆練習。

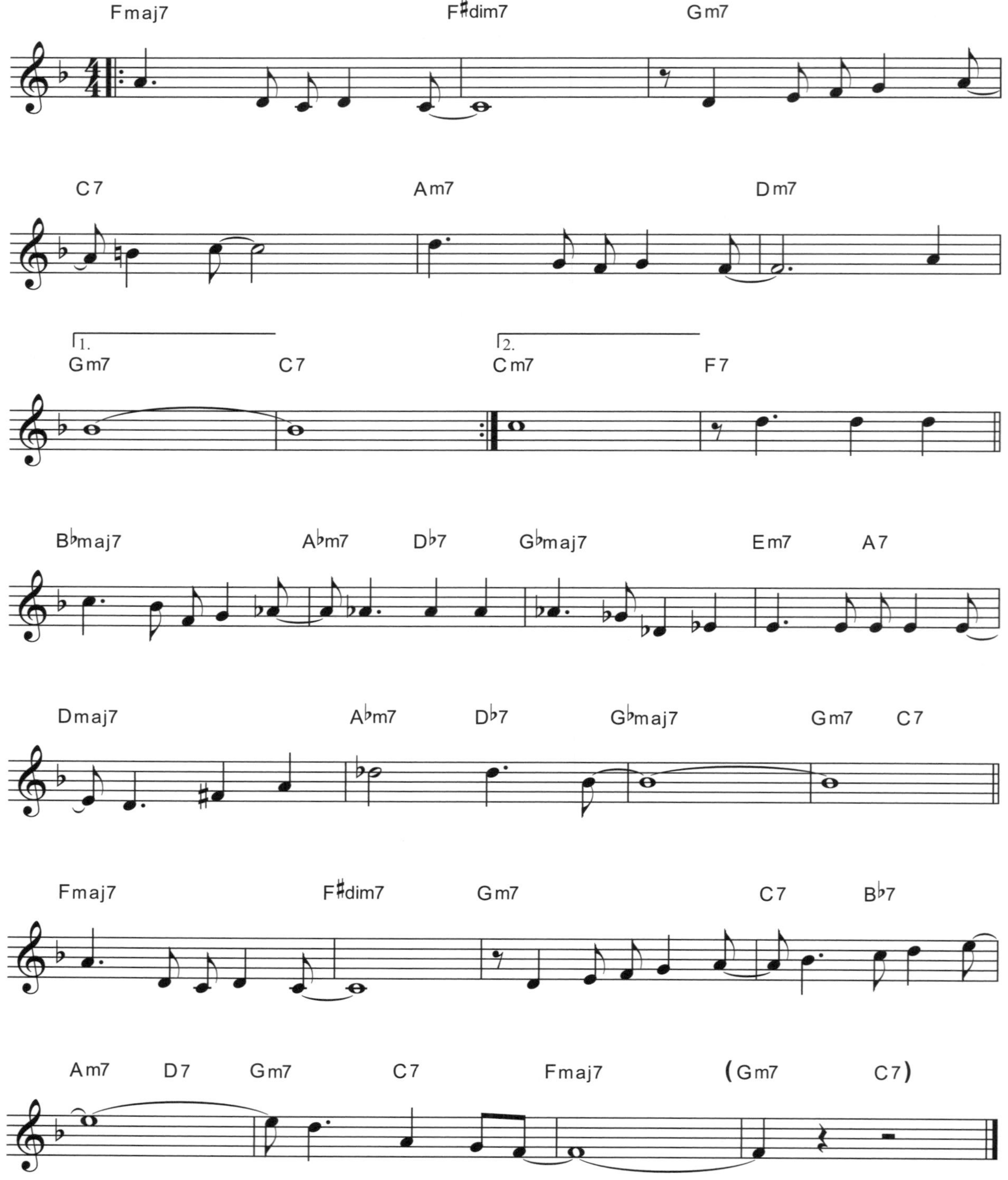

第10週課程

全音階（Whole Tone Scale）

全音階也是對稱型音階的其中一種，完全以全音程建立，在一個八度裡只有六個音，而非一般音階的七個音，這表示我們寫這個音階的時候，會有一個音名被省去，只要音階音程的結構是正確的，任何一個音階裡的音符都可以當作主音，而這個音階的寫法也會根據上下行而有所不同。

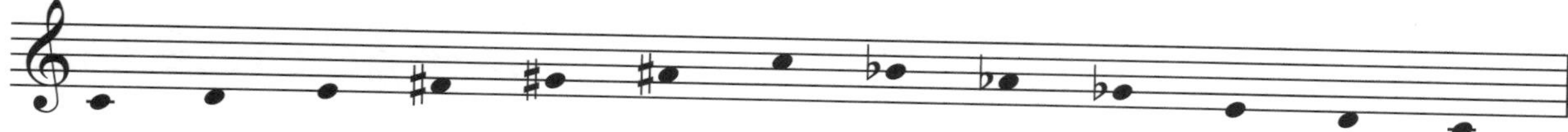

全音階與半音階結構類似，是由相同距離的音程相疊而成，但與半音階不相同的是，全音階在流行音樂中有一定的實際功能，尤其是全音階使用在變化屬七和弦上，全音階可以用以下的公式表示：

1－2（9）－3－♭5（♯11）－♯5（♭13）－♭7

從這個公式很明顯的具有單一屬七和弦的基本結構（1、3、♭7），所以可以説全音階可以當作單一屬七變化和弦（尤其是五度音變化）的和弦音階使用。

全音階的指型

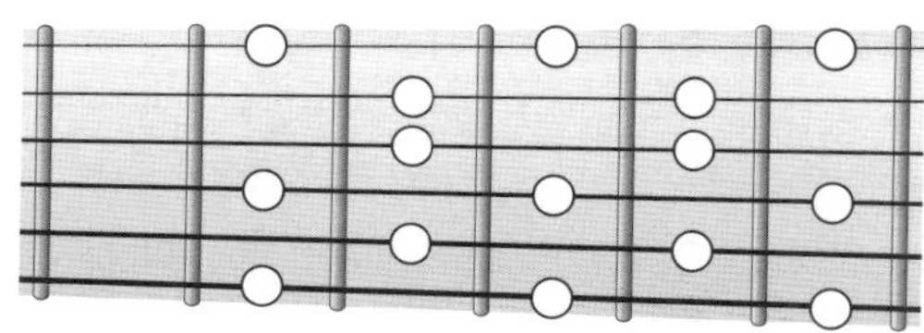

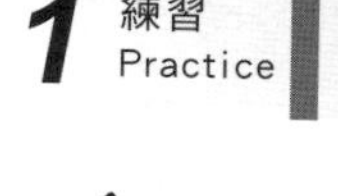
1 練習 Practice

G Whole Tone Scale，八分音符上下行

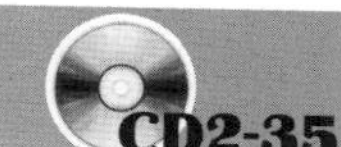

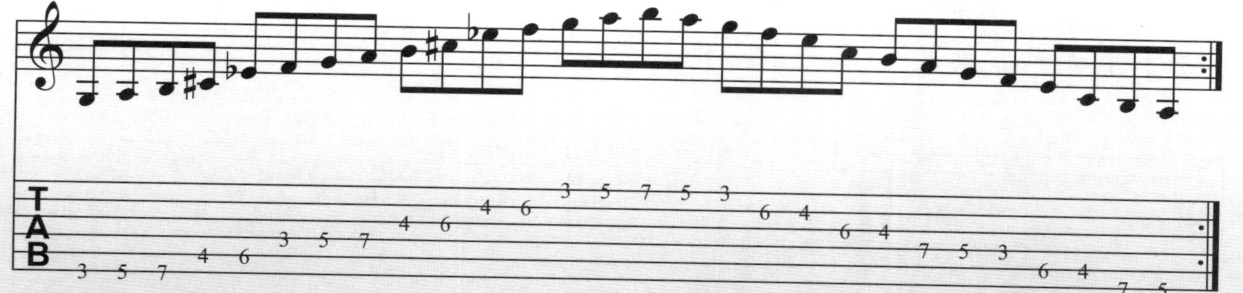

2 練習 Practice　G Whole Tone Scale，十六分音符上下行

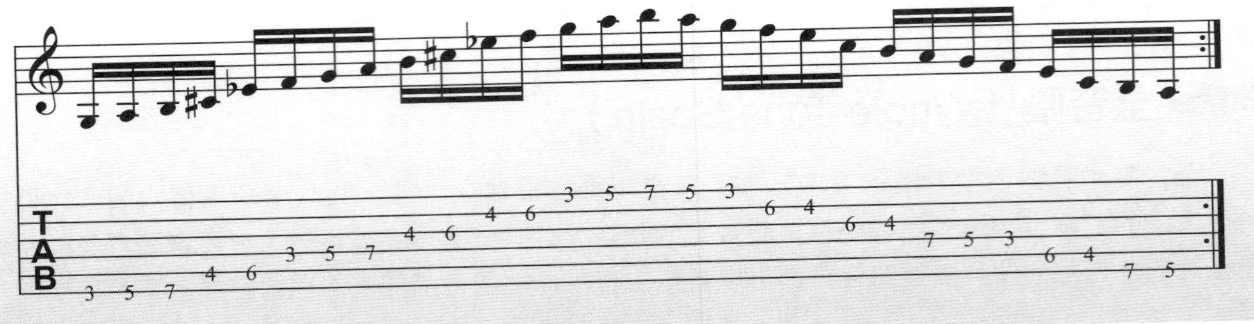

3 練習 Practice　G Whole Tone Scale，八分音符三連音模進

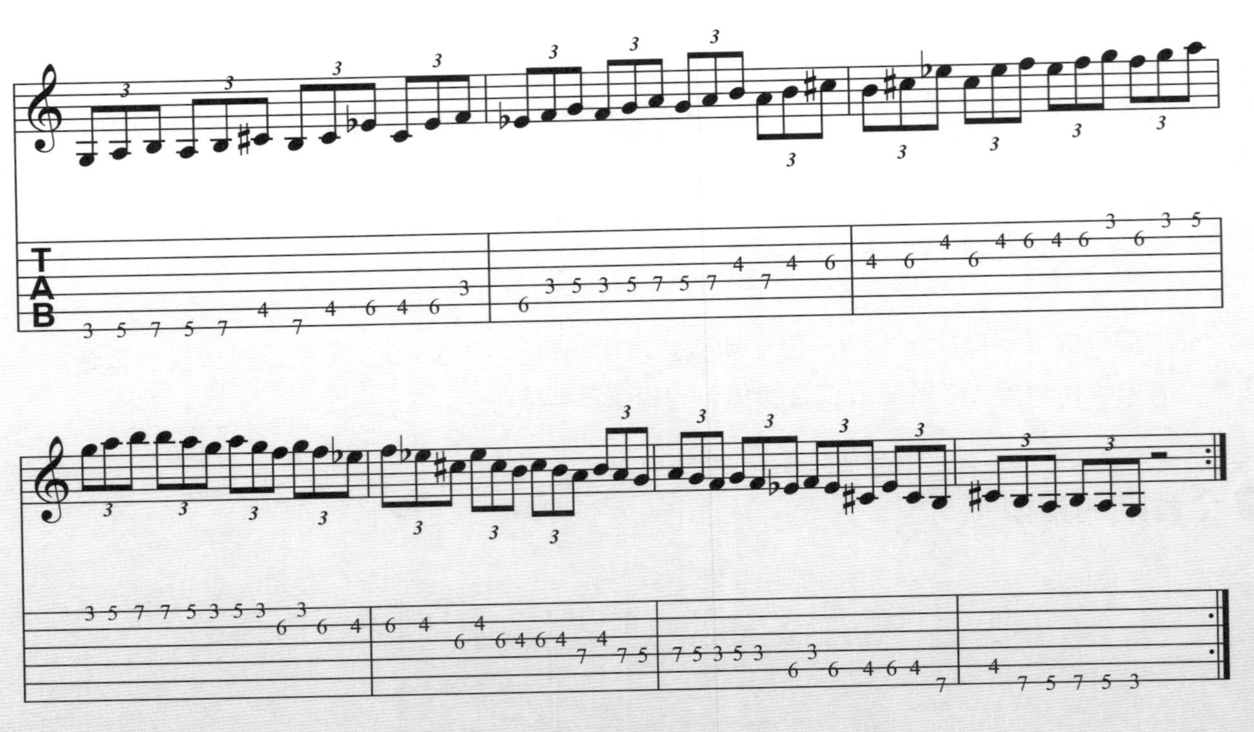

4 練習 Practice　G Whole Tone Scale，十六分音符模進

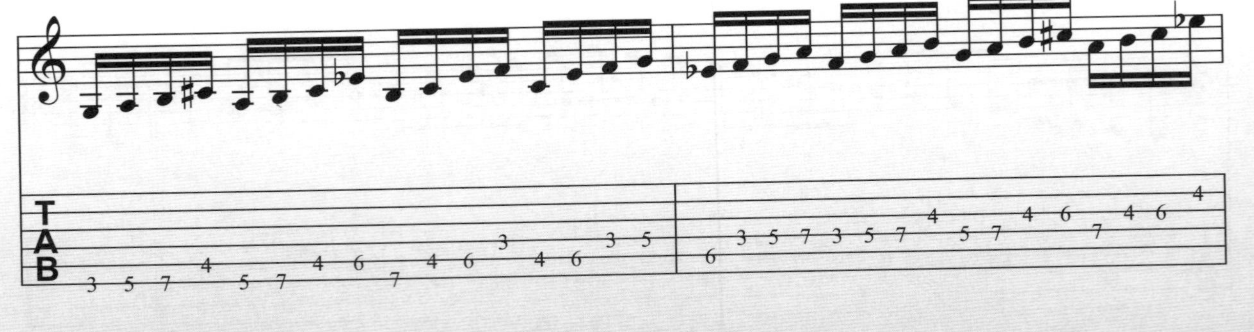

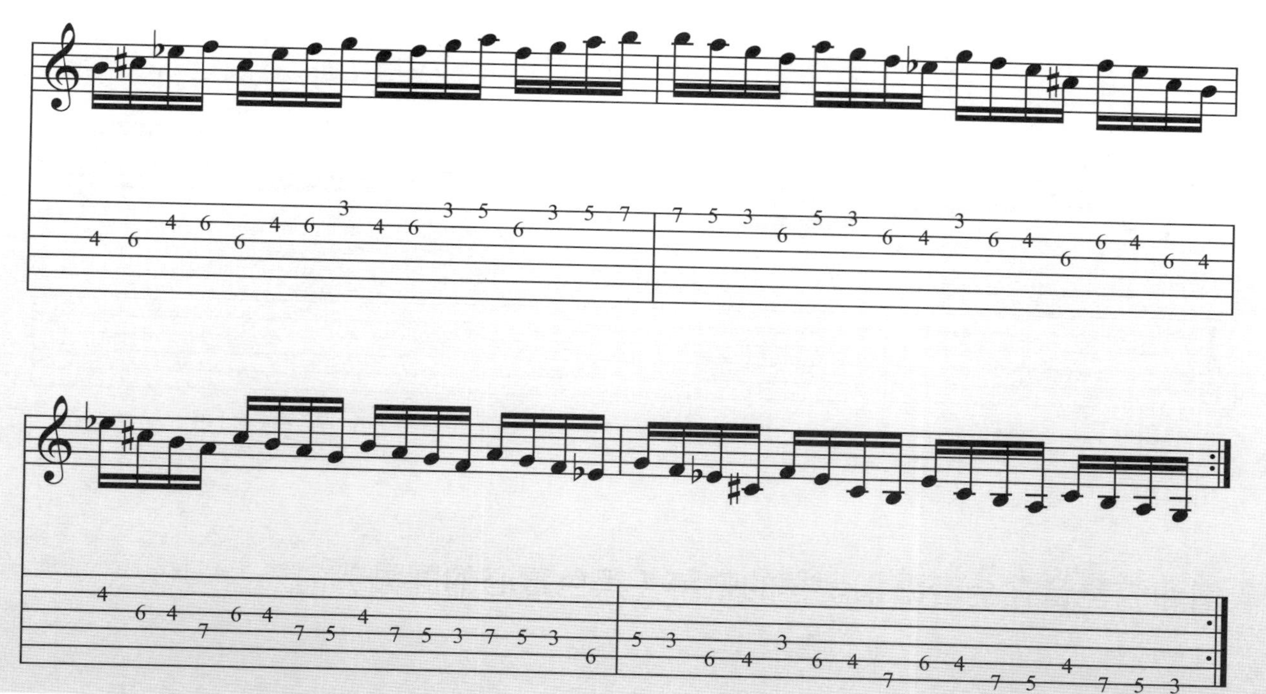

增和弦琶音（Augmented Arpeggio）

增和弦是由根音、大三度、增五度所組成，公式寫成：1-3-#5。以C作為根音的增和弦包含有C、E、G#三個音符，特別注意的是C~E；E~G#間的音程都是一個大三度，而一個「大三度」卻是由兩個「全音」相疊而成。所以「C增和弦琶音（C、E、G#）」與「E增和弦琶音（E、G#、C）」與「G#增和弦琶音（G#、C、E）」都有著相同的音符。這三個增和弦琶音都可以被包含在一個以C（或E、G#）為主音的「全音階」裡（C – D – E - F#/G♭ - G# - B♭）。也就是說全音階裡的任何一個音符都可以架構一個增和弦琶音來做為該全音階的主要架構或旋律題材。

增和弦琶音的指型

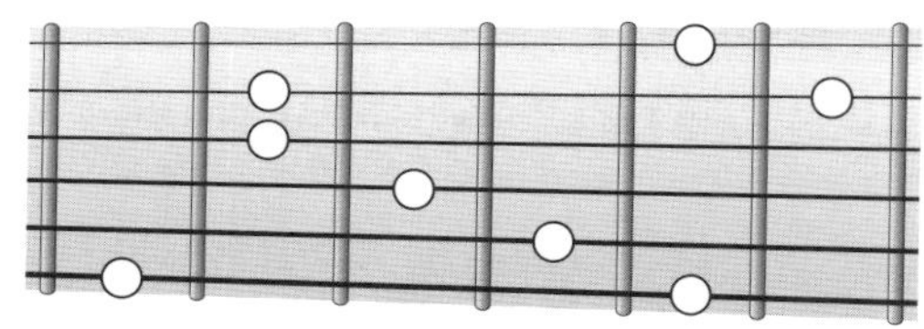

1 練習 Practice　G Augmented Arpeggio，八分音符上下行　CD2-36

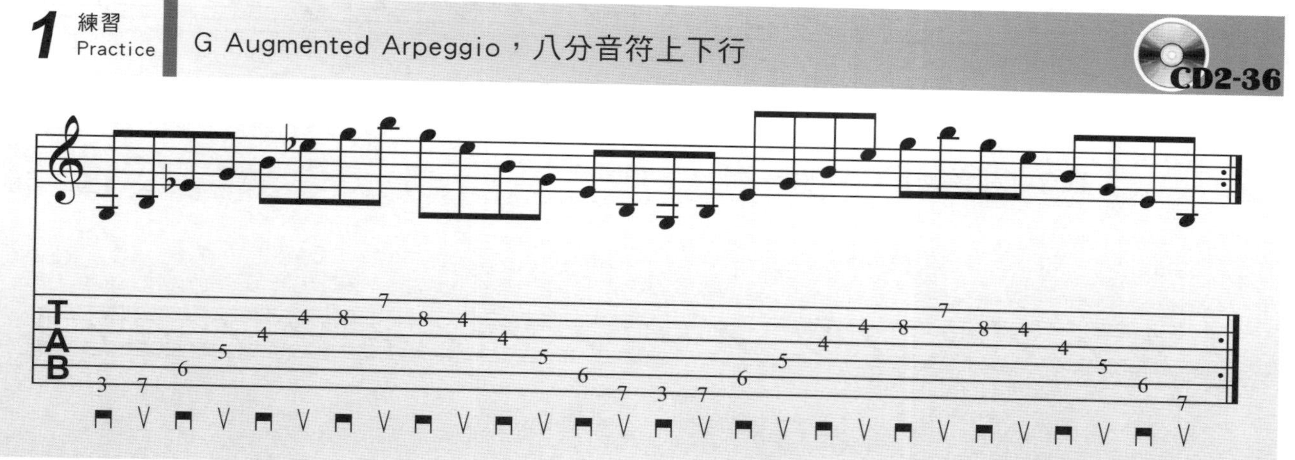

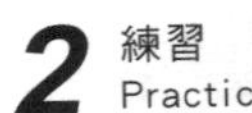

2 練習 Practice　G Augmented Arpeggio，十六分音符上下行

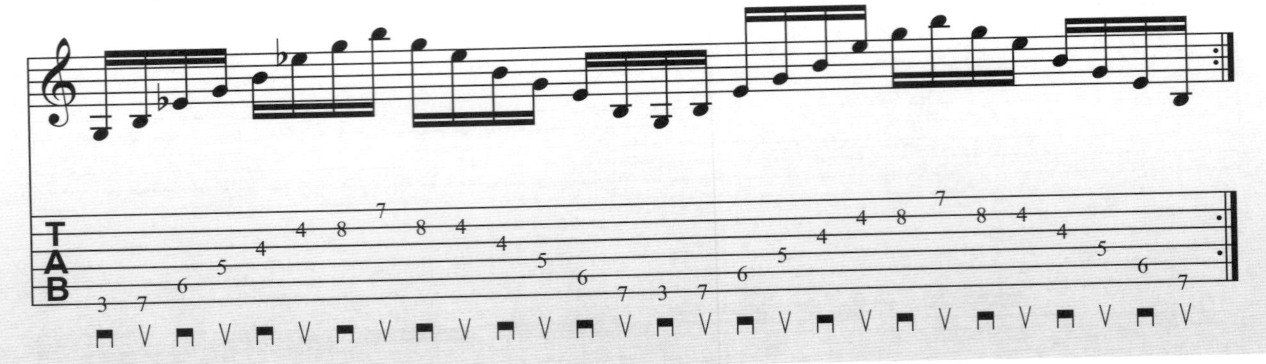

增和弦琶音在全音階指型裡的軌跡（黑色實心的圓點）

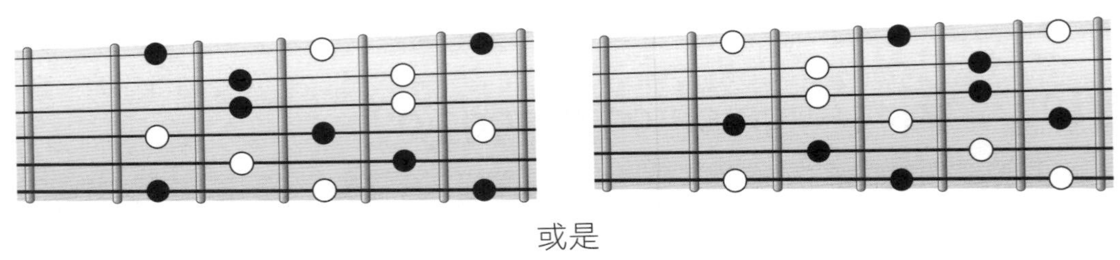

或是

全音階與增和弦琶音的使用時機

1、增三和弦：X+

2、屬七和弦具有五度變化音程：X+7、X7(#5)、X7(♭5)、X9(#5♭5)……

3、單一屬七和弦欲營造不和諧張力

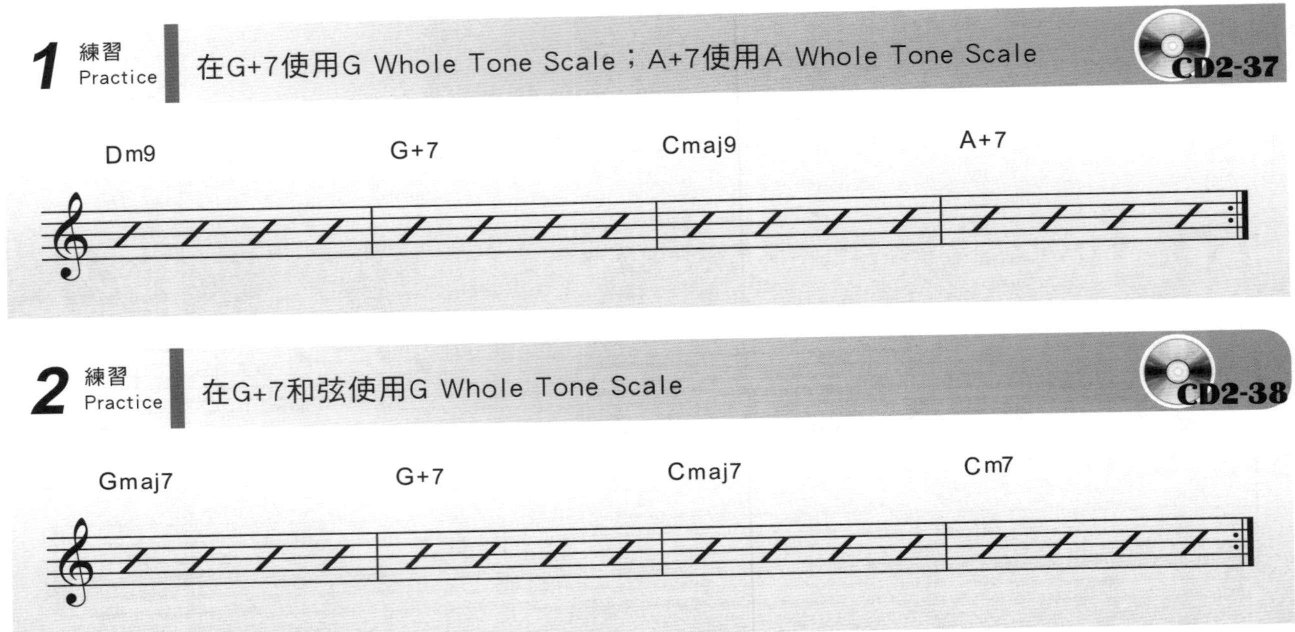

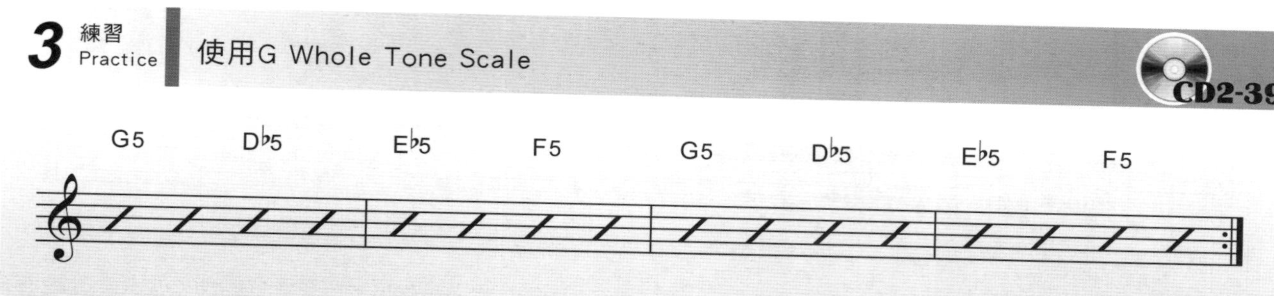
3 練習 Practice
使用G Whole Tone Scale
CD2-39
G5 D♭5 E♭5 F5 G5 D♭5 E♭5 F5

全音階參考樂句

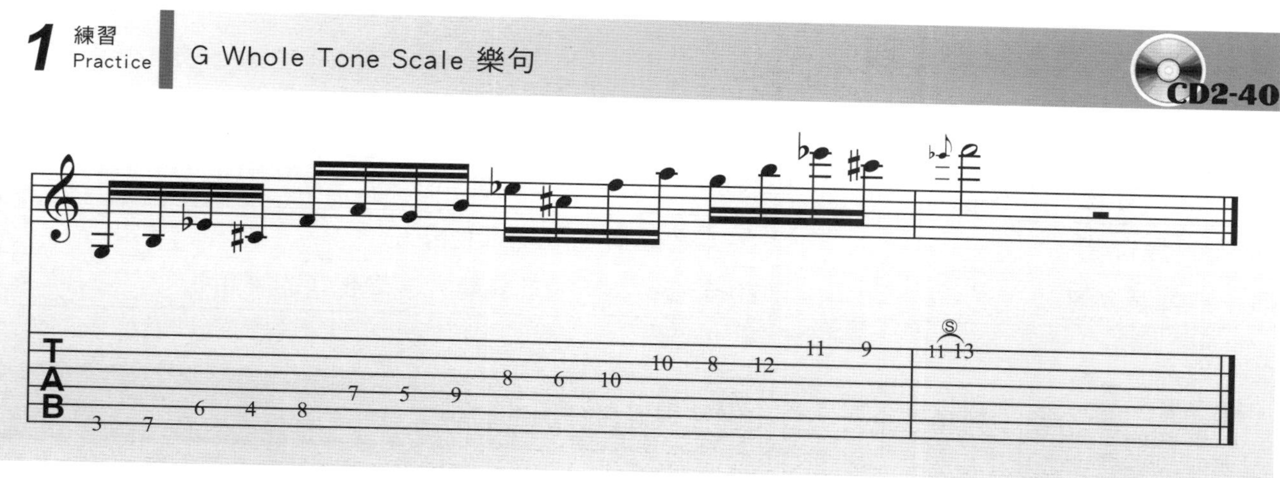
1 練習 Practice
G Whole Tone Scale 樂句
CD2-40
TAB

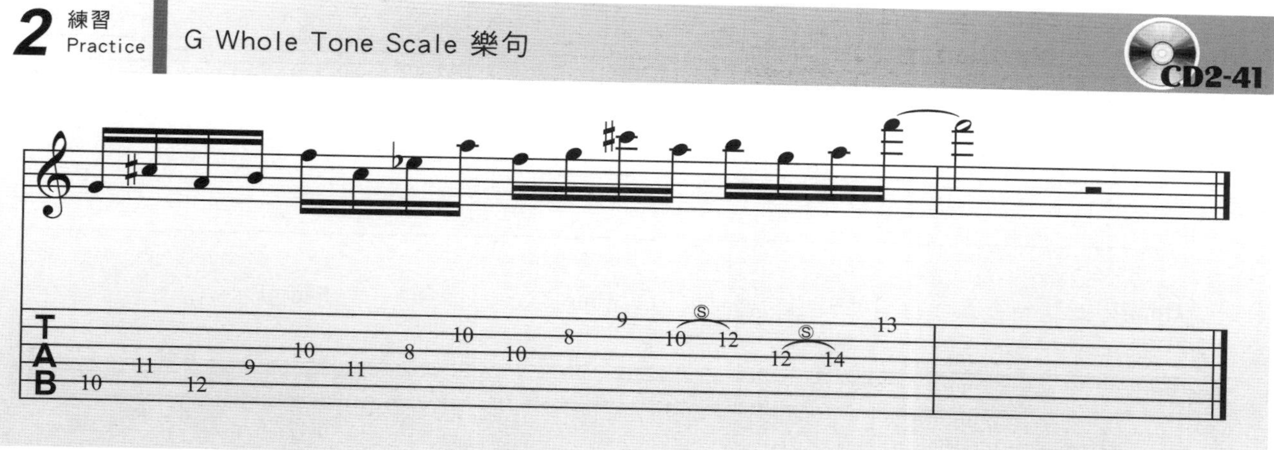
2 練習 Practice
G Whole Tone Scale 樂句
CD2-41
TAB

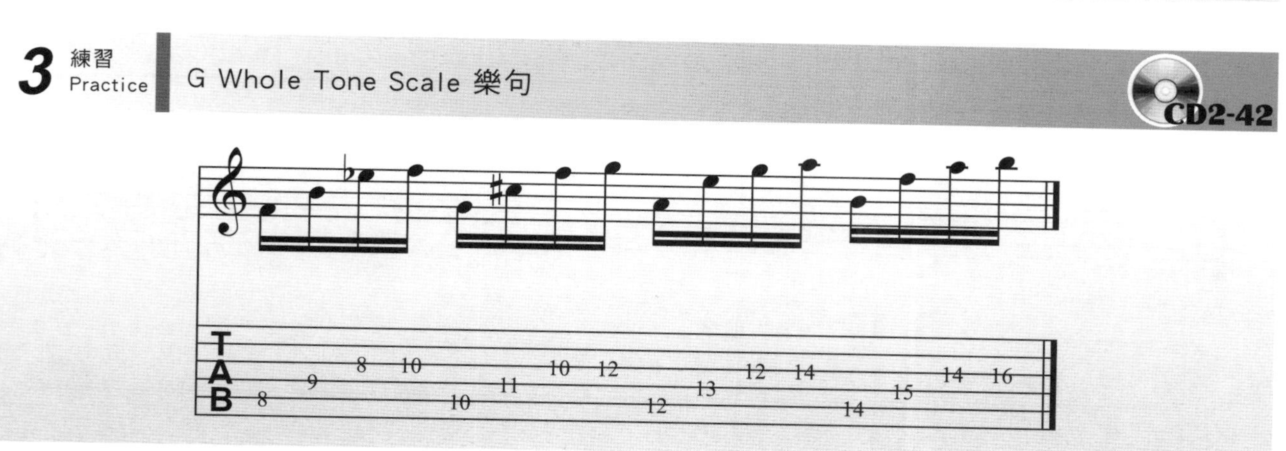
3 練習 Practice
G Whole Tone Scale 樂句
CD2-42
TAB

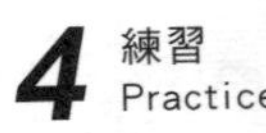

G Whole Tone Scale 樂句

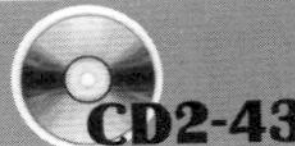

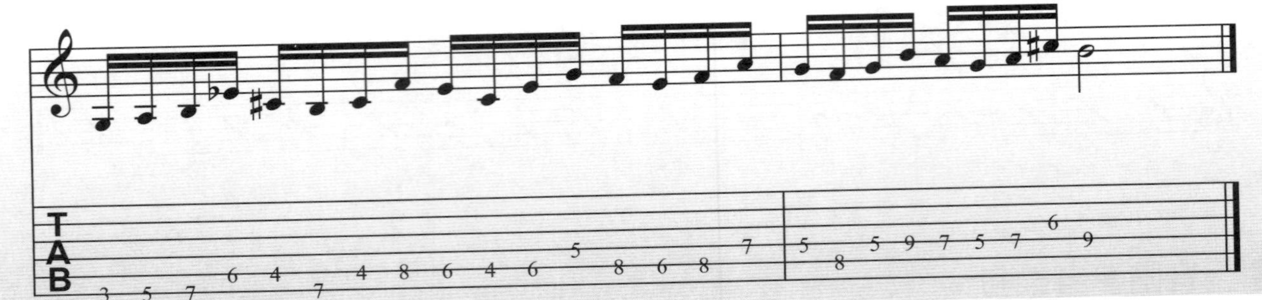

對稱型音階重點總整理

半音階	正確的表示半音的升降
全音階	用於具有五度變化音的屬和弦
減音階	全音-半音結構，用於減七和弦
屬減音階	半音-全音結構，用於具有九度變化音的屬和弦

1 練習 Practice　分析下列和弦進行，寫出調性與適合使用的對稱型音階

Cmaj7　A+7　Dm9　G7(♭9)

級數： Imaj7 ______ ______ ______

音階：______

Cmaj7　C7(♯9)　Fmaj7　F♯dim7

級數： ______ ______ ______ ______

音階：______

C6/G　A7(♯9)　A7(♭9)　Dm9　G+7　Cmaj9

級數： ______ ______ ______ ______ ______ ______

音階：______

減五和弦代換（Flat Five Substitution）

在現代音樂中，尤其是爵士樂，另一種常見的和弦代換的手法就是減五和弦代換，也常被稱為「降二代五」。這指的是一個「有作用（Functioning）」的屬七和弦被它自己的根音算起減五度的屬七和弦代換掉，這樣的情況將不會造成和弦進行原來的作用，會有所改變的是低音旋律線（Bassline）與聲響引導（Voice leading）。這是因為這兩個屬七和弦共用同一個「三全音（Tritone）」。

三全音（Tritone）

「三全音」是減五度（或增四度）的別稱，這種音程是由三個全音所組成的，例如：C~D、D~E、E~F♯（G♭）是三個全音程，C~F♯（G♭）就是增四度/減五度。所以「增四度/減五度」這種音程才會有這樣的名稱「三（Tri）全音（tone）」。而所有的屬七和弦在自己的大三度音和小七度音之間都包含了一個三全音（減五度）的音程。

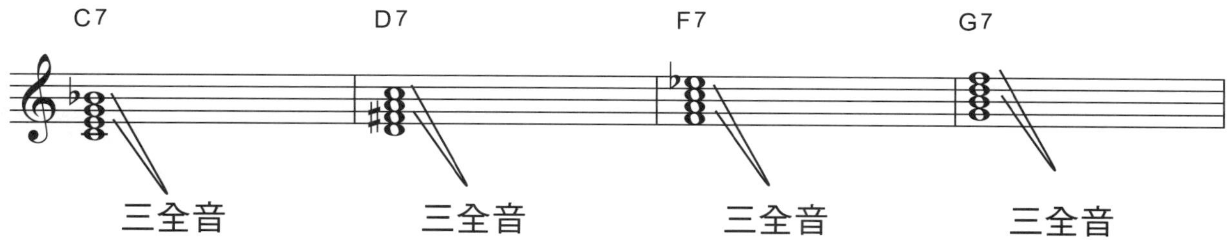

「三全音」是不和諧的音程，而這樣的不和諧的張力存在於屬七和弦之中，會讓這個屬七和弦有一種極欲被解決回和諧的主和弦的感覺。在減五和弦的代換中，代換和弦同樣的也包含了與原本屬七和和弦相同的「三全音」，所以代換和弦也可以使用同樣的主和弦來獲得解決。因此減五和弦代換也稱為「Tritone Substitution」。例如：

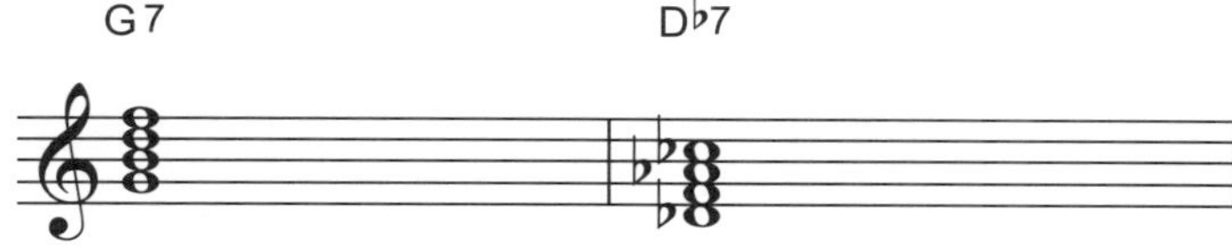

G7的大三度是「B」；D♭7的小七度是「C♭（B）」；G7的小七度是「F」；D♭7的大三度是「F」，G7與D♭7共用相同的「三全音」。我們再來看G7與D♭7這兩個屬七和弦在和弦進行裡解決回主和弦的例子：

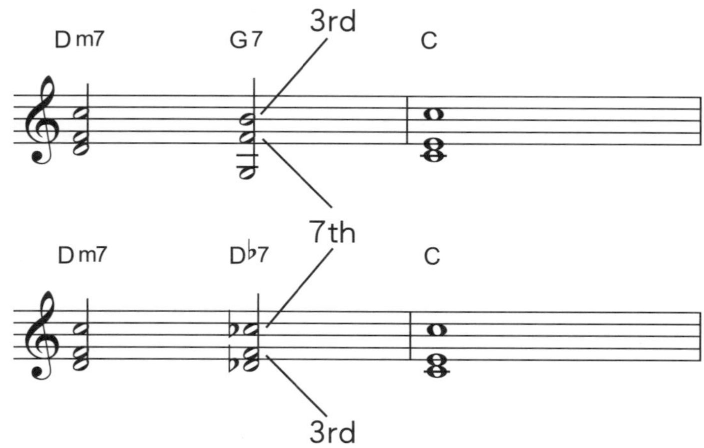

G7的大三度音「B」向上推至主和弦C的根音「C」獲得解決，而 G7 的小七度音「F」向下推至主和弦C的大三度音「E」獲得解決；D♭7的大三度音「F」向下推至主和弦C的「E」獲得解決，而小七度度音「C♭（B）」，向上推至主和弦C的根音「C」獲得解決。

減五和弦代換的分析

減五和弦代換最明顯是使和弦進行產生半音下行的根音旋律線（Bassline）。在上述的例子裡，Bassline從Dm7到D♭7再到C，根音的旋律線是半音下行，而非從Dm7跳到G7再到C。這樣的效果在Bass的部分製造了更流暢的Voice leading。

我們將這種代換和弦以「♭II7」表示，除了一般的V7－I的屬七和弦解決模式外之外，我們現在可以加入一個新的模式，那就是以屬七和弦向下一個半音來獲得解決（♭II7－I）。

這種代換和弦只能運用在「有作用的屬七和弦（Functioning Dominent 7th）」，不向主和弦推進獲得解決的屬七和弦無法有這樣的效果。同時這種代換手法只能運用在屬七系列的和弦中（包括延伸和弦和變化和弦），不能運用在其他類型和弦中。

當然這種代換和弦手法在任何「有作用的（Functioning）」「次屬和弦」也行的通。例如在C大調中，G♭7－Fmaj7的和弦進行可以分析為♭II7/IV－IVmaj7。

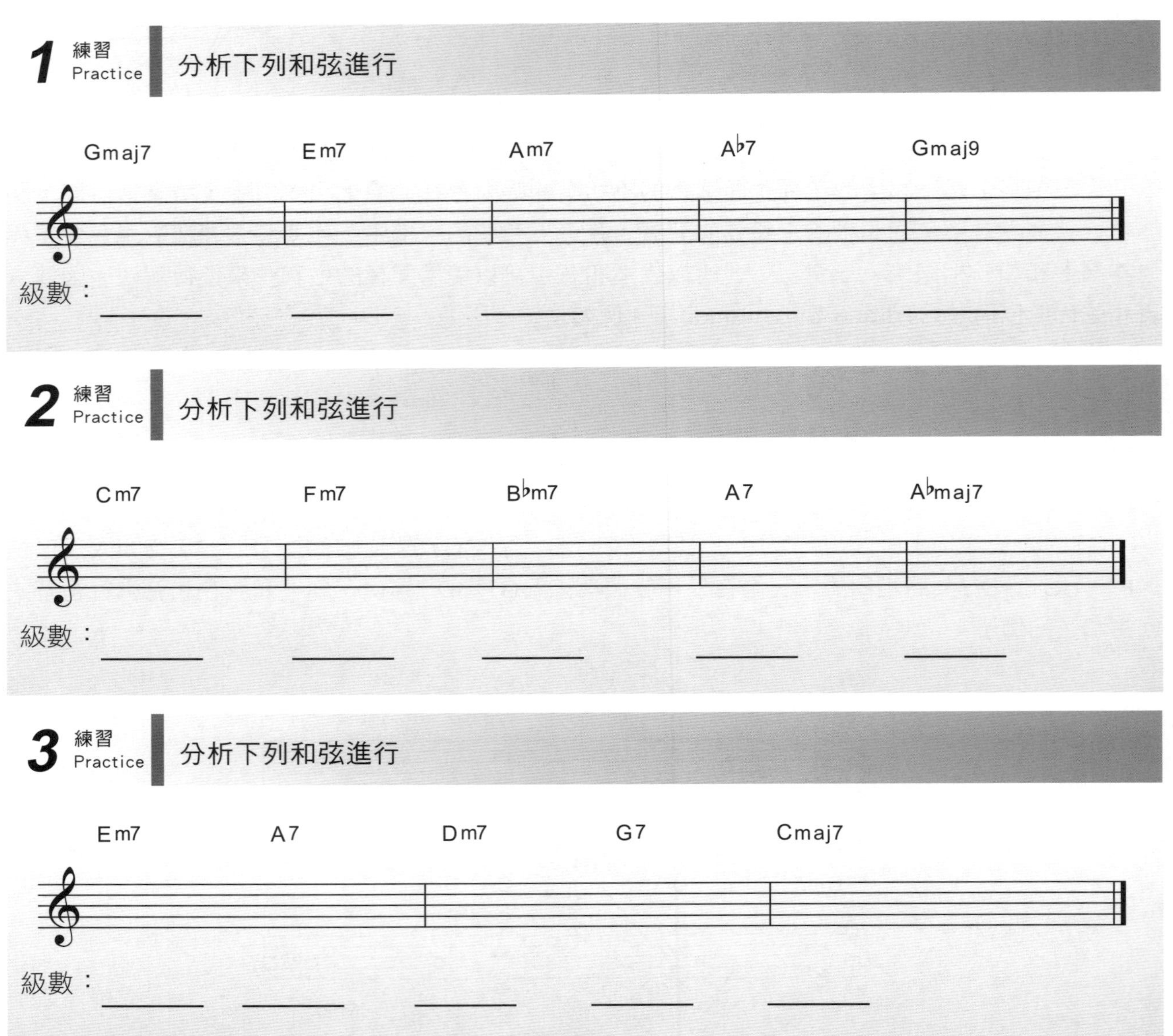

4 練習 Practice 分析下列和弦進行

5 練習 Practice 分析下列和弦進行

6 練習 Practice 分析下列和弦進行

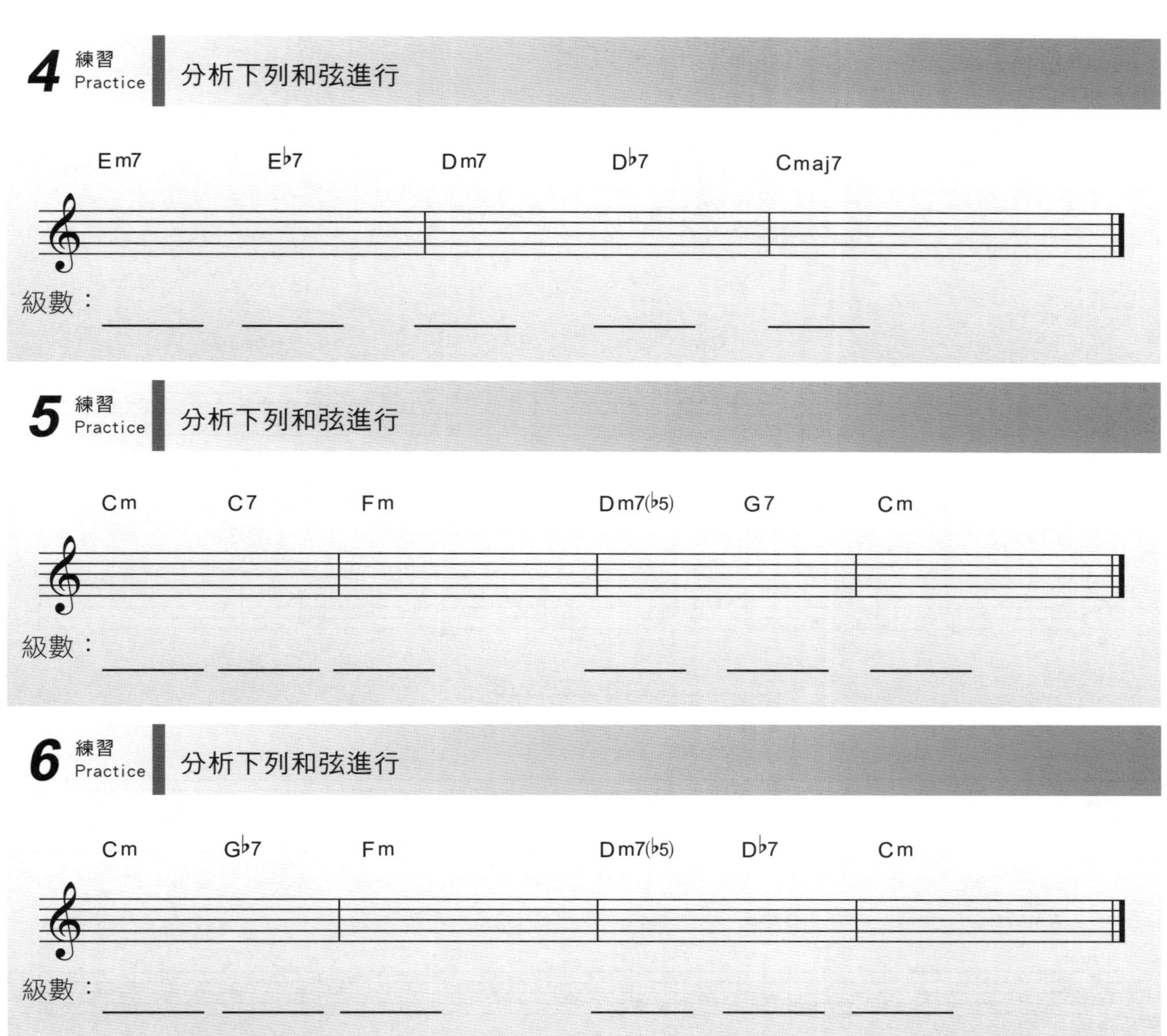

旋律視奏

這是一首爵士名曲，由教師彈奏和弦進行，學生彈奏旋律，本曲視奏宜不斷反覆練習。

Autumn Leaves

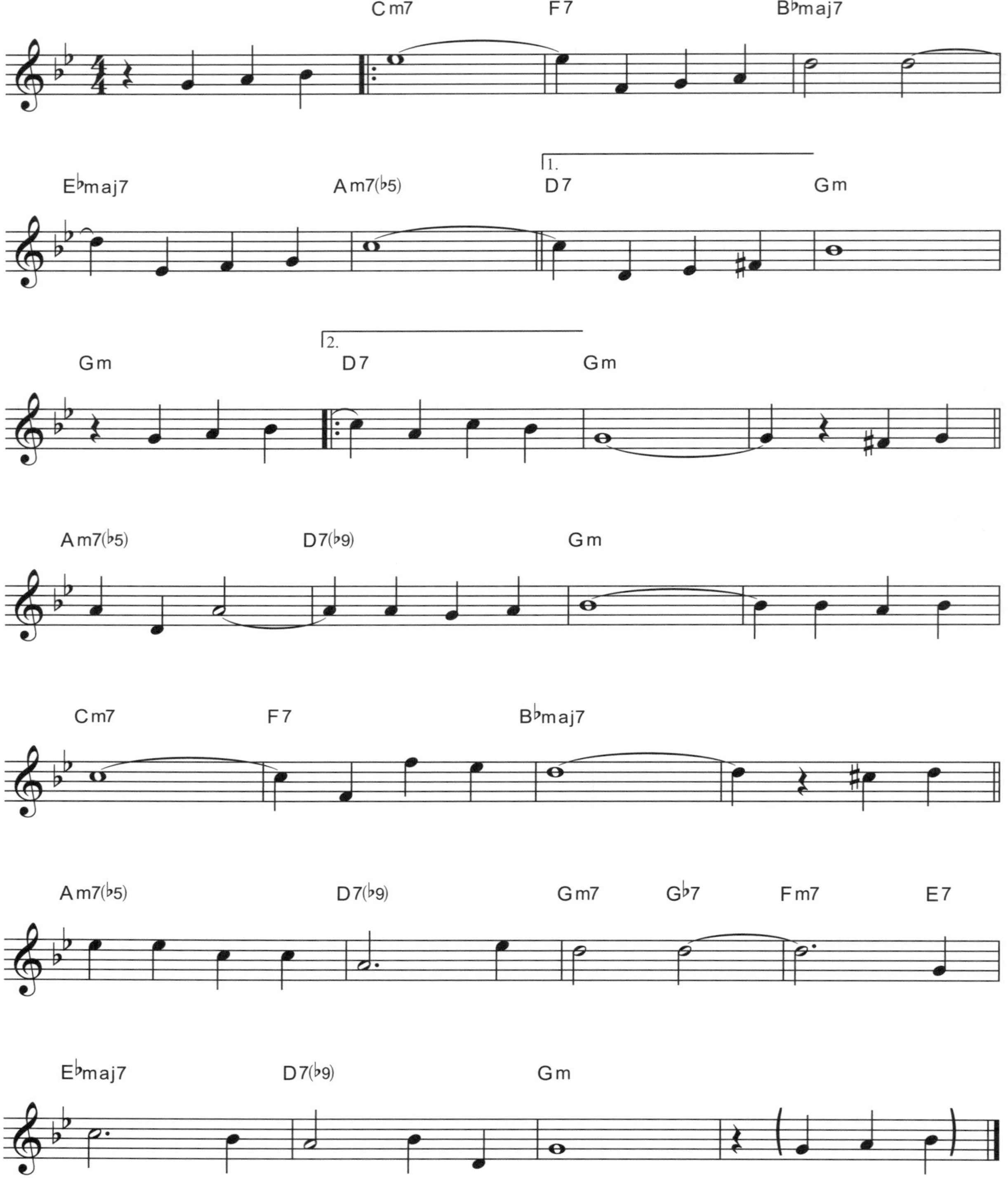

第11週課程

斜線記號和弦（Slash Chord）的分析

斜線記號和弦是一種在和弦組成音高低排列上最低音不是根音的和弦，在斜線記號右邊的音符即是最低音；在斜線左邊的是和弦。例如：Cmaj7/G，通常唸作「C major 7th on G」。斜線記號和弦在使用上可以加入一個不同於一般的低音旋律線走向，或者只是給一個普通的和弦產生更有趣的聲響效果。在之前的章節我們曾經介紹過斜線記號和弦的四種型式：

1、表示轉位三和弦或七和弦
2、不完整的九和弦、十一和弦或十三和弦
3、一個被拼寫錯的（Misspell）本位七和弦
4、用標準記號難以表示的「聲音」

本章節，我們將詳細的討論每一種斜線記號和弦形式，並學習如何在這種和弦上進行即興演奏分析。

表示轉位三和弦或七和弦

首先看這個斜線記號和弦的最低音（斜線右邊的音符）是否為斜線左邊和弦的和弦組成音，如果是的話，這個斜線記號和弦僅是斜線左邊和弦的「轉位和弦」。

範例：

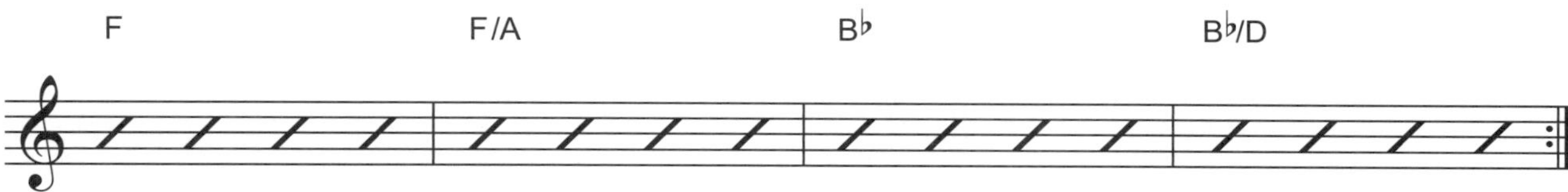

F/A，A是F和弦的三度音，所以該和弦組成音從低到高排列為A、C、F（F和弦的第一轉位），分析時將F/A視為一個F和弦。而B♭/D的最低音D也是B♭和弦的三度音，所以也將其視為B♭和弦的第一轉位和弦。因此，上述和弦進行可以視為：

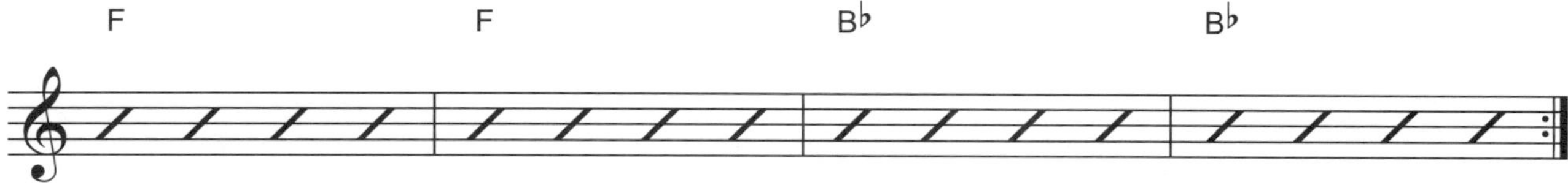

但BASS旋律線則以F－A－B♭－D移動。

七和弦的分析方法和三和弦一樣，以C/B♭為例，B♭是C的小七度，所以可視C/B♭為一個C7和弦或C7的第三轉位和弦。

1 練習 Practice　分析下列和弦進行並即興演奏

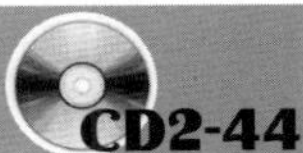

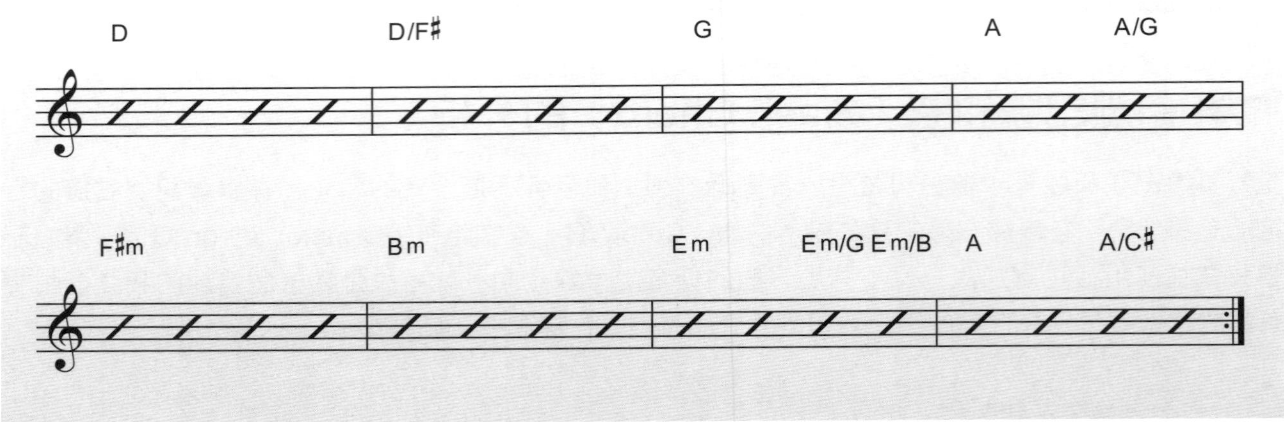

不完整的九和弦、十一和弦或十三和弦

斜線記號和弦的另一種形式，表示一些和弦組成音不完全被彈奏出來的特定和弦，這種和弦通常具有某種特別的風味。相同的，在第一眼看到斜線記號和弦的第一個步驟就是判斷最低音是否為斜線左邊和弦的組成音（三度、五度或七度音）？如果不是的話，這個斜線記號和弦則由「最低音」來當作和弦名稱命名的依據。

範例：

G/C，C不是G和弦的三度，也不是五度，也不是七度，所以這個和弦用C來命名，而G和弦的組成音是「G、B、D」，G是C的五度音；B是C的大七度音；D是C的大九度音，雖然沒有三度音，G/C仍然最接近「Cmaj9」，也常被視為「Cmaj9」，或稱之「Cmaj9 no 3rd」。

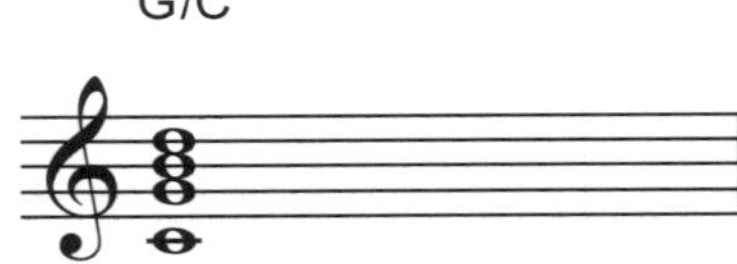

因此下面的和弦進行：

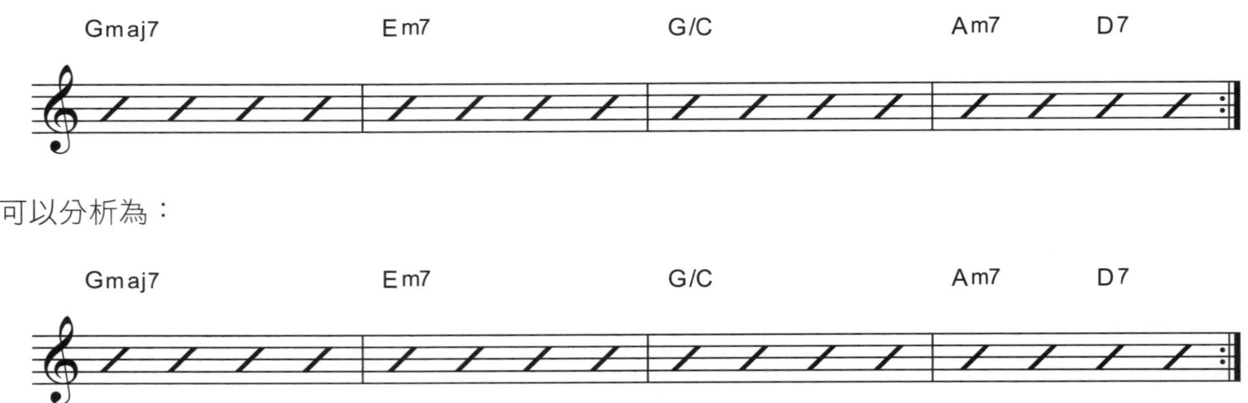

可以分析為：

1 練習 Practice 分析下列和弦

1、D/E＝ ______

2、Gmaj7/A＝ ______

3、Gm7/C＝ ______

2 練習 Practice 分析下列和弦進行並即興演奏

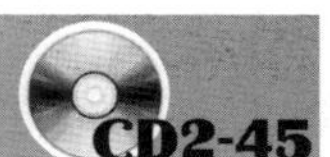

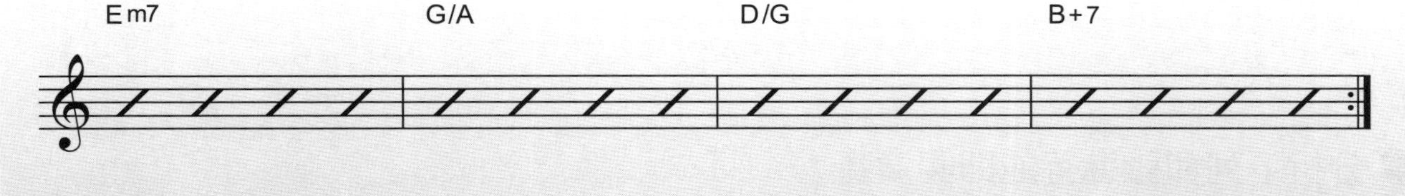

※「不完整的九和弦、十一和弦或十三和弦」這種斜線記號和弦最常見的有幾種型態：

♭VII/I型態：例如 A/B＝B9sus4；B♭/C＝C9sus4

V/I型態：例如 F/B♭＝B♭maj9；C/F＝Fmaj9

一個被拼寫錯的（Misspell）本位七和弦

有時樂手們會將普通的和弦用特殊的和弦記法記錄，這可能是要表現特定某個部份的聲響，再一次地，在第一眼看到斜線記號和弦的第一個步驟就是判斷最低音是否為斜線左邊和弦的組成音（三度、五度或七度音）？如果不是的話，這個斜線記號和弦則由「最低音」來當作和弦名稱命名的依據。

1 練習 Practice 分析下列和弦

1、Em7/C＝ Cmaj7

2、Am/F＝ ______

3、C/A＝ ______

4、Edim/C＝ ______

用標準記號難以表示的「聲音」

絕大部份這個形式的斜線記號和弦都是「變化屬和弦（Altered Dominant）」的聲音，將這些聲音用斜線記號和弦表示或許是對於編曲者要達到心目中的聲響效果的比較簡單的方式。

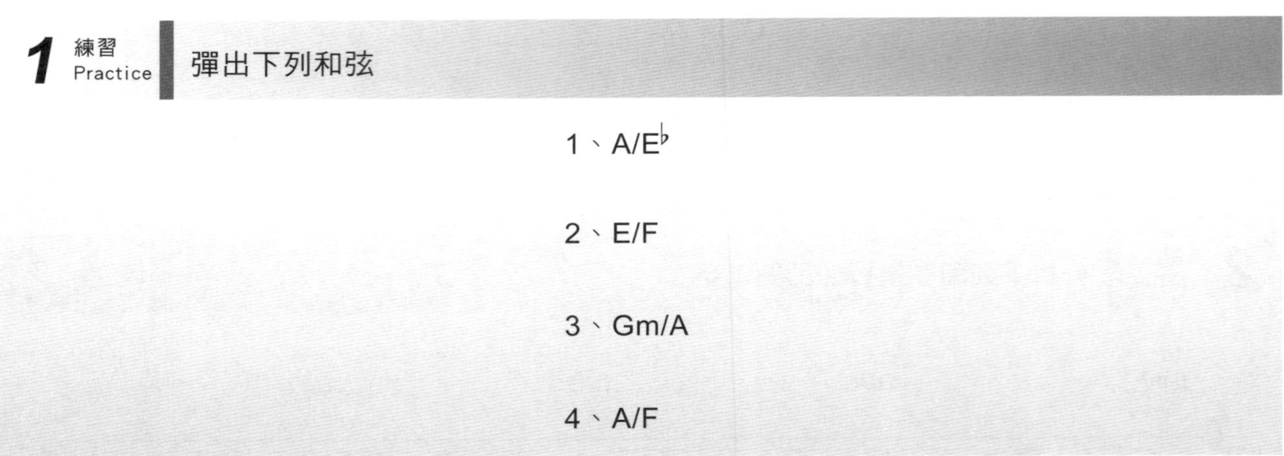

分析下列和弦進行並即興演奏

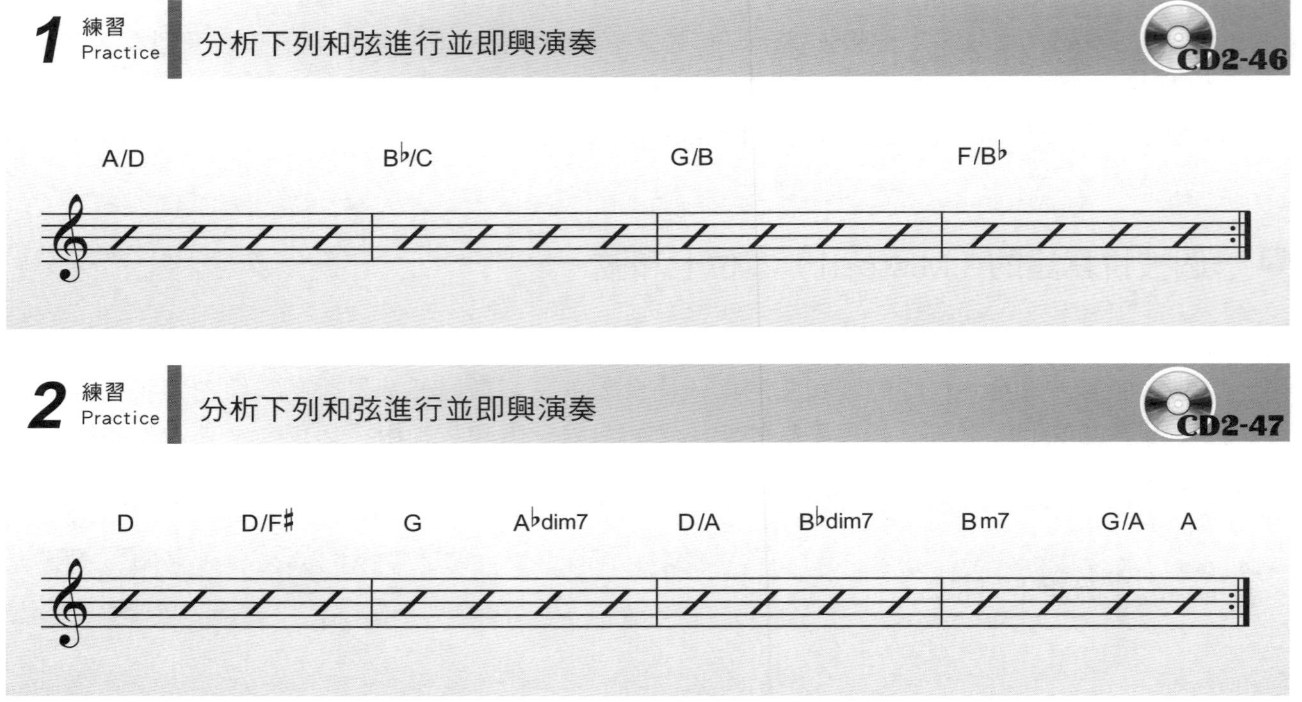

和弦音階（Chord Scale）

在一段和弦進行中即興演奏的三種手法分別是「調性中心（Key center）」、「和弦內音（Chord Tone）」與「和弦音階（Chord Scale）」。目前為止，我們幾乎是用「調性中心（Key center）」的角度來分析大部分的和弦進行並以這種方式在和弦進行即興演奏，而「調式內轉（Modal Interchange）」與「次屬和弦（Secondary Dominant）」的分析手法也都是以「調性中心」為基礎的分析變化。而「和弦內音」的使用顯然是可以針對任何單一的和弦彈奏其琶音。

「和弦音階（Chord Scale）」則是一另種音階選擇的手法，也就是和弦進行裡的每一個和弦單獨分析單一和弦適合哪種音階，這種分析手法在一些難以用「調性中心」分析法分析的和弦進行效果很好，當然這種手法也可以視為一般「調性中心」分析法以外的另一種選擇。「調性中心」與「和弦音階」這兩種即興演奏分析的手法好壞並沒有絕對，兩種不同的分析方式可以引導演奏者在一樣的和弦進行中有不同的音符選擇。

以下是「和弦音階（Chord Scale）」分析法單一和弦種類與音階選擇的關係圖表，這個圖表可供「和弦音階」即興演奏的參考。

和弦種類	音階的選擇
X、Xmaj7、X6、Xmaj9	Major Scale、Major Pentatonic
Xmaj7(♯11)	Lydian
Xm7、Xm9、Xm11	Minor Pentatonic、Dorian、Aeolian
Xm/Maj7	Harmonic Minor、Melodic Minor
Xm6、Xm13	Dorian、Melodic Minor
X7、X9	Mixolydian、Blues、Major Pentatonic、Lydian
X7sus、X9sus	Mixolydian、Major Pentatonic
X9(♯11)、X13(♯11)	Lydian Dominant
X7（♯9、♭9、♯5、♭5）	Altered Scale、Dominant Diminished
X13（♯9、♭9）	Dominant Diminished
X+、X+7	Whole Tone Scale
Xdim7	Diminished Scale
Xm7(♭5)	Locrian

例如：

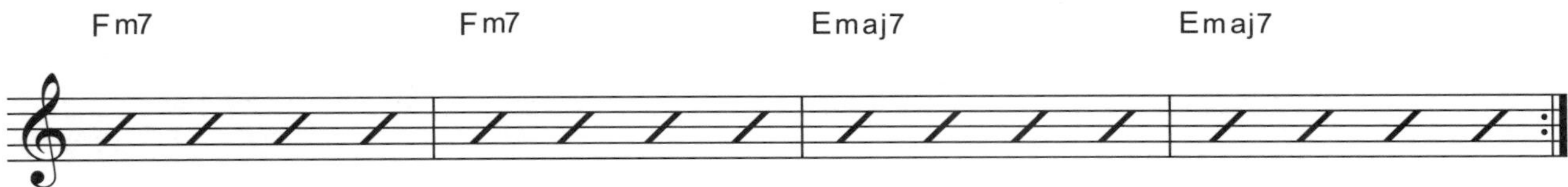

這樣的和弦進行無法找到任何一個音階可以同時適用於這兩個和弦，參考上述的表格，為這兩個和弦分別寫下適用的音階，至於哪一個比較適合則取決於彈奏者的耳朵。再例如：

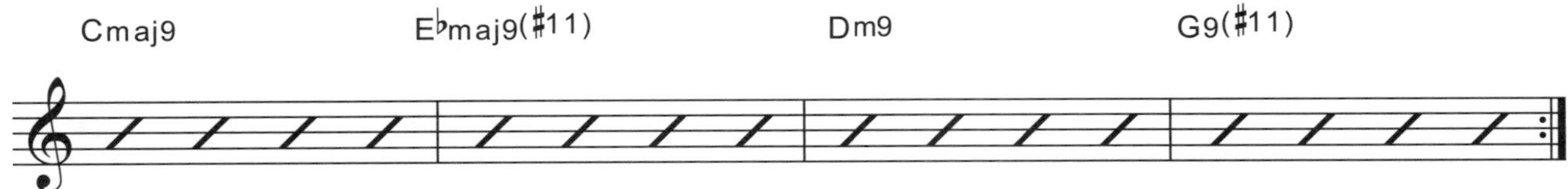

我們先忽視每個和弦的延伸音與變化音，因為這些並不會改變和弦在和弦進行裡的級數，所以可以明顯看出整個和弦進行是C大調，帶有一個調式內轉的和弦E♭，但是這些延伸音或變化音或許可以提供我們在和弦音階選擇上的「建議」。E♭maj9(♯11)適合E♭ Lydian；G9(♯11)適合G Lydian Dominant。

分析下列練習，在儘可能的情況下找出「調性中心」，否則使用「和弦音階」手法。

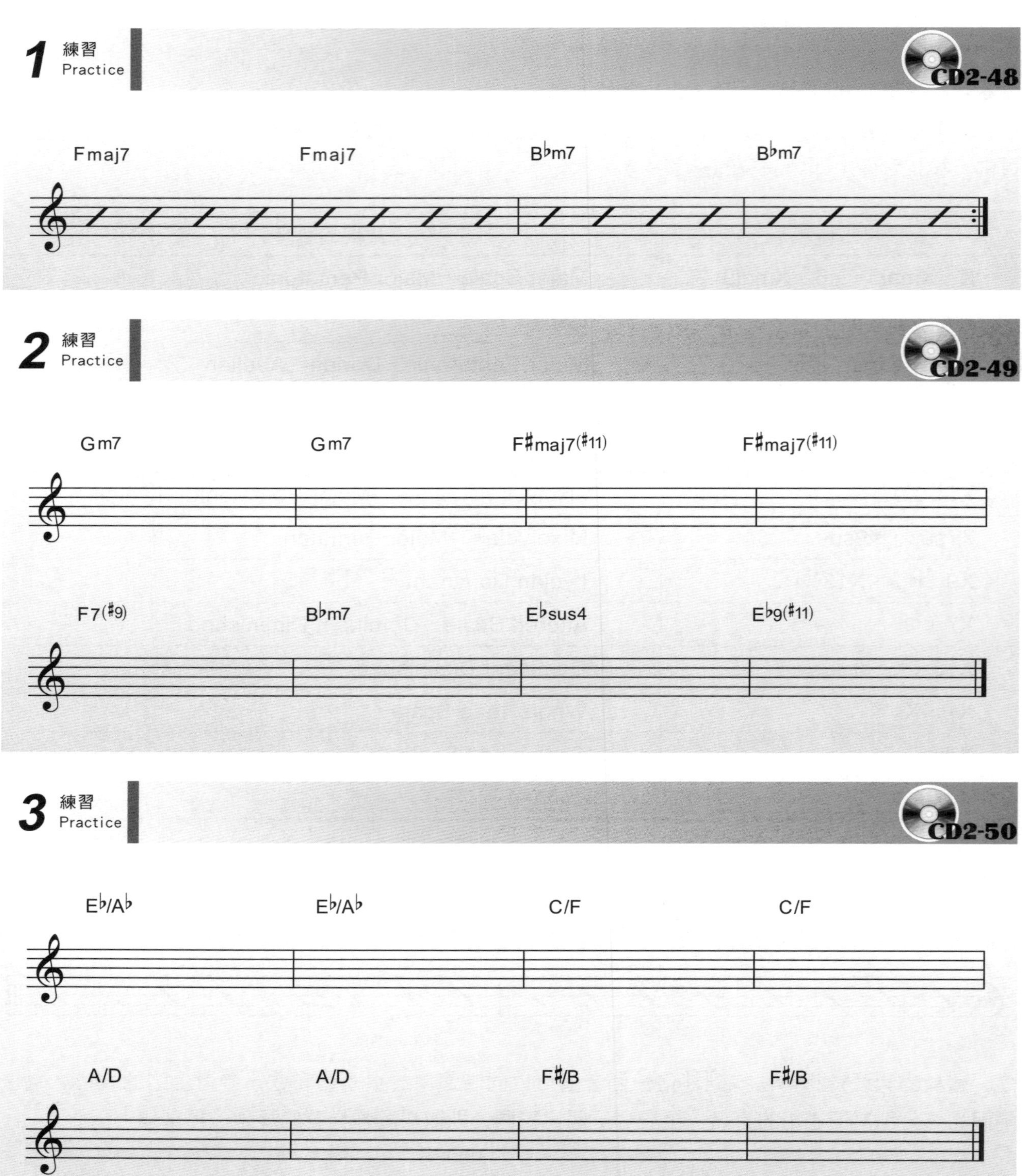

旋律視奏

這是一首爵士名曲，由教師彈奏和弦進行，學生彈奏旋律，本曲視奏宜不斷反覆練習。

My Romance

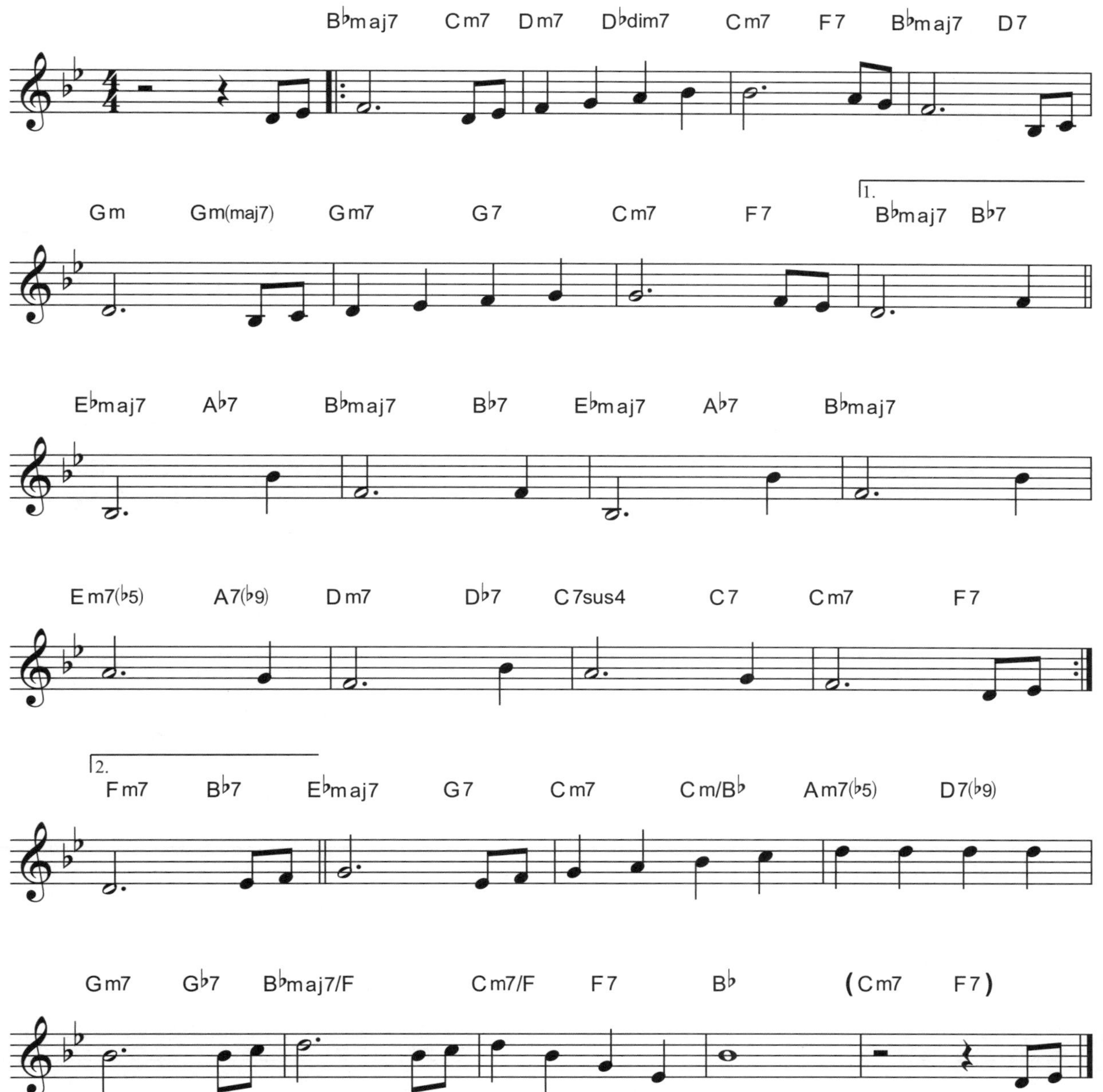

第12週課程

轉調（Modulation）

一段音樂從一個調性中心（Key Center）轉換到另一個調性中心的過程稱為「轉調」。轉調的方式分做兩種：「直接轉調（Direct modulation）」與「中樞和弦轉調（Pivot chord modulation）」。

直接轉調（Direct modulation）

直接轉調就如其名，音樂從一個調性中心直接跳接至另一個調性中心，中間毫無任何緩衝的和弦，也就是轉換點附近並沒有兩個調性可共用的和弦。這種轉調的方式常提供了很戲劇性的效果。

範例：

在下面的例子裡，一開始的C大調推進到第二行的A和弦就被迫中止，A和弦已經不屬於C大調的順階和弦，而A和弦之後新的調性中心是A大調。回頭至第一行最後一個和弦G7，也不屬於緊接著的A大調。所以我們可以看出調性中心C大調轉換到A大調是以直接跳接式的轉換，轉換點附近並無任何和弦可以共同屬於兩個調性。

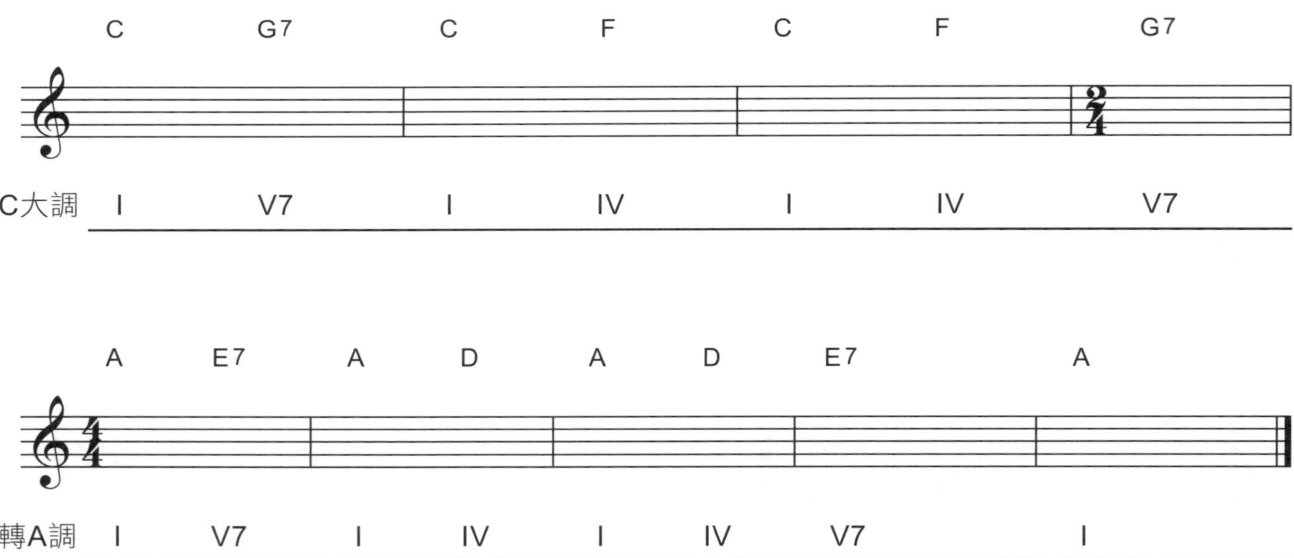

1 練習 Practice | 分析下列和弦進行並找出轉調的轉換點

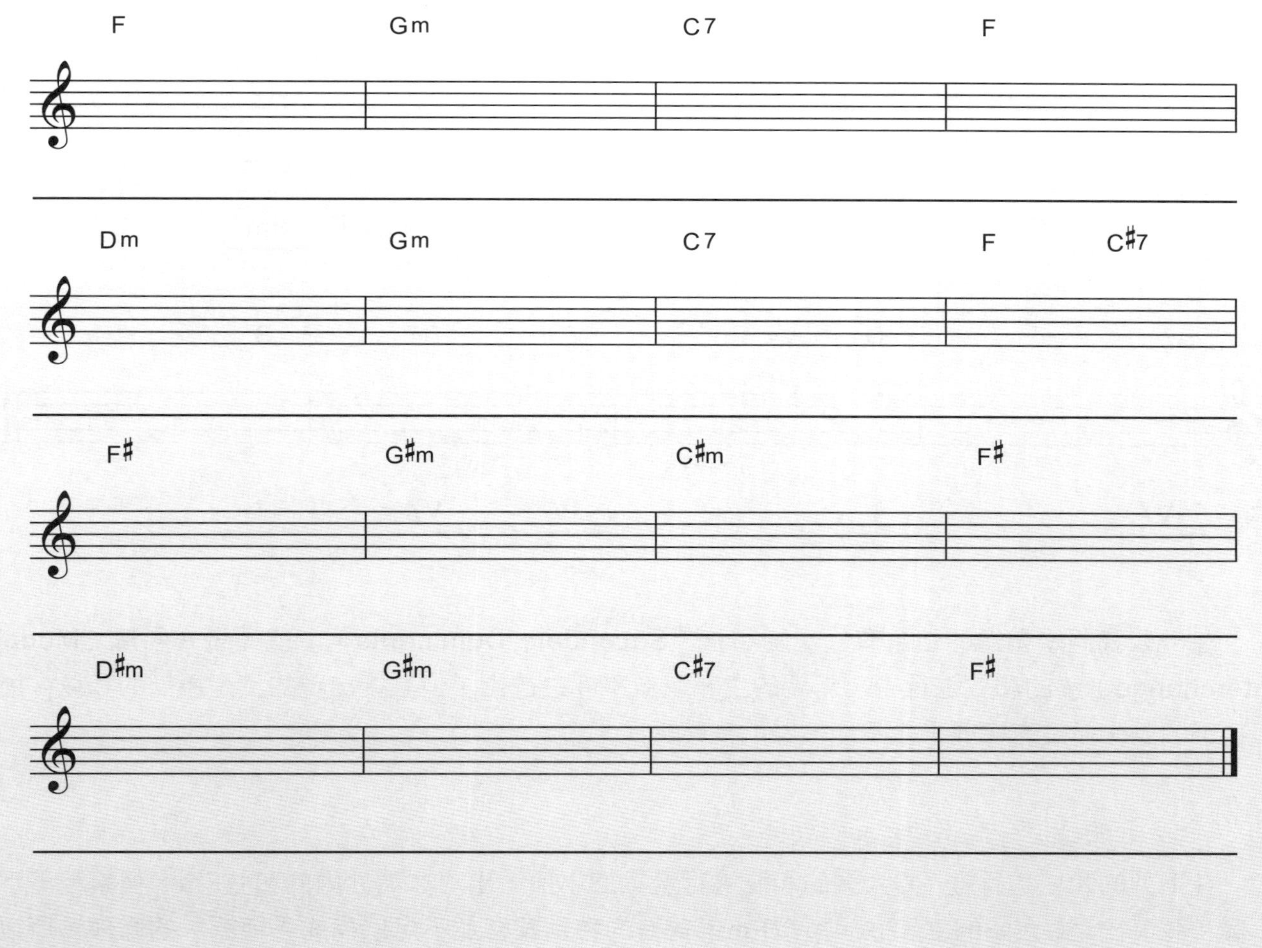

中樞和弦轉調（Pivot chord modulation）

這類轉調方式是使用兩個調性中心共用的和弦，將它當作離開舊調並進入新調的緩衝，這個被兩個調性中心共用的和弦稱為「中樞和弦（Pivot chord）」，因為在和弦進行中這個和弦可以擔任這兩個調性之間的「樞鈕」。這類轉調的方式較為流暢，有時候轉調會不為人發覺。

創造中樞和弦轉調的步驟如下：

1、**建立原調的調性**－用I、IV或V級和弦表現出明顯的調性。

2、**使用中樞和弦**－中樞和弦是新舊調共用的和弦，最好的中樞和弦通常是可以引導出新調V級和弦，通常是「下屬和弦特質（Subdominant Function）」的和弦（大調的IV或IIm；小調的IVm、IIm7♭5或VI)。

3、**準備進入新的調性**－在進入新調並創造新調的和弦進行之前，通常會先使用新調的V級和弦。

4、**在新調獲得解決**－新調的V級和弦推進至新調的主和弦獲得解決，新的調性就此被建立。

範例：

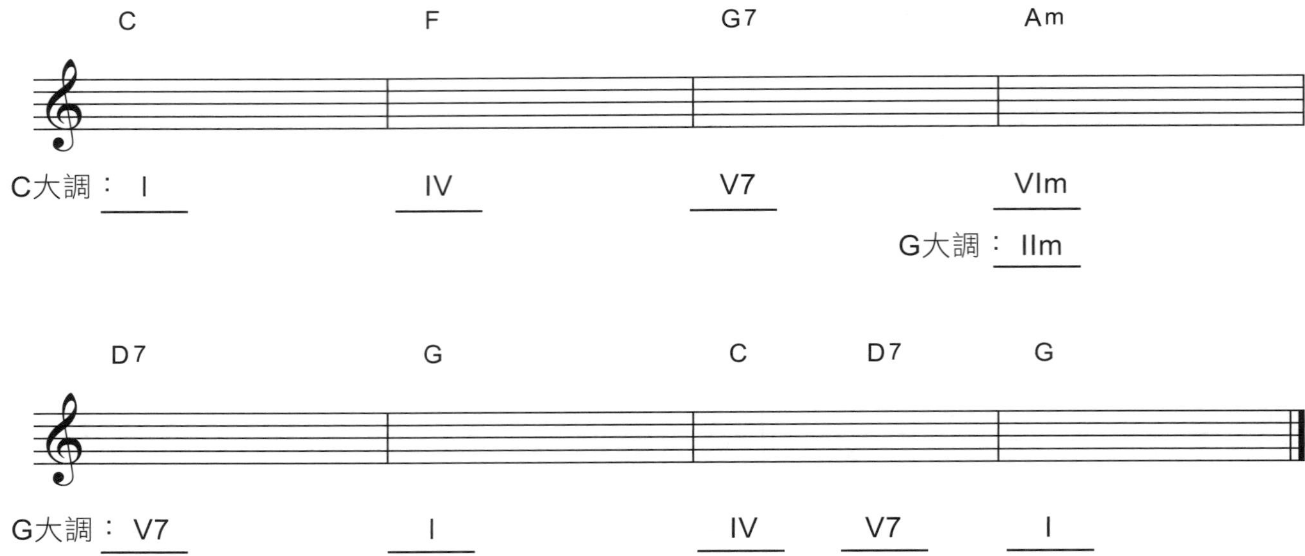

在一些我們學習過的包含有「次屬和弦（Secondary Dominants）」或「調式內轉（Modal Interchange）」的和弦進行中，新調的主和弦似乎呼之欲出，但其後出現的又是原調的和弦，所以轉調的動作並沒有完成，並不能被歸納為轉調。

範例：

在下列的和弦進行裡，C大調的和弦進行至第二小節，出現非調性內的和弦Fm，但緊接著下一個和弦又出現C大調的主和弦，所以Fm所營造的特別聲響並不足以構成「轉調」的條件，所以僅以C大調的「調式內轉」來解釋之，所以分析其為C大調的「IVm」。

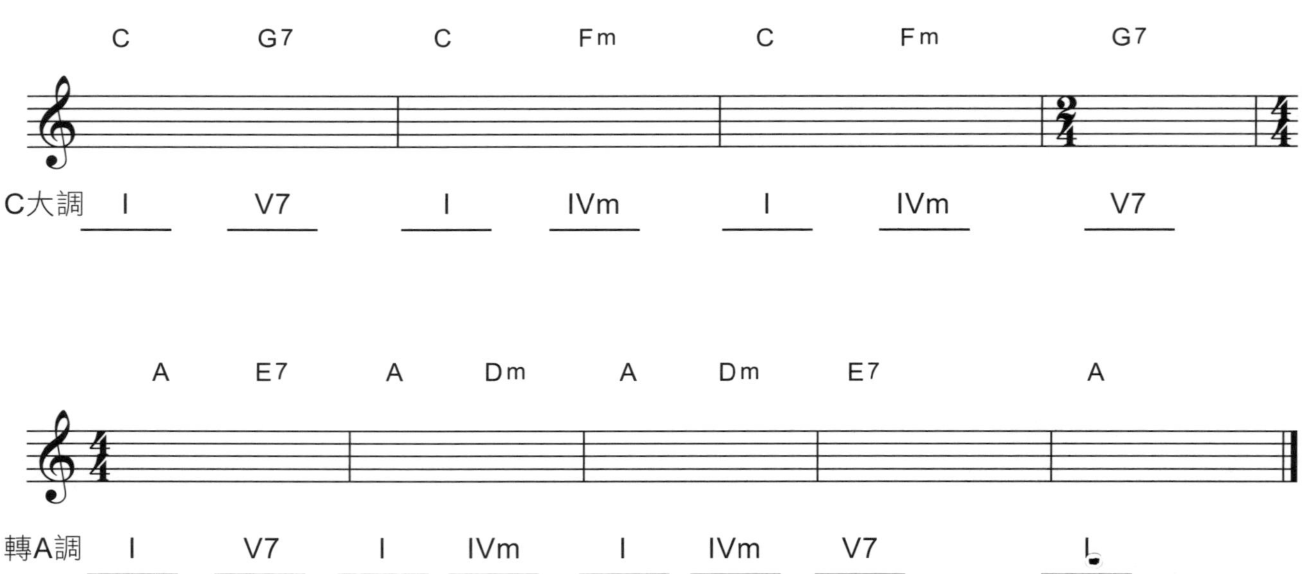

1 練習 Practice 分析下列和弦進行

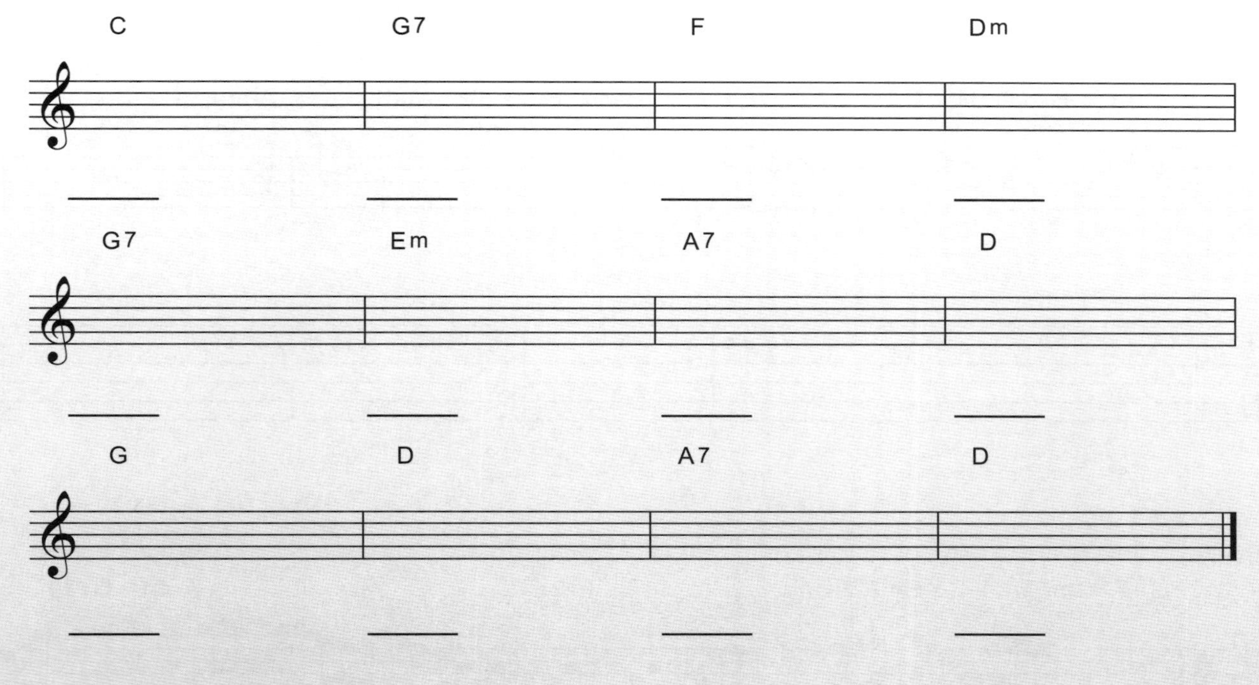

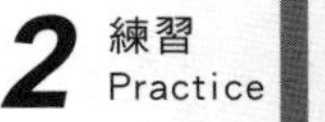

2 練習 Practice 分析下列和弦進行

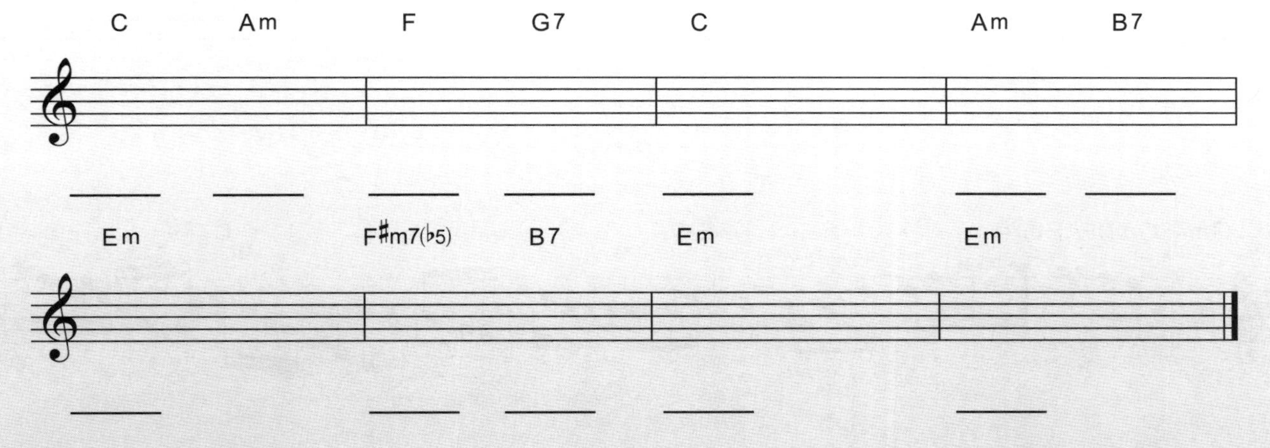

練習曲（Fusion Style）

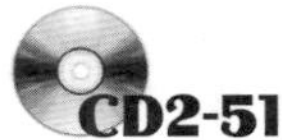

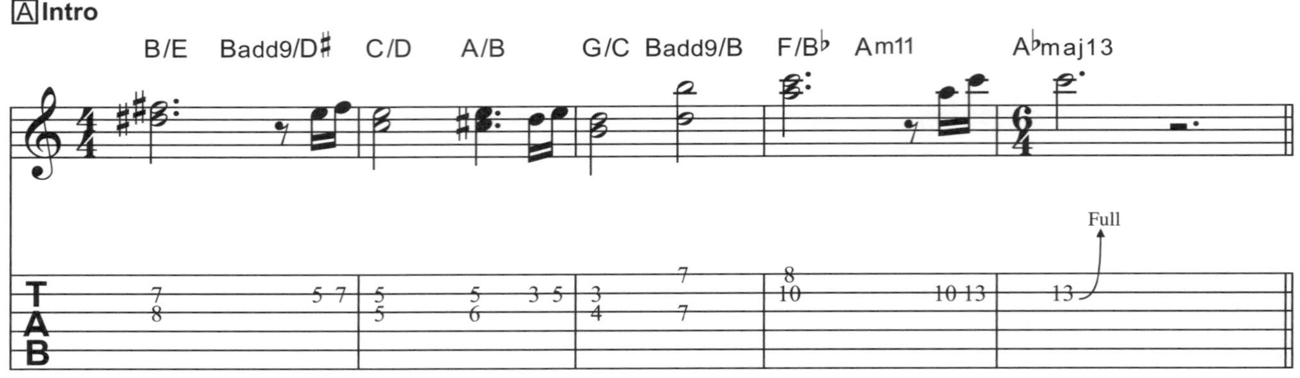

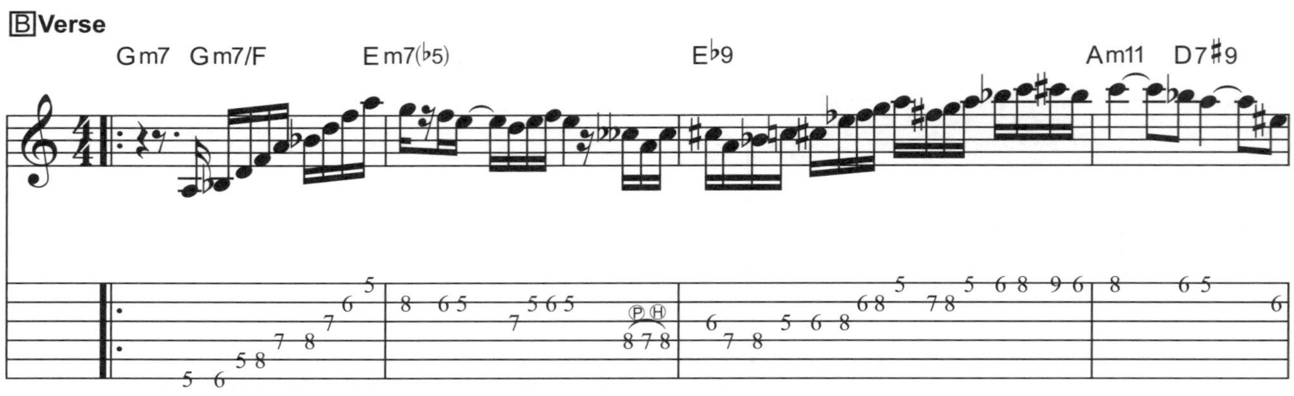

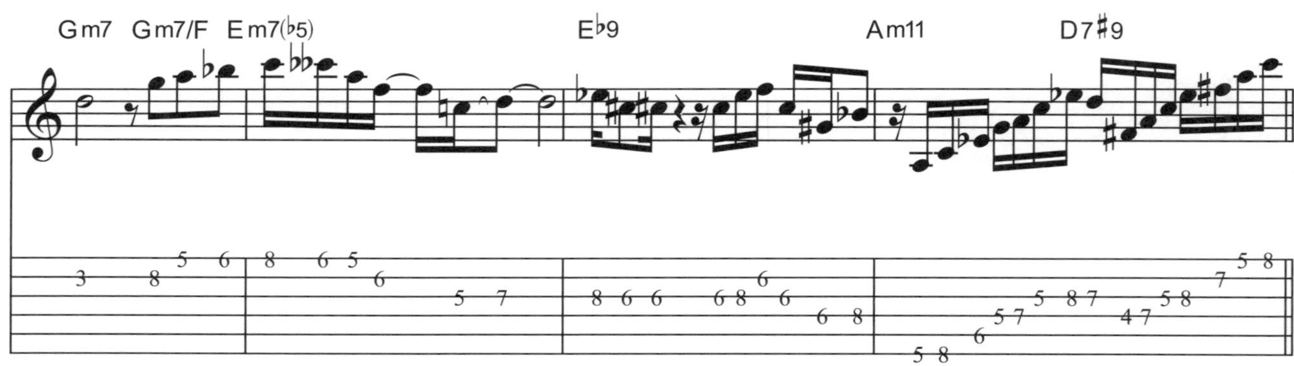

C Chorus

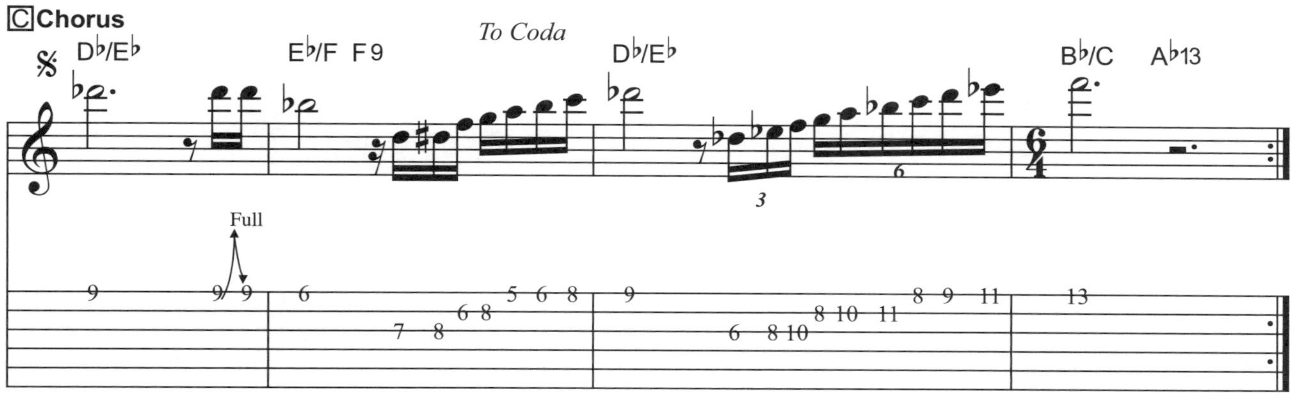

D Guitar Solo

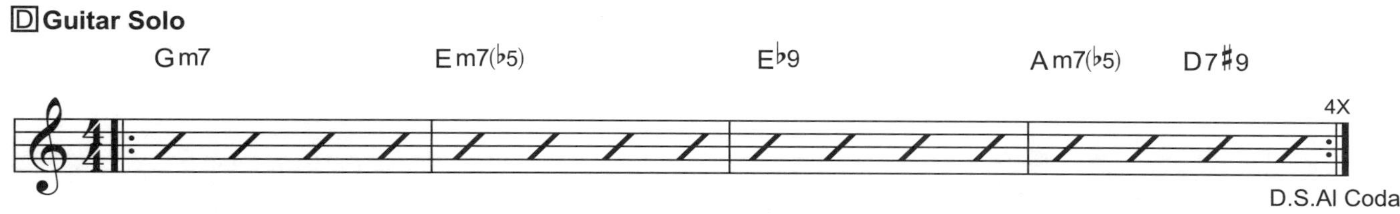

E Outro

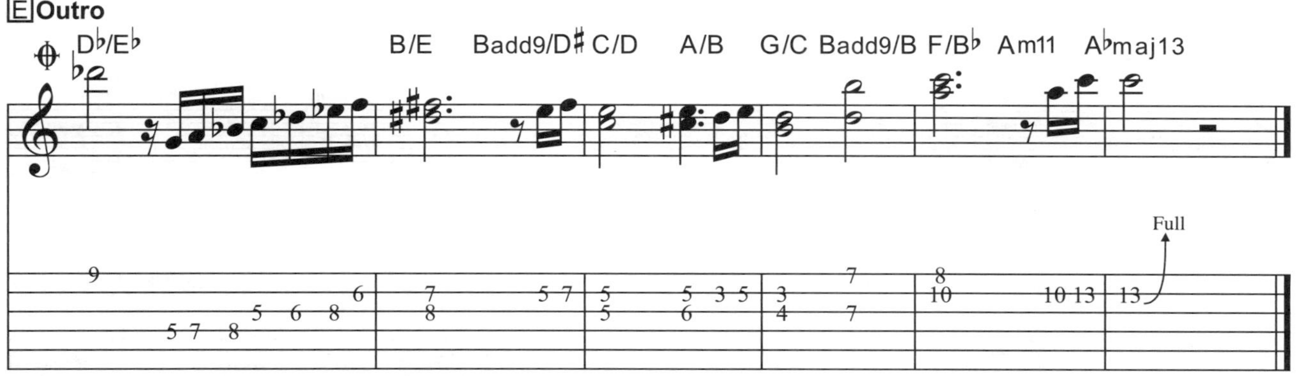

練習曲（Jazz Style）

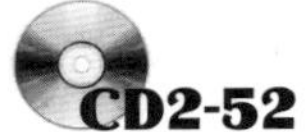

Music by 劉旭明

Song For Mandy

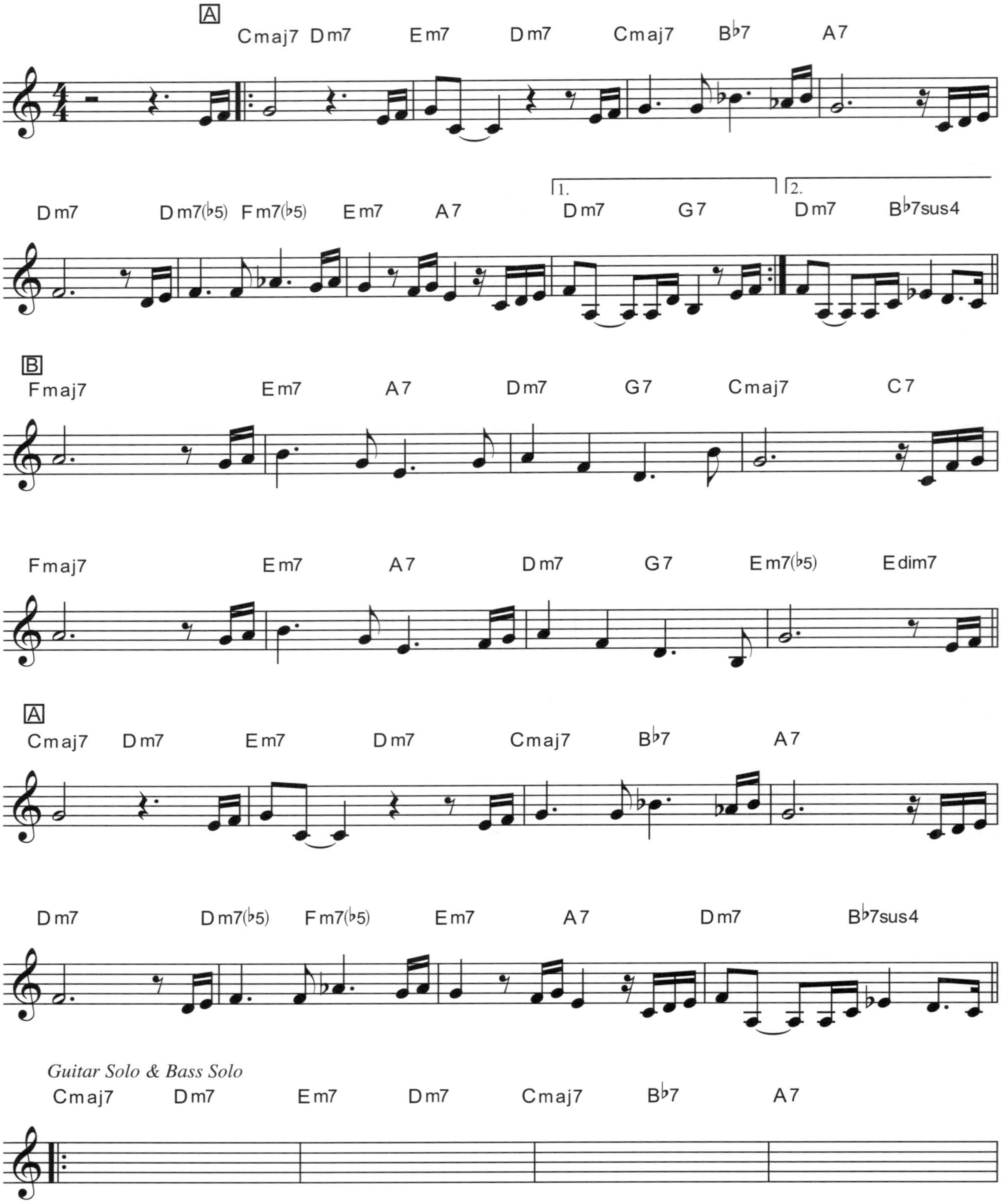

A

Cmaj7 Dm7 Em7 Dm7 Cmaj7 B♭7 A7

Dm7 Dm7(♭5) Fm7(♭5) Em7 A7 | 1. Dm7 G7 | 2. Dm7 B♭7sus4

B

Fmaj7 Em7 A7 Dm7 G7 Cmaj7 C7

Fmaj7 Em7 A7 Dm7 G7 Em7(♭5) Edim7

A

Cmaj7 Dm7 Em7 Dm7 Cmaj7 B♭7 A7

Dm7 Dm7(♭5) Fm7(♭5) Em7 A7 Dm7 B♭7sus4

Guitar Solo & Bass Solo

Cmaj7 Dm7 Em7 Dm7 Cmaj7 B♭7 A7

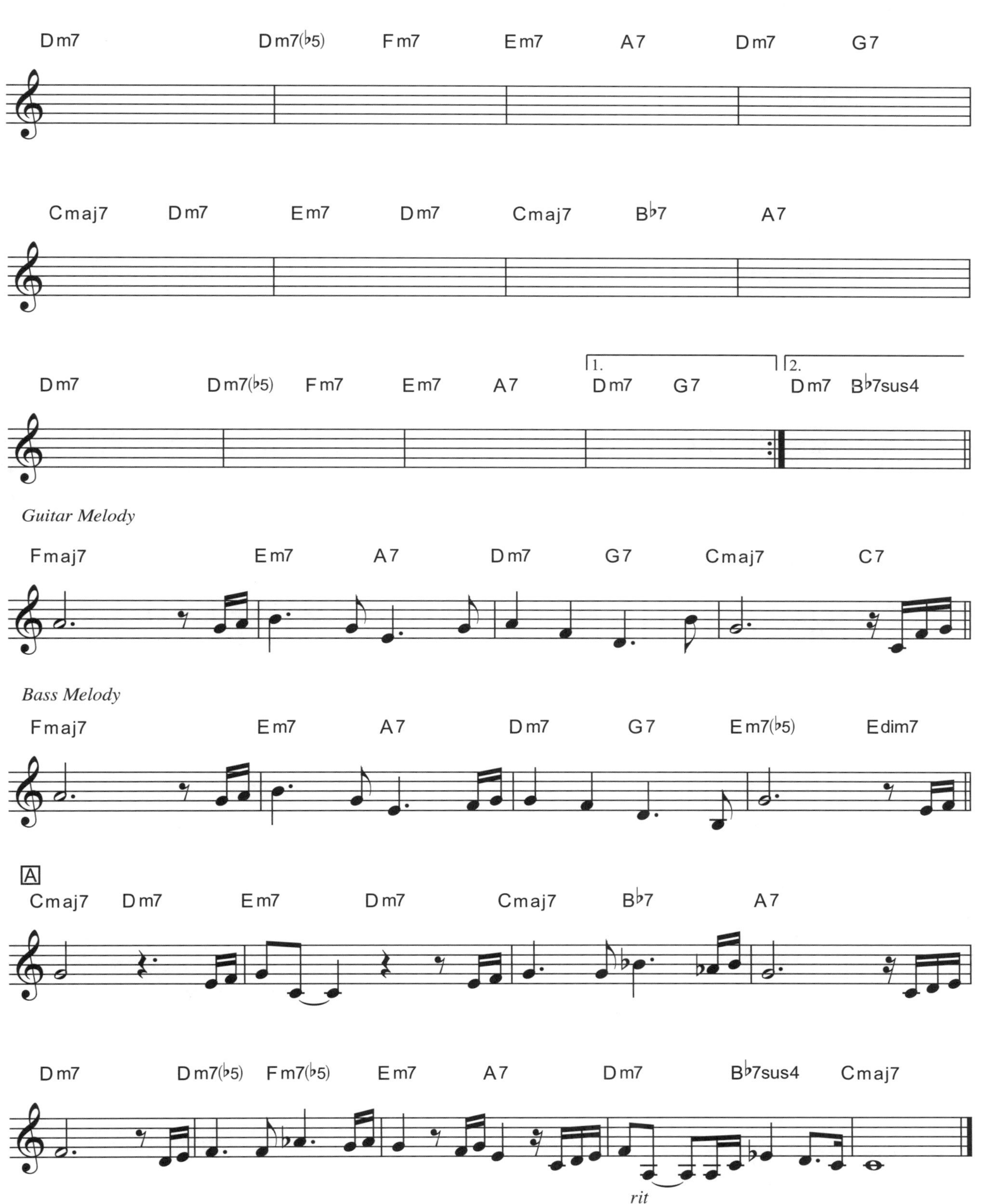
Dm7
Dm7(♭5)
Fm7
Em7
A7
Dm7
G7
Cmaj7
Dm7
Em7
Dm7
Cmaj7
B♭7
A7
Dm7
Dm7(♭5)
Fm7
Em7
A7
1.
Dm7
G7
2.
Dm7
B♭7sus4
Guitar Melody
Fmaj7
Em7
A7
Dm7
G7
Cmaj7
C7
Bass Melody
Fmaj7
Em7
A7
Dm7
G7
Em7(♭5)
Edim7
A
Cmaj7
Dm7
Em7
Dm7
Cmaj7
B♭7
A7
Dm7
Dm7(♭5)
Fm7(♭5)
Em7
A7
Dm7
B♭7sus4
Cmaj7
rit

習題解答

P33頁的解答

【練習 1】

D Altered Scale

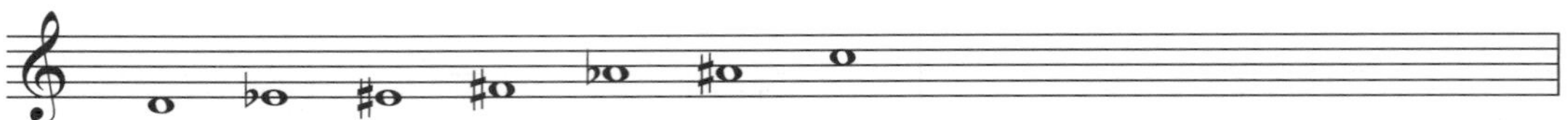

G Altered Scale

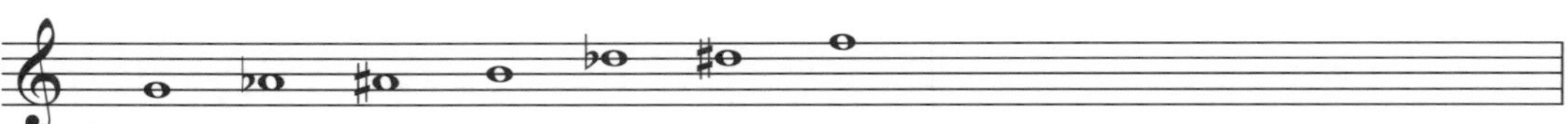

A Altered Scale

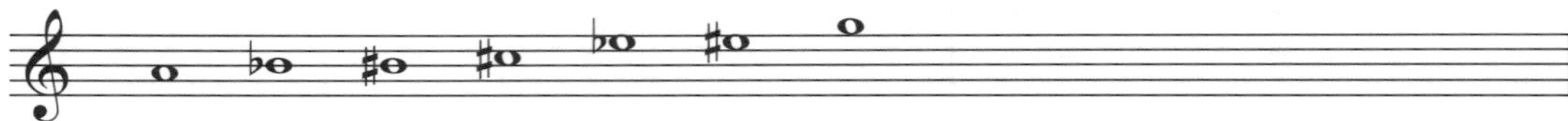

B♭ Altered Scale

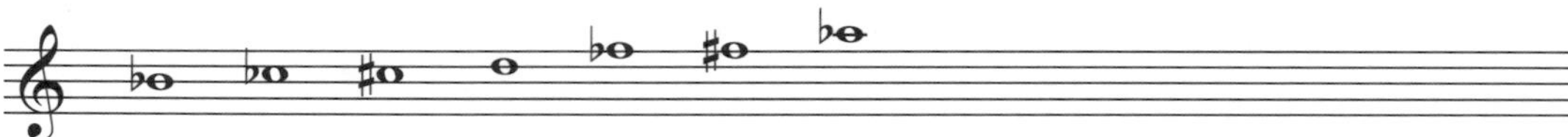

F Altered Scale

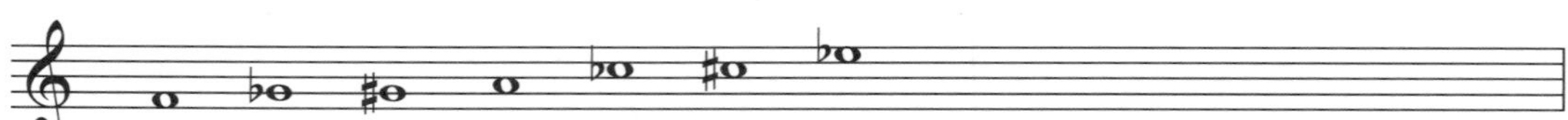

習題解答

P58頁的解答

【練習 1】

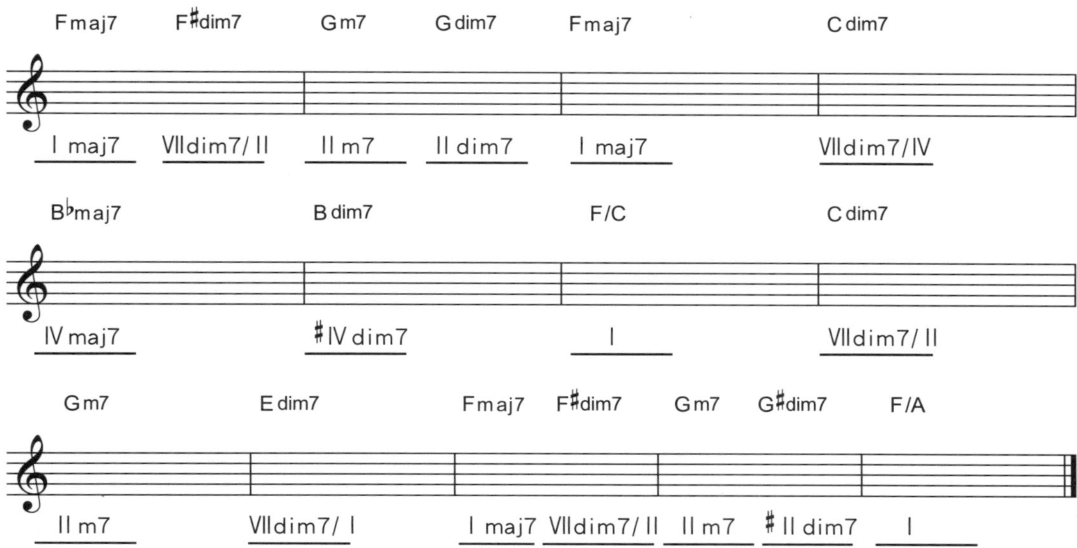

P80頁的解答

【練習 1】

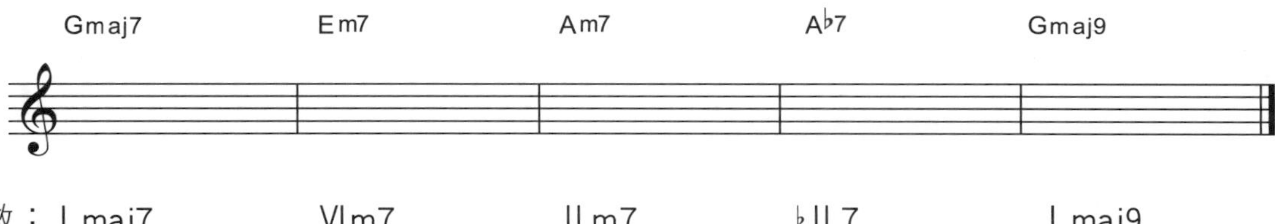

【練習 2】

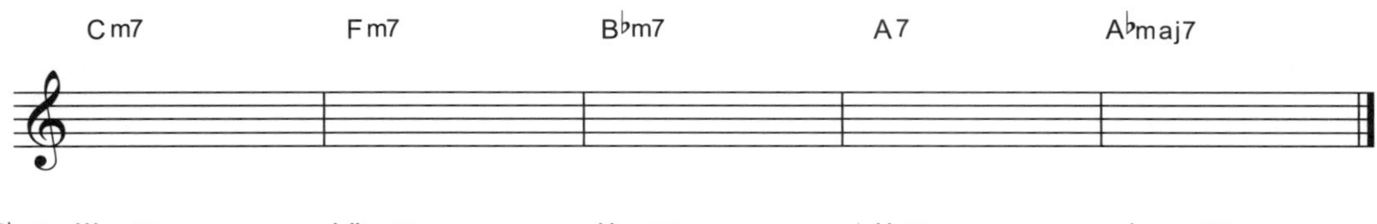

習題解答

P80頁的解答

【練習 3】

Em7　A7　Dm7　G7　Cmaj7

級數：IIIm7　V7/II　IIm7　V7　Imaj7

P81頁的解答

【練習 4】

Em7　E♭7　Dm7　D♭7　Cmaj7

級數：IIIm7　♭II7/II　IIm7　♭II7　Imaj7

【練習 5】

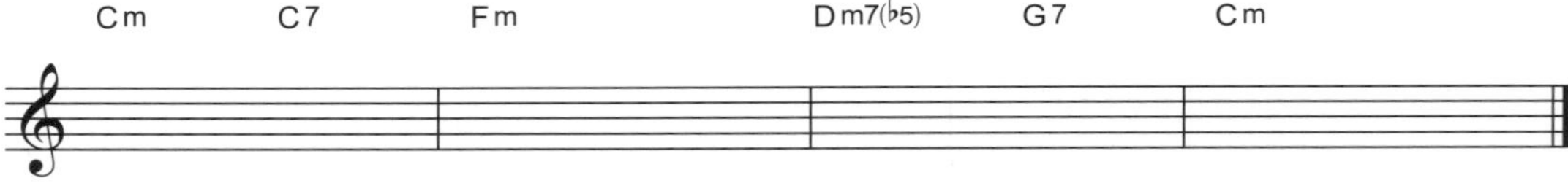

級數：Im　V7/IV　IVm　IIm7(♭5)　V7　Im

【練習 6】

Cm　G♭7　Fm　Dm7(♭5)　D♭7　Cm

級數：Im　♭II/IVm　IVm　IIm7(♭5)　♭II7　Im

習題解答

P85頁的解答

【練習 1】

1、D/E＝ E9sus4

2、Gmaj7/A＝ A13sus4

3、Gm7/C＝ C9sus4

【練習 1】

1、Em7/C＝ Cmaj7

2、Am/F＝ Fmaj7

3、C/A＝ Am7

4、Edim/C＝ C7

P91頁的解答

【練習 1】

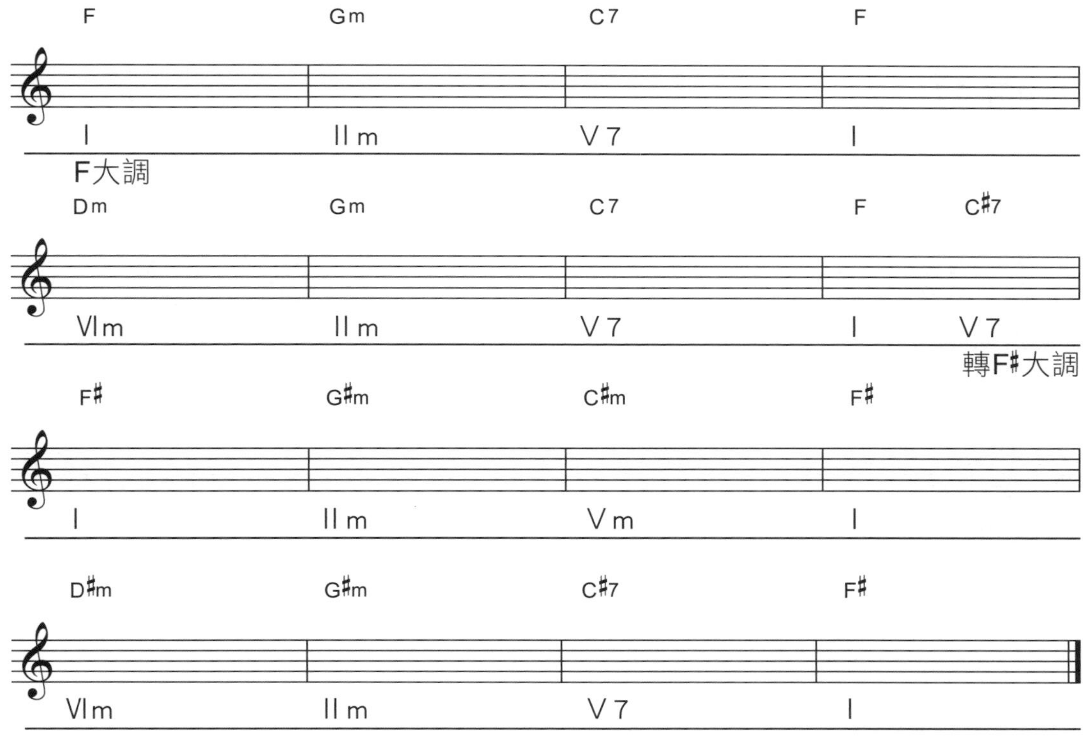

習題解答

P93頁的解答

【練習 1】

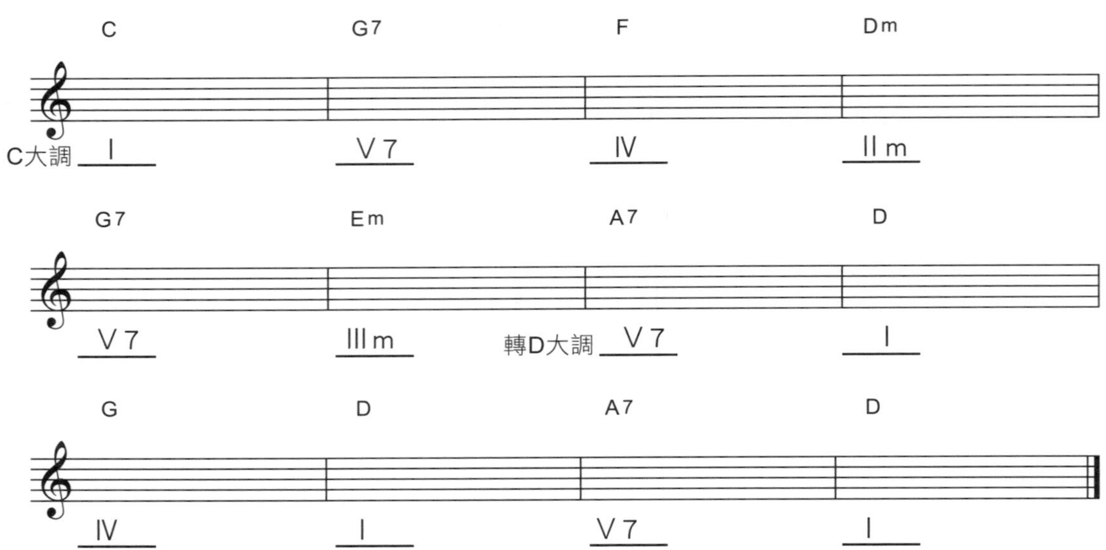

【練習 2】

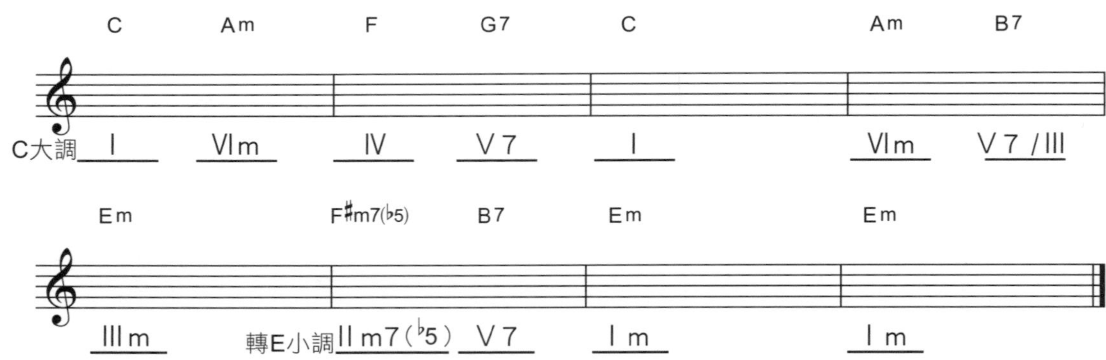

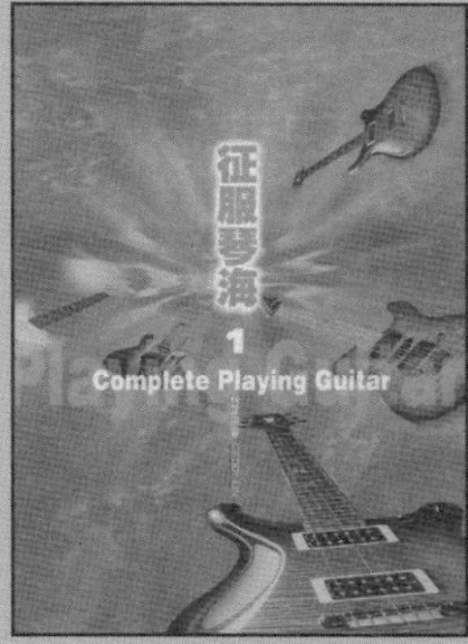

征服琴海 1
Complete Guiter Playing No.1

3CD 定價 700 元

國內唯一參考美國MI教學系統的吉他用書。適合初學者。內容包括總體概念（學習法則、征服指板、練習要訣）及各30章的旋律概念與和聲概念。

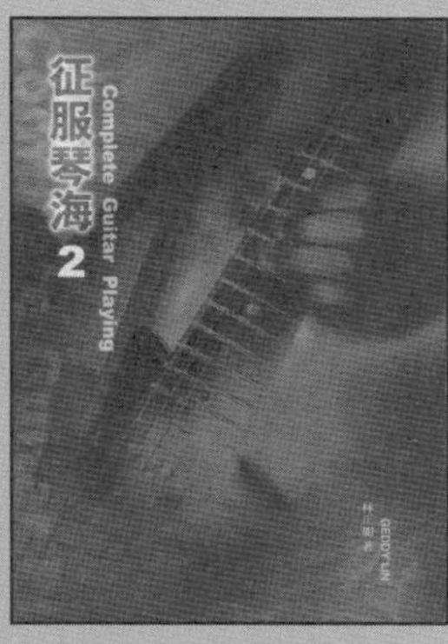

征服琴海 2
Complete Guiter Playing No.2

3CD 定價 700 元

本書針對進階學生所設計。並考美國MI教學系統的吉他用書。內容包括調性與順階和弦之運用、調式運用與預備爵士課程、爵士和聲與即興的運用。

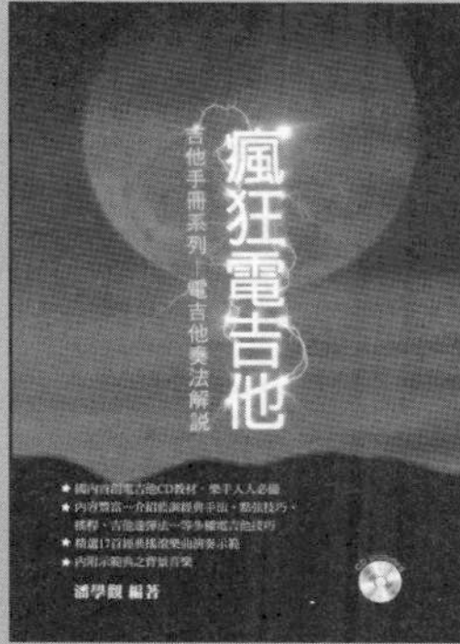

瘋狂電吉他
Crazy E.G Player

CD 定價 499 元

國內首創電吉他教材。速彈、藍調、點弦等多種技巧解析。精選17首經典搖滾樂曲。內附示範曲之背景音樂練習。

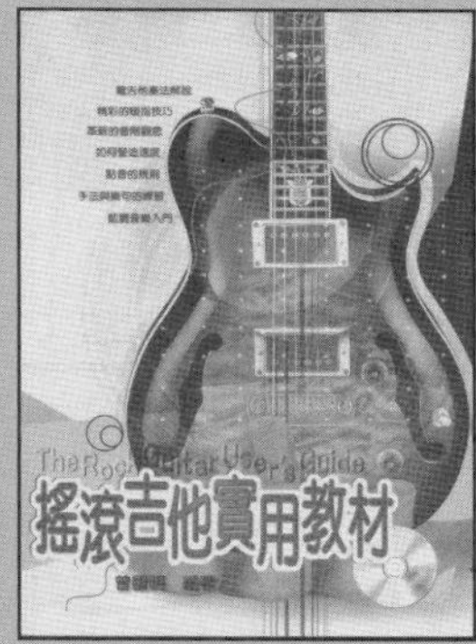

搖滾吉他實用教材
The Rock Guitar User's Guider

CD 定價 500 元

最紮實的基礎音階練習。教你在最短的時間內學會速彈祕方，近百首的練習譜例。配合CD的教學，保證進步神速。

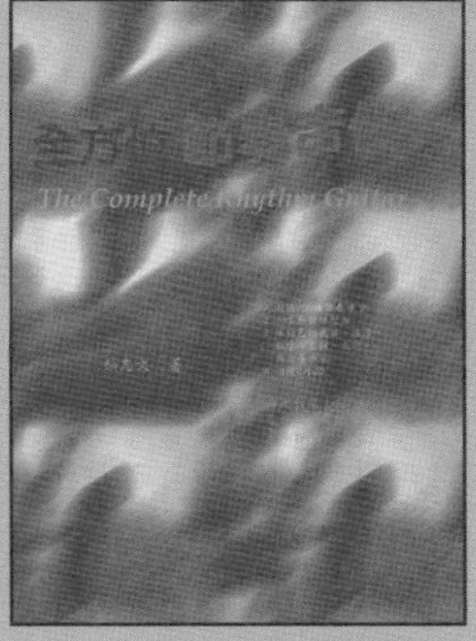

全方位節奏吉他
The Complete Rhythm Guitar

2CD 定價 600 元

本書針對吉他在節奏上所能做到的各種表現方式，由淺而深及系統化的分類，讓節奏的學習可以靈活的即興式彈奏。內附雙CD教學光碟。

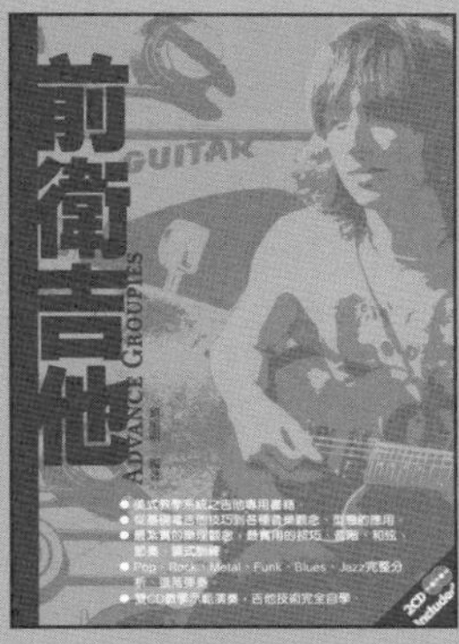

前衛吉他
Advance Philharmonic

2CD 定價 600 元

美式教學系統之吉他專用書籍。從基礎電擊她技巧到各種音樂觀念、型態的應用。音階、和弦節奏、調式訓練。

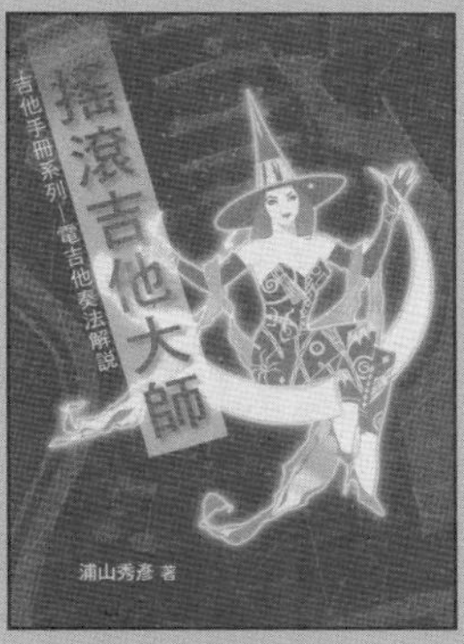

搖滾吉他大師
The Rock Guitarist

定價 250元

國內第一本日本引進之電擊她系列教材，近百種電擊她演奏技巧解析圖示，及知名吉他大師的詳盡譜例解析。

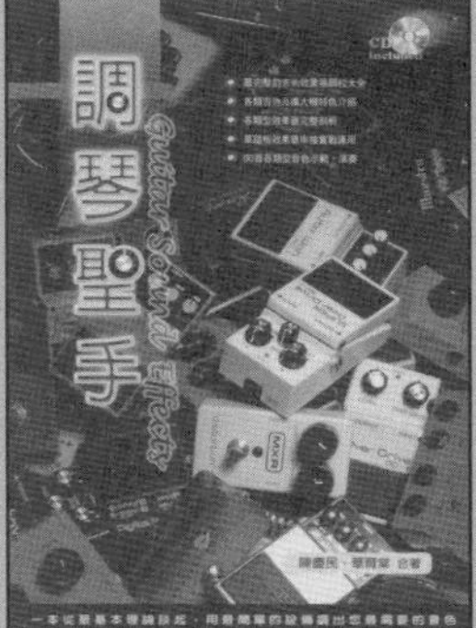

調琴聖手
Guitar Sound Effects

CD 定價 360 元

最完整的吉他效果器調校大全、各類型吉他、擴大機徹底分析、各類型效果器完整剖析、單踏板效果器串接實戰運用。

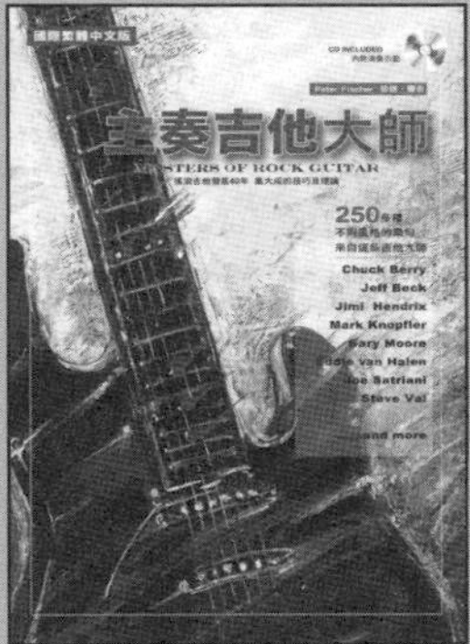

主奏吉他大師
Masters Of Rock Guitar

CD 定價 360 元

書中講解吉他大師必備的吉他演奏技巧，描述不同時期各個頂級大師演奏的風格與特點，列舉了大師們的大量精彩作品，進行剖析。

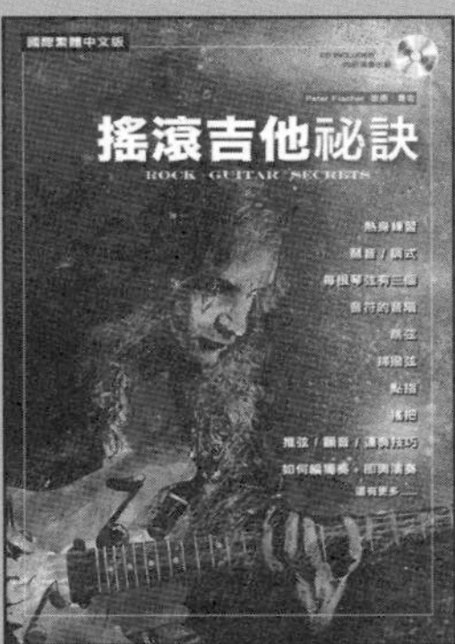

搖滾吉他祕訣
Rock Guitar Secrets

CD 定價 360 元

書中講解非常實用的蜘蛛爬行手指熱身練習，各種調式音階，神奇音階，雙手點指，泛音點指，搖把俯衝轟炸，即興演奏的創作等技巧，傳播正統音樂理念。

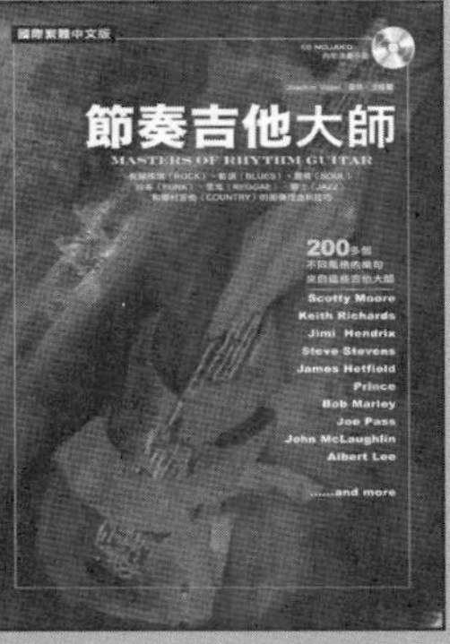

節奏吉他大師
Masters Of Rhythm Guitar

CD 定價 360 元

來自各頂尖級大師的200多個不同風格的演奏套路，搖滾，靈歌與瑞格，新浪潮，鄉村，爵士等精彩樂句，讓愛好者們提高水平，拉近与大師之間的距离，介紹大師的成長道路，配有樂譜。

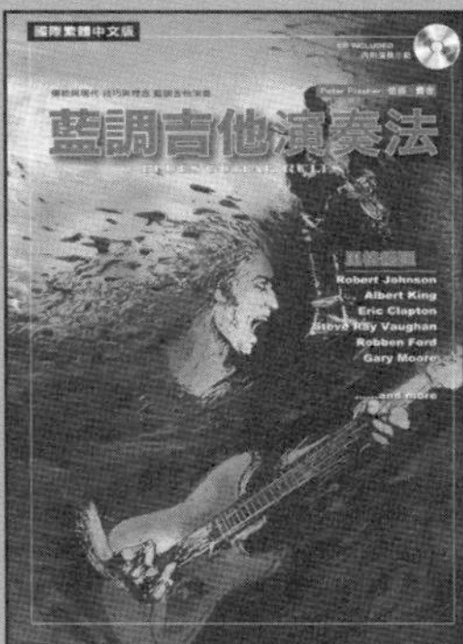

藍調吉他演奏法
Blues Guitar Rules

CD 定價 360 元

書中詳細講解了如何勾建布魯斯節奏框架，布魯斯演奏樂句，以及布魯斯Feeling的培養，並以布魯斯大師代表級人物們的精彩樂句作為示範。介紹搖滾布魯斯以及爵士布魯斯經典必會樂句。

麥書文化

最新圖書目錄

COMPLETE CATALOGUE

學習音樂最佳途徑

音樂人必備叢書

專業樂譜

民謠彈唱系列

吉他新視界
The New Visual Of The Guitar

陳增華 編著 DVD
16開 / 360元

本書是包羅萬象的吉他工具書，從吉他的基本彈奏技巧、基礎樂理、音階、和弦、彈唱分析、吉他編曲、樂團架構、吉他錄音，音響剖析以及MIDI音樂常識.....等，都有深入的介紹，可以說是市面上最全面性的吉他影音工具書。

吉他玩家
Guitar Player

周重凱 編著
菊8開 / 440頁 / 400元

2010年全新改版。周重凱老師繼"樂知音"一書後又一精心力作。全書由淺入深，吉他玩家不可錯過。精選近年來吉他伴奏之經典歌曲。

吉他贏家
Guitar Winner

周重凱 編著
16開 / 400頁 / 400元

融合中西樂器不同的特色及元素，以突破傳統的彈奏方式編曲，加上完整而精緻的六線套譜及範例練習，淺顯易懂，編曲好彈又好聽，是吉他初學者及彈唱者的最愛。

名曲100(上)(下)
The Greatest Hits No.1.2

潘尚文 編著 CD
菊8開 / 216頁 / 每本320元

收錄自60年代至今吉他必練的經典西洋歌曲。全書以吉他六線譜編著，並附有中文翻譯、光碟示範，每首歌曲均有詳細的技巧分析。

六弦百貨店精選紀念版
Guitar Shop1998-2010

潘尚文 編著

- 1998、1999、2000 精選紀念版 — 菊8開 / 每本220元
- 2001、2002、2003、2004 精選紀念版 — 菊8開 / 每本280元 CD / VCD
- 2005—2009 、2010 DVD 精選紀念版 — 菊8開 / 每本300元 VCD+mp3

分別收錄1998~2010各年度國語暢銷排行榜歌曲，內容涵蓋六弦百貨店歌曲精選。全新編曲，精彩彈奏分析。全書以吉他六線譜編奏，並附有Fingerstyle吉他演奏曲影像教學，目前最新版本為六弦百貨店 2010 精選紀念版，讓你一次彈個夠。

超級星光樂譜集(1)(2)(3)
Super Star No.1.2.3

潘尚文 編著
菊8開 / 488頁 / 每本380元

每冊收錄61首「超級星光大道」對戰歌曲總整理。每首歌曲均標註有完整歌詞、原曲速度與和弦名稱。善用音樂反覆編寫，每首歌翻頁降至最少。

七番町之琴愛日記 吉他樂譜全集

麥書編輯部 編著
菊8開 / 80頁 / 每本280元

電影"海角七號"吉他樂譜全集。吉他六線套譜、簡譜、和弦、歌詞，收錄電影膾炙人口歌曲1945、情書、Don't Wanna、愛你愛到死、轉吧!七彩霓虹燈、給女兒、無樂不作(電影Live版)、國境之南、野玫瑰、風光明媚...等12首歌曲。

電吉他系列

主奏吉他大師
Masters Of Rock Guitar

Peter Fischer 編著 CD
菊8開 / 168頁 / 360元

書中講解大師必備的吉他演奏技巧，描述不同時期各個頂級大師演奏的風格與特點，列舉了大師們的大量精彩作品，進行剖析。

節奏吉他大師
Masters Of Rhythm Guitar

Joachim Vogel 編著 CD
菊8開 / 160頁 / 360元

來自各頂尖級大師的200多個不同風格的演奏套路，搖滾，靈歌與瑞格，新浪潮，鄉村，爵士等精彩樂句。介紹大師的成長道路，配有樂譜。

藍調吉他演奏法
Blues Guitar Rules

Peter Fischer 編著 CD
菊8開 / 176頁 / 360元

書中詳細講解了如何勾建布魯斯節奏框架，布魯斯演奏樂句，以及布魯斯Feeling的培養，並以布魯斯大師代表級人物們的精彩樂句作為示範。

搖滾吉他祕訣
Rock Guitar Secrets

Peter Fischer 編著 CD
菊8開 / 192頁 / 360元

書中講解非常實用的蜘蛛爬行手指熱身練習，各種調式音階、神奇音階、雙手點指、泛音點指、搖把俯衝轟炸以及即興演奏的創作等技巧，傳播正統音樂理念。

Speed up 電吉他Solo技巧進階

馬歇柯爾 編著
樂譜書+DVD大碟 / 800元

本張DVD是馬歇柯爾首次在亞洲拍攝的個人吉他教學、演奏，包含精采現場Live演奏與15個Marcel經典歌曲樂句解析(Licks)。以幽默風趣的教學方式分享獨門絕技以及音樂理念，包括個人拿手的切分音、速彈、掃弦、點弦...等技巧。

Come To My Way
Neil Zaza

Neil Zaza 編著
教學DVD / 800元

美國知名吉他講師，Cort電吉他代言人。親自介紹獨家技法，包含掃弦、點弦、調式系統、器材解說…等，更有完整的歌曲彈奏分析及Solo概念教學。並收錄精彩演出九首，全中文字幕解說。

瘋狂電吉他
Carzy Eletric Guitar

潘學觀 編著 CD
菊8開 / 240頁 / 499元

國內首創電吉他CD教材。速彈、藍調、點弦等多種技巧解析。精選17首經典搖滾樂曲演奏示範。

搖滾吉他實用教材
The Rock Guitar User's Guide

曾國明 編著 CD
菊8開 / 232頁 / 定價500元

最紮實的基礎音階練習。教你在最短的時間內學會速彈祕方。近百首的練習譜例。配合CD的教學，保證進步神速。

搖滾吉他大師
The Rock Guitaristr

浦山秀彥 編著
菊16開 / 160頁 / 定價250元

國內第一本日本引進之電吉他系列教材，近百種電吉他演奏技巧解析圖示，及知名吉他大師的詳盡譜例解析。

天才吉他手
Talent Guitarist

江建民 編著
教學VCD / 定價800元

本專輯為全數位化高品質音樂光碟，多軌同步放映練習。原曲原譜，錄音室吉他大師江建民老師親自示範講解。離開我、明天我要嫁給你...等流行歌曲編曲實例完整技巧解說。六線套譜對照練習，五首MP3伴奏練習用卡拉OK。

全方位節奏吉他
Speed Kills

嚴志文 編著 2CD
菊8開 / 352頁 / 600元

超過100種節奏練習，10首動聽練習曲，包括民謠、搖滾、拉丁、藍調、流行、爵士等樂風，內附雙CD教學光碟。針對吉他在節奏上所能做到的各種表現方式，由淺而深系統化分類，讓你可以靈活運用即興式彈奏。

征服琴海1、2
Complete Guitar Playing No.1、No.2

林正如 編著 3CD
菊8開 / 352頁 / 定價700元

國內唯一一本參考美國MI教學系統的吉他用書。第一輯為實務運用與觀念解析並重，最基本的學習奠定穩固基礎的教科書，適合興趣初學者。第二輯包含總體概念和共二十三章的指板訓練與即興技巧，適合嚴肅初學者。

前衛吉他
Advance Philharmonic

劉旭明 編著 2CD
菊8開 / 256頁 / 定價600元

美式教學系統之吉他專用書籍。從基礎電吉他技巧到各種音樂觀念、型態的應用。音階、和弦節奏、調式訓練。Pop、Rock、Metal、Funk、Blues、Jazz完整分析，進階彈奏。

調琴聖手
Guitar Sound Effects

陳慶民、華育棠 編著 CD
菊8開 / 360元

最完整的吉他效果器調校大全， 各類型吉他、擴大機徹底分析，各類型效果器完整剖析，單踏板效果器串接實戰運用，60首各類型音色示範、演奏。

音響、電腦製作系列

錄音室的設計與裝修
Studio Design Guide
劉連 編著 全彩菊8開 / 680元
室內隔音設計寶典，錄音室、個人工作室裝修實例。琴房、樂團練習室、音響視聽室隔音要訣，全球錄音室設計典範。

室內隔音建築與聲學
Building A Recording Studio
Jeff Cooper 原著 陳榮貴 編譯 12開 / 800元
個人工作室吸音、隔音、降噪實務。錄音室規劃設計、建築聲學應用範例、音場環境建築施工。

NUENDO實戰與技巧
Nuendo Media Production System
張迪文 編著 DVD 特菊8開 / 定價800元
Nuendo是一套現代數位音樂專業電腦軟體，包含音樂前、後期製作，如錄音、混音、過程中必須使用到的數位技術，分門別類成八大區塊，每個部份含有不同單元與模組，完全依照使用習性和學習慣性整合軟體操作與功能，是不可或缺的手冊。

數位音樂製作人
Digital Music Producer
陳榮貴、嚴志昌 編著 DVD 全彩菊8開 / 500元
個人音樂工作室之基本配置、數位錄音器材之技術與系統整合、數位音樂製作之趨勢與成功典範、內附多軌錄音素材、專業錄音、編曲軟體體驗試。

專業音響X檔案
Professional Audio X File
陳榮貴 編著 特12開 / 320頁 / 500元
各類專業影音技術詞彙、術語中文解釋，專業音響、影視廣播，成音工作者必備工具書，A To Z 按字母順序查詢，圖文並茂簡單而快速，是音樂人人手必備工具書。

專業音響實務秘笈
Professional Audio Essentials
陳榮貴 編著 特12開 / 288頁 / 500元
華人第一本中文專業音響的學習書籍。作者以實際使用與銷售專業音響器材的經驗，融匯專業音響知識，以最淺顯易懂的文字和圖片來解釋專業音響知識。

精通電腦音樂製作
Master The Computer Music
劉緯武 編著 正12開 / 定價520元
匯集作者16年國內外所學，基礎樂理與實際彈奏經驗並重。 3CD有聲教學，配合圖片與範例，易懂且易學。由淺入深，包含各種音樂型態的Bass Line。

Finale 實戰技法
Finale
劉釗 編著 正12開 / 定價650元
針對各式音樂樂譜的製作；樂隊樂譜、合唱團樂譜、教堂樂譜、通俗流行樂譜，管弦樂團樂譜，甚至於建立自己的習慣的樂譜型式都有著詳盡的說明與應用。

電貝士系列

貝士聖經
I Encyclop'edie de la Basse
Paul Westwood 編著 2CD 菊4開 / 288頁 / 460元
Blues與R&B、拉丁、西班牙佛拉門戈、巴西桑巴、智利、津巴布韋、北非和中東、幾內亞等地風格演奏，以及無品貝司的演奏，爵士和前衛風格演奏。

The Groove
The Groove
Stuart Hamm 編著 教學DVD / 800元
本世紀最偉大的Bass宗師「史都翰」電貝斯教學DVD。收錄5首"史都翰"精采Live演奏及完整貝斯四線套譜。多機數位影音、全中文字幕。

Bass Line
Bass Line
Rev Jones 編著 教學DVD / 680元
此張DVD是Rev Jones全球首張在亞洲拍攝的教學帶。內容從基本的左右手技巧教起，還談論到關於Bass的音色與設備的選購、各類的音樂風格的演奏、15個經典Bass樂句範例，每個技巧都儘可能包含正常速度與慢速的彈奏，讓大家可以很清楚的看到彈奏示範。

放克貝士彈奏法
Funk Bass
范漢威 編著 CD 菊8開 / 120頁 / 360元
本書以「放克」、「貝士」和「方法」三個核心出發，開展出全方位且多向度的學習模式。研擬設計出一套完整的訓練流程，並輔之以三十組實際的練習主題。以精準的學習模式和方法，在最短時間內掌握關鍵，累積實力。

搖滾貝士
Rock Bass
Jacky Reznicek 編著 CD 菊8開 / 160頁 / 360元
有關使用電貝士的全部技法，其中包含律動與節拍選擇、擊弦與點弦、泛音與推弦、悶音與把位、低音提琴指法、吉他指法的撥弦技巧、連奏與斷奏、滑奏與滑弦、搥弦、勾弦與掏弦技法、無琴格貝士、五弦和六弦貝士。CD內含超過150首關於Rock、Blues、Latin、Reggae、Funk、Jazz等......練習曲和基本律動。

爵士鼓系列

實戰爵士鼓
Let's Play Drum
丁麟 編著 CD 菊8開 / 184頁 / 定價500元
國內第一本爵士鼓完全教戰手冊。近百種爵士鼓打擊技巧範例圖片解說。內容由淺入深，系統化且連貫式的教學法，配合有聲CD，生動易學。

邁向職業鼓手之路
Be A Pro Drummer Step By Step
姜永正 編著 CD 菊8開 / 176頁 / 定價500元
趙傳"紅十字"樂團鼓手"姜永正"老師精心著作，完整教學解析、譜例練習及詳細單元練習。內容包括：鼓棒練習、揮棒法、8分及16分音符基礎練習、切分拍練習、過門填充練習...等詳細教學內容。是成為職業鼓手必備之專業書籍。

爵士鼓技法破解
Drum Dance
丁麟 編著 CD+DVD 菊8開 / 教學DVD / 定價800元
全球華人第一套爵士鼓DVD互動式影像教學光碟，DVD9專業高品質數位影音，互動式中文教學譜例，多角度同步影像自由切換，技法招數完全破解。12首各類型音樂樂風完整打擊示範，12首各類型音樂樂風背景編曲自己來。

鼓舞
Decoding The Drum Technic
黃瑞豐 編著 DVD 雙DVD影像大碟 / 定價960元
本專輯內容收錄台灣鼓王「黃瑞豐」在近十年間大型音樂會、舞台演出、音樂講座的獨奏精華，每段均加上精心製作的樂句解析、精彩訪談及技巧公開。

爵士鋼琴系列

你也可以彈爵士與藍調
You Can Play Jazz And Blues
郭正權 編著 CD 菊8開 / 258頁 / 定價500元
歐美爵士樂觀念。各類樂器演奏、作曲及進階者適用。爵士、藍調概述及專有名詞解說。音階與和弦的組成、選擇與處理規則。即興演奏、變奏及藍調的材料介紹，進階步驟與觀念分析。

新書系列

烏克麗麗完全入門24課
Complete Learn To Play Ukuulele Manual
陳建廷 編著 DVD 菊8開 / 200頁 /定價360元
全世界最簡單的彈唱樂器。本書特色：簡單易懂、內容紮實、詳盡的教學內容、影音教學示範，學習樂器完全無壓力快速上手！

詠唱織音
劉釗 編著 菊8開 / 280元
華人地區第一本流行民歌混聲合唱曲集，適用混聲合唱、女聲與混聲合唱、男高音與混聲合唱、多部合唱、三重唱......等各式合唱需求。本書皆以總譜呈現，共收錄13首經典民歌、教會組曲及流行歌曲。

古典吉他系列

古典吉他名曲大全（一）（二）（三）
Guitar Famous Collections No.1、No.2、No.3
楊昱泓 編著 菊八開 360元(CD)、550元(CD+DVD)、550元(CD+DVD)
收錄世界吉他古典名曲，五線譜、六線譜對照、無論彈民謠吉他或古典吉他，皆可體驗彈奏名曲的感受，古典名師採譜、編奏。

樂在吉他
Joy With Classical Guitar
楊昱泓 編著 CD+DVD 菊8開 / 128頁 / 360元
本書專為初學者設計，學習古典吉他從零開始。內附原譜對照之音樂CD及DVD影像示範。樂理、音樂符號術語解說、音樂家小故事、作曲家年表。

狂練木吉他

Fingerstyle

麥書文化精選優質推薦！

活動期間：101.1.1 ～ 101.12.31

最新優惠方案，錯過可惜！

The Fingerstyle All Star

Ulli、Jacques 等人

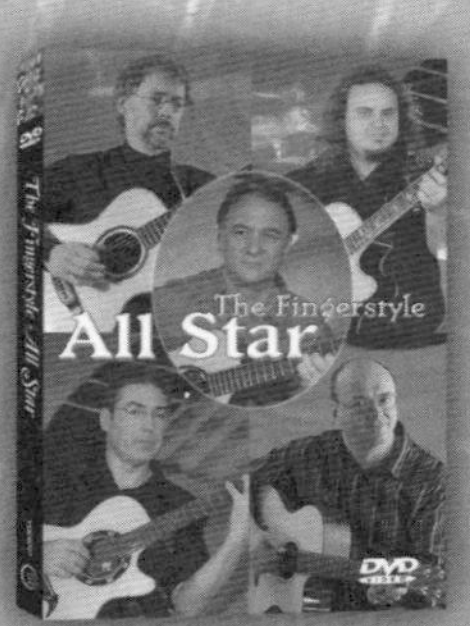

Fingerstyle界中五位頂尖的大師：Peter Finger、Ulli Bögershausen、Jacques Stotzem、Andy Mckee、Don Alder。首次攜手合作，聯手打造2005年最震撼的吉他演奏專輯。每位大師獨特且精湛的吉他技巧，是所有愛好吉他的人絕對不能錯過的經典之作。

定價680元

The Best Of Ulli Bögershausen

Ulli Bögershausen

本張專輯共收錄了17首Ulli大師數十年來的代表作品，輔以數位化高品質之攝錄系統製作，更是全球唯一完全中文之Fingerstyle演奏DVD。獨家附贈精華歌曲完整套譜，及Ulli大師親自指導彈奏技巧分析、器材解說。是喜愛Fingerstyle吉他演奏的你絕對不能錯過經典代表作。

定價680元

The Best Of Jacques Stotzem

Jacques Stotzem

本張專輯為Jac大師親自為台灣的聽眾所挑選的代表作，共收錄了12首歌曲，輔以數位化高品質之攝錄系統製作，全球唯一完全中文之Fingerstyle演奏DVD。獨家附贈精華歌曲完整套譜，及Jac大師親自指導彈奏技巧分析、器材解說。喜愛Fingerstyle吉他演奏絕對不能錯過。

定價680元

Masa Sumide - Solo Guitar Magic

Masa Sumide

融合爵士與放克音樂的木吉他演奏大師 Masa Sumide，"Tuck Andress"曾讚美他是世界上最棒的獨奏吉他手之一！在這次DVD中收錄Masa Sumide現場Live最精彩Fingerstyle彈奏全紀錄。再次與觀眾分享回味Masa Sumide現場獨奏的魅力！

定價680元

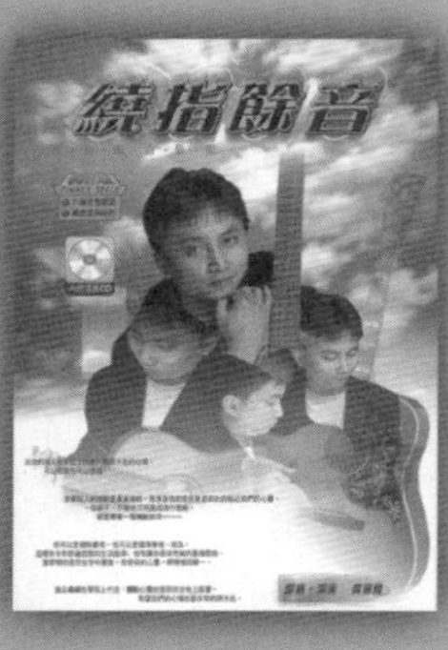

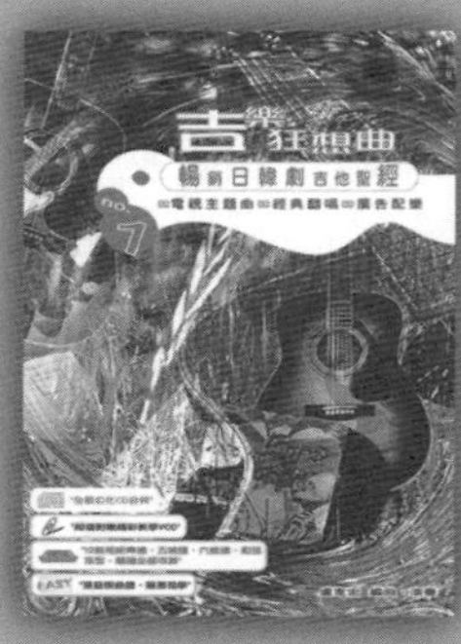

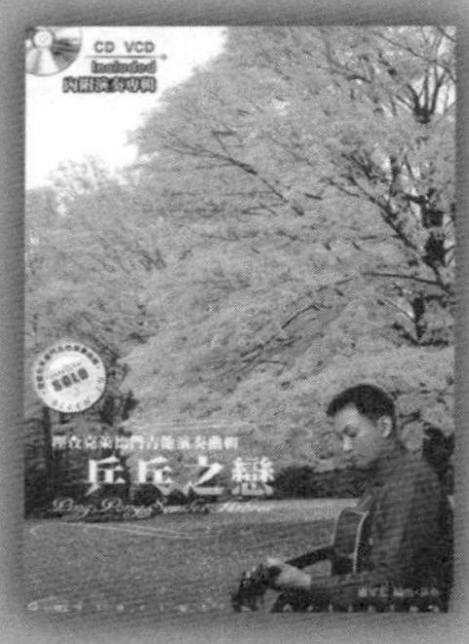

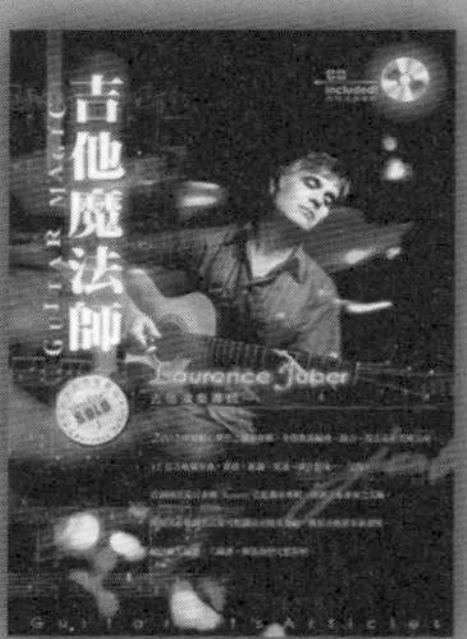

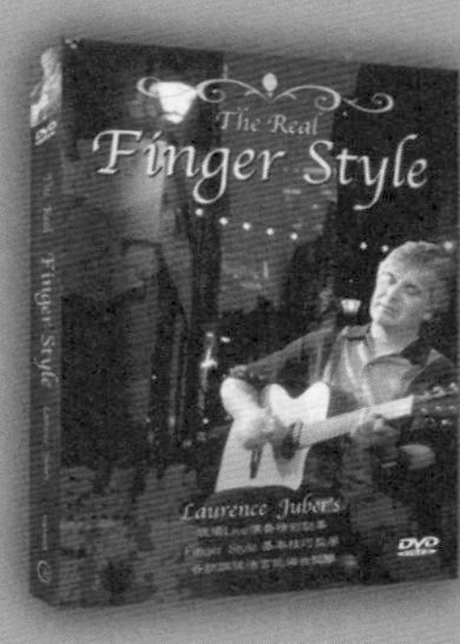

繞指餘音

黃家偉

Fingerstyle吉他編曲方法與詳盡的範例解析。內容除收錄大家耳熟能祥的流行歌曲之外，更精心挑選了早期歌謠、地方民謠改編成適合木吉他演奏的教材。

曲目介紹：
歡樂中國節、你的甜蜜豐收季、夜上海、往事只能回味、旅途、牧童傷心酒店、Dancer、天天年輕、男兒當自強 Images Of Childhood、La Reine De Saba 莎芭女王、Within You'll Remain、La Cumparasi Ta、相思絮語。

定價500元

吉樂狂想曲

盧家宏

12首日劇韓劇主題曲超級樂譜，五線譜、六線譜、和弦指型、簡譜全部收錄。詳細的彈奏解說、單音版曲譜，簡單易學。全數位化CD音質，超值附贈精彩教學VCD。

曲目介紹：True Love、It's Just Love 邂逅、只要有你、First Love、Say Yes、後來、Love Love Love、愛的謳歌、I For You、Believe、Automatics。

定價550元

乒乓之戀

盧家宏

18首理查經典曲目改編，專業錄音水準CD及多角度示範演奏VCD，最詳細五線譜、六線譜、和弦指型完整對照。

曲目介紹：乒乓之戀 夢中的鳥、午後的出發、愛的克麗斯汀、鄉愁、水邊的阿蒂麗娜、夢中的婚禮、星空、瓦妮莎的微笑、兒童迴旋曲、愛的協奏曲、愛的喜悅、秋日的私語、祕密的庭院、愛的故事、給母親的信、夢的傳說、愛的旋律。

定價550元

吉他魔法師

laurence Juber

最精心製作之演奏專輯。全部歌曲的編曲錄音、混音皆遠赴美國完成。11首吉他獨奏曲，原曲、原調、原速、原汁原味一一呈現。首創國語流行金曲Acoustic吉他獨奏專輯，開創吉他演奏之先驅。開放式吉他調弦法及另類調弦法隆重介紹，擴展吉他演奏新領域。最詳細五線譜、六線譜、和弦指型完整對照。

曲目介紹：零缺點、有多少愛可以重來、獨一無二、愛情限時批、心太軟、情非得已、最熟悉的陌生人 簡單愛、愛的初體驗 解脫、普通朋友。

定價550元

Finger Style

laurence Juber

全數位化高品質DVD 9音樂光碟，收錄L.J現場Live演奏會，精彩記事。Fingerstyle左右手基本技巧完整教學，各調標準調音法之吉他編曲方式、各調「Dad Gad」調弦法之編曲方式。多角度同步影像自由切換選擇。中文字幕、內附完整教學譜例。

定價960元

郵政劃撥 / 17694713　戶名 / 麥書國際文化事業有限公司

如有任何問題請電洽：（02）23636166 吳小姐

以上產品任選3種 1680元

（免掛號郵資）

現代吉他系統教程 Modern Guitar Method LEVEL 4

編著　劉旭明
製作統籌　吳怡慧
封面設計　陳智祥
美術編輯　陳姿穎、陳智祥
電腦製譜　劉旭明
譜面輸出　郭佩儒
校對　吳怡慧、郭佩儒、陳珈云
出版發行　麥書國際文化事業有限公司
Vision Quest Publishing Inc., Ltd.
地址　10647台北市羅斯福路三段325號4F-2
4F.-2, No.325, Sec. 3, Roosevelt Rd.,
Da'an Dist., Taipei City 106, Taiwan (R.O.C.)
電話　886-2-23636166・886-2-23659859
傳真　886-2-23627353
郵政劃撥　17694713
戶名　麥書國際文化事業有限公司

登記證　行政院新聞局局版台業第6074號
廣告回函　台灣北區郵政管理局登記證第03866號
ISBN 978-986-6787-90-4
http : // www.musicmusic.com.tw
E-mail : vision.quest@msa.hinet.net
中華民國101年1月初版

最多流行歌曲的吉他雜誌

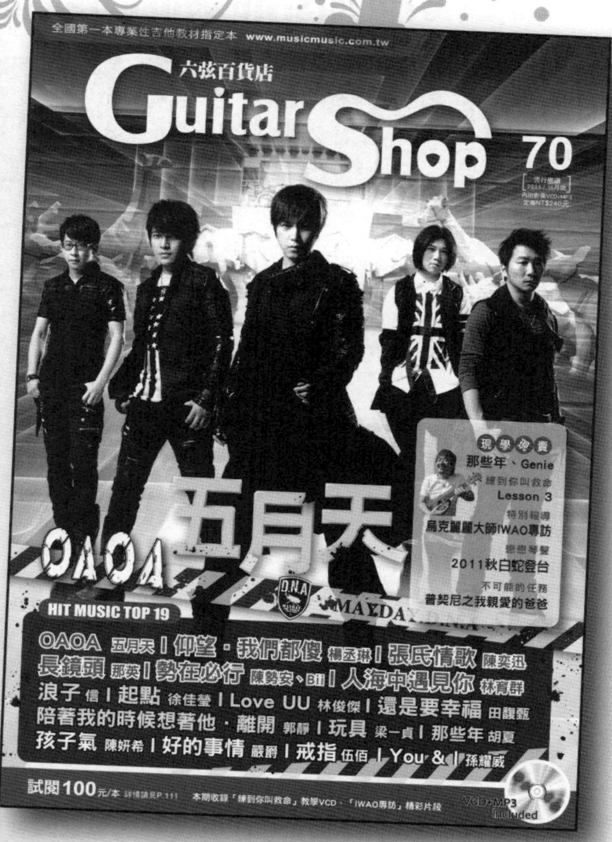

不可能的任務　現學現賣

宅錄吉他手寫歌日記　挑戰手指的極限

戀戀琴深　附贈VCD+MP3

HIT歌曲推薦　內附簡譜

Guitar Shop長期訂戶

省440元

一年特價 **1000**

原價~~1440元~~

+240元掛號

麥書國際文化事業有限公司　發行

台北市羅斯福路三段325號4F-2 電話：(02)2363-6166

www.musicmusic.com.tw

◎寄款人請注意背面說明
◎本收據由電腦印錄請勿填寫

郵政劃撥儲金存款收據

收款帳號戶名

存款金額

電腦記錄

經辦局收款戳

郵政劃撥儲金存款單

帳號	1	7	6	9	4	7	1	3
金額新台幣(小寫)	仟	佰	拾	萬	仟	佰	拾	元

戶名：麥書國際文化事業有限公司

寄款人

姓名

通訊處 □□□-□□

電話

經辦局收款戳

通訊欄（限與本次存款有關事項）

現代吉他系統教程 LEVEL4 訂購單

□ 我要用掛號的方式寄送
每本55元，郵資小計 ＿＿元

總金額 ＿＿元

憑本書劃撥單購買本公司商品，
一律享 **9** 折優惠！

24H傳真訂購專線
（02）23627353

郵政劃撥存款收據
注意事項

一、本收據請詳加核對並妥為保管，以便日後查考。
二、如欲查詢存款入帳詳情時，請檢附本收據及已填妥之查詢函向各連線郵局辦理。
三、本收據各項金額、數字係機器印製，如非機器列印或經塗改或無收款郵局收訖章者無效。

請寄款人注意

一、帳號、戶名及寄款人姓名通訊處各欄請詳細填明，以免誤寄；抵付票據之存款，務請於交換前一天存入。
二、每筆存款至少須在新台幣十五元以上，且限填至元位為止。
三、倘金額塗改時請更換存款單重新填寫。
四、本存款單不得黏貼或附寄任何文件。
五、本存款金額業經電腦登帳後，不得申請撤回。
六、本存款單備供電腦影像處理，請以正楷工整書寫並請勿摺疊。帳戶如需自印存款單，各欄文字及規格必須與本單完全相符；如有不符，各局應婉請寄款人更換郵局印製之存款單填寫，以利處理。
七、本存款單帳號及金額欄請以阿拉伯數字書寫。
八、帳戶本人在「付款局」所在直轄市或縣（市）以外之行政區域存款，需由帳戶內扣收手續費。

交易代號：0501、0502現金存款　0503票據存款　2212劃撥票據託收

本聯由儲匯處存查　保管五年

本公司可使用以下方式購書

1. 郵政劃撥
2. ATM轉帳服務
3. 郵局代收貨價
4. 信用卡付款

洽詢電話：（02）23636166

現代吉他系統教程 Modern Guitar Method LEVEL 4

讀者回函

感謝您購買本書！為加強對讀者提供更好的服務，請詳填以下資料，寄回本公司，您的資料將立刻列入本公司優惠名單中，並可得到日後本公司出版品之各項資料及意想不到的優惠哦！

姓名 　　生日 　/　/　　性別 ○男 ○女

電話 　　E-mail 　@

地址 　　機關學校

● 請問您曾經學過的樂器有哪些？

☐ 鋼琴　☐ 吉他　☐ 弦樂　☐ 管樂　☐ 國樂　☐ 其他＿＿＿

● 請問您是從何處得知本書？

☐ 書店　☐ 網路　☐ 社團　☐ 樂器行　☐ 朋友推薦　☐ 其他＿＿＿

● 請問您是從何處購得本書？

☐ 書店　☐ 網路　☐ 社團　☐ 樂器行　☐ 郵政劃撥　☐ 其他＿＿＿

● 請問您認為本書的難易度如何？

☐ 難度太高　☐ 難易適中　☐ 太過簡單

● 請問您認為本書整體看來如何？

☐ 棒極了　☐ 還不錯　☐ 遜斃了

● 請問您認為本書的售價如何？

☐ 便宜　☐ 合理　☐ 太貴

● 請問您最喜歡本書的哪些部份？

☐ 教學解析　☐ 編曲採譜　☐ CD 教學示範　☐ 封面設計　☐ 其他＿＿＿

● 請問您認為本書還需要加強哪些部份？（可複選）

☐ 美術設計　☐ 教學內容　☐ CD 錄音品質　☐ 銷售通路　☐ 其他＿＿＿

● 請問您希望未來公司為您提供哪方面的出版品，或者有什麼建議？

非常感謝您填寫本表格，我們將極慎重的考慮您的意見，並立即將您的資料建檔。謝謝！

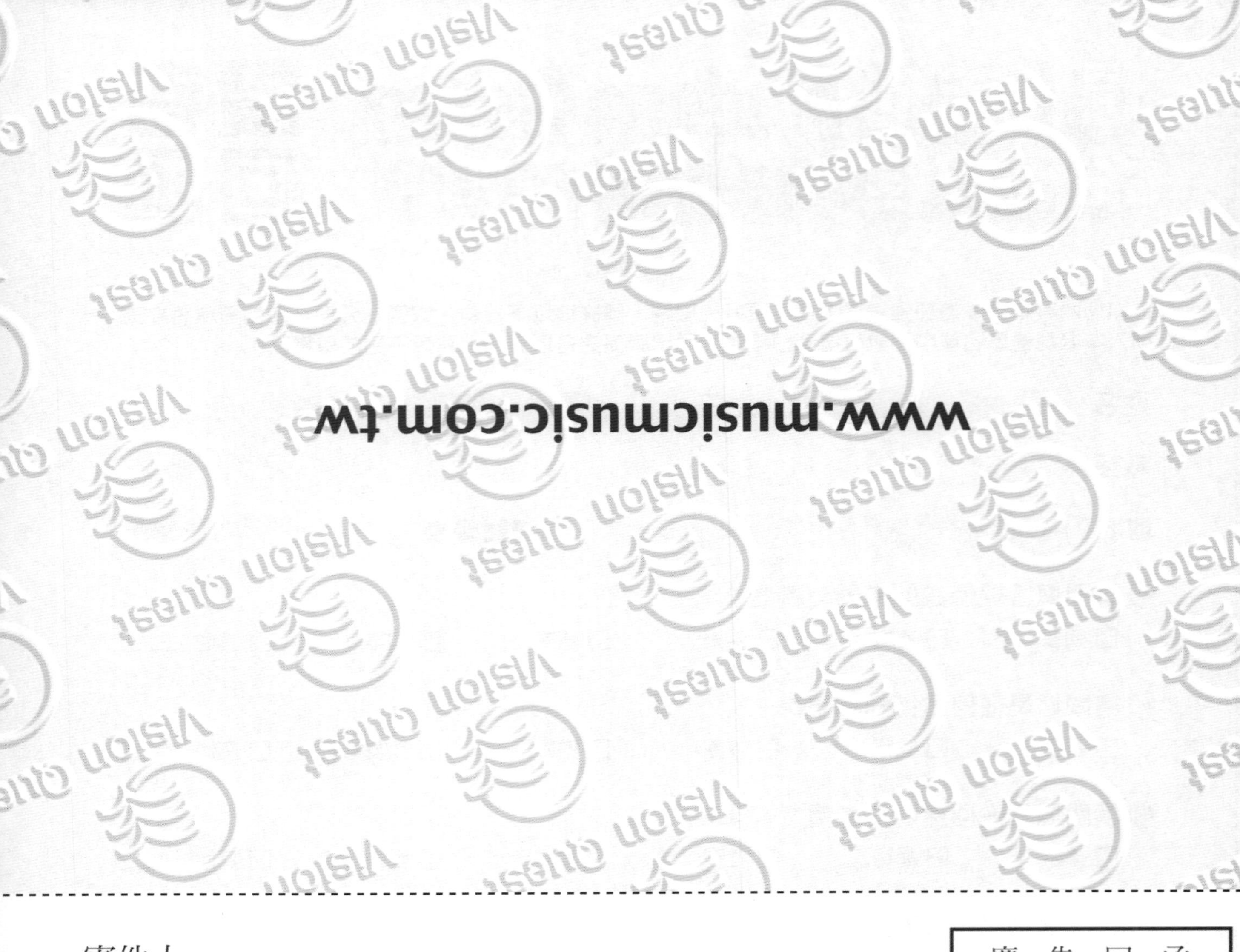

寄件人 ______________________

地　址 □□□ ______________________________

____

廣　告　回　函
台灣北區郵政管理局登記證
台北廣字第03866號

郵資已付 免貼郵票

麥書國際文化事業有限公司

10647 台北市羅斯福路三段325號4F-2

4F.-2, No.325, Sec. 3, Roosevelt Rd.,
Da'an Dist., Taipei City 106, Taiwan (R.O.C.)

為加速郵件處理 · 請勿使用訂書針